Der «verrückte» Weise auf Tibets Königsthron

Glenn H. Mullin

Der «verrückte» Weise auf Tibets Königsthron

Mystische Verse und Visionen des Zweiten Dalai Lama

Deutsch von Maja Ueberle-Pfaff

O.W. Barth

Der aufrichtige und tiefe Dank der Übersetzerin gilt Dr. Thomas Lautwein, der mit seinen profunden Kenntnissen und seinem exzellenten Sprachgefühl die Arbeit begleitet, ergänzt und auf eine sichere Grundlage gestellt hat. Gerade bei der Übertragung der Gedichte und Gesänge des Zweiten Dalai Lama war seine kreative Mitwirkung und Mitgestaltung von unschätzbarem Wert.

www.fischerverlage.de

Die Originalausgabe erschien 1994
unter dem Titel «Mystical Verses of a Mad Dalai Lama»
Published by arrangement with Theosophical Publishing House,
306 W. Geneva Road, Wheaton, Illinois 60187, U.S.A.

Erschienen bei O.W. Barth, ein Verlag
der S. Fischer Verlag GmbH, Frankfurt am Main

Satz: H & G Herstellung, Hamburg
Druck: Jos. C. Huber GmbH & Co. KG, Garching-Hochbrück
Bindung: Oldenbourg Buchmanufaktur, Monheim
Printed in Germany

ISBN 3-502-61119-X

Inhalt

Teil III Mystische Verse und Visionen
Übersetzungen und Kommentare

Vorbemerkung

Beginnen möchte ich mit dem Dank an Seine Heiligkeit den derzeitigen Dalai Lama, der mir sein privates Exemplar des tibetischen Manuskripts der «Mystischen Verse und Visionen» geliehen hat, damit ich sie fotokopieren und übersetzen konnte. Seine freundliche Unterstützung des Projekts und seine Bereitschaft, ein Vorwort beizusteuern, waren eine große Ehre für mich. Seitdem er 1989 den Friedensnobelpreis erhalten hat, werden seine Zeit und seine Energie immer mehr beansprucht; dennoch findet er die Kraft, auf all unsere Wünsche einzugehen. So wird er dem Namen gerecht, unter dem er bei den Tibetern bekannt ist: Yezhin Norbu, «das wunscherfüllende Juwel».

Als Nächstes möchte ich Gyatso Tsering danken, dem Direktor der Bibliothek tibetischer Schriftwerke und Dokumente im indischen Dharamsala, wo die Übersetzung dieses Buches und die Recherche dazu stattfanden. In den zwanzig Jahren, in denen ich mit dieser Bibliothek verbunden bin, erst als Student und dann als eigenständiger Forscher, hat mich Gyatso-la als Mentor und Freund stets ermutigt und unterstützt. Offenbar fühlt er sich von den hunderten westlicher Besucher, die jedes Jahr anreisen und ihn um Auskünfte bitten, nie belästigt, sondern immer neu angeregt und beflügelt.

Besonders verbunden fühle ich mich den drei tibetischen Lamas, mit denen ich die Gedichte des Zweiten Dalai Lama gelesen habe und die mir halfen, sie zu verstehen: dem Ehrwürdigen Geshe Chomdze Tashi Wangyal, dem Ehrwürdigen Amchok Tulku und dem Ehrwürdigen Doboom Tulku. Diese drei Lamas sind in der Tat vollkommene Verkörperungen des buddistischen Mahayana-Ideals – tätig in der Welt, aber von ihr unbefleckt. Ihre Weisheit, ihre Geduld und ihr Humor werden mir immer als leuchtendes Beispiel vor Augen stehen.

Ich habe das vorliegende Buch in drei Abschnitte unterteilt. Im ersten behandle ich allgemeinere Themen wie den Landescharakter von Tibet, die Tradition der Dalai-Lama-Inkarnationen, die zentralen Lehren des indotibetischen Buddhismus. Dadurch möchte ich einen Kontext für die dann folgenden Gesänge und Gedichte des Zweiten Dalai Lama schaffen, der den Zugang zu seinen Gedanken und Stilmitteln erleichtert.

In Teil II skizziere ich den Lebenslauf des Zweiten Dalai Lama und versuche, einen Eindruck davon zu vermitteln, wie Tibet für einen Lama im späten 15. und frühen 16. Jahrhundert aussah. Meine Absicht ist es, den Autor als Menschen, buddhistischen Mönch und Lehrer zu zeigen und Einblicke in die Welt zu geben, in der er lebte und schrieb.

In Teil III schließlich finden sich meine Übersetzungen der Gesänge und Gedichte seiner Sammlung von *namgur* (mystischen Werken). Kurze Kommentare führen den Leser in den Inhalt, den Kontext und die spezifische Eigenart des jeweiligen Textes ein.

Mein Dank gilt am Ende noch Brenda Rosen, Vija Bremanis und dem Lektorat von Quest Books. Sie alle haben sich ebenso geduldig wie gründlich um das Buch bemüht.

Ich selbst habe mit großer Begeisterung daran gearbeitet. Wenn sich auch nur ein Bruchteil dieser Freude auf meine Leser überträgt, hat sich die Mühe mehr als gelohnt.

Glenn H. Mullin

Geleitwort S.H. des Dalai Lama

Für mich war der Zweite Dalai Lama der größte der frühen Dalai Lamas. Er hatte außergewöhliche Qualitäten und erreichte bereits zu Lebzeiten in der Lehre und Praxis des Buddhismus eine hohe Vollendung. Seinen eigenen Worten zufolge hatte er durch das Zusammentreffen mit seinem Guru Khedrup Norzang Gyatso eine tiefe Erkenntnis von *shunyata*, Leerheit, erlangt, also der absoluten Realität.

Der Zweite Dalai Lama signierte seine Schriften typischerweise mit Trangnyon Gendün Gyatso; das bedeutet «der verrückte Bettler Gendün Gyatso». Manchmal benutzte er auch die Namen Yangchen Shepai Dorje, «Melodiös lachender Vajra», oder Namkhai Näljorpa, «der Yogi des Raums».

Als Gendün Gyatso wurde er ordiniert. Wenn er sich «verrückter Bettler» nennt, so meint er damit nicht, dass er nichts besitzt, sondern dass er an nichts anhaftet. Wenn man an nichts anhaftet, wie ein Bettler, dem nichts gehört, so ist man frei von weltlichen Sorgen. Dies ist ein wichtiges Thema in der tantrischen Lehre, in der der Praktizierende sinnlich erfahrbare Gegenstände benutzt, ohne sich an sie zu binden.

Der Begriff «verrückt» deutet hier an, dass die Wahrnehmung einer Person, die die Erfahrung der Leerheit, des reinen Seins, macht, sich von der eines gewöhnlichen Menschen ebenso stark unterscheidet wie die eines Verrückten. Durch seine oder ihre Realisierung von Leerheit löst sich der oder die Praktizierende vollständig von der konventionellen Weltsicht.

Der Name Yangchen Shepai Dorje, «Melodiös lachender Vajra», bezieht sich auf sein Selbstverständnis als Dichter. Er bezeichnet sich oft als «den Großen Dichter des Schneelandes» oder «den Großen Dichter aus dem Himalaya». Im dem Namen Yang-chen, oder Sarasvati in Sanskrit, klingen Musik, Lied und Poesie an. Der dritte

Name, den er gerne benutzte, war Namkhai Näljorpa, «der Yogi des Raums»; er wird in denjenigen Werken verwendet, in denen es um die Leerheit geht.

Der Zweite Dalai Lama war sehr produktiv. Seine «Gesammelten Werke» *(Collected Works)* umfassen eine große Zahl von Schriften, in denen er die wesentlichen Sutra- und Tantra-Lehren darlegt. Einige der bezauberndsten Dichtungen finden sich in seiner Sammlung *Nyamgur* («Mystische Lehrgedichte»), die im vorliegenden Buch übersetzt sind.

Der tibetische Begriff *nyamgur* besteht aus zwei Komponenten: *Gur* ist die Abkürzung von *gur ma*, einem Synonym von *lu*, was Lied oder Gedicht bedeutet, und *nyam*, eine Kurzform von *nyam-nyong*, steht für Erfahrung, Wissen oder Erkenntnis.

Wenn Menschen eine besondere spirituelle Erfahrung gemacht hatten, komponierten sie häufig spontan mystische Lieder, *nyamnyong gi gurma*, um ihr Ausdruck zu verleihen. Die tibetische Tradition des *nyamgur* wurzelt in der altindischen Tradition des *doha*, der Niederschrift hymnischer Texte, die auf die buddhistischen *mahasiddhas* oder Tantra-Schüler zurückgeht. Viele der indischen *dohas* wurden ins Tibetische übersetzt und sind im *Tengyur*, einer Sammlung von Kommentaren indischer Meister, erhalten.

Sowohl für die *doha-* als auch für die *nyamgur*-Tradition ist der Ausdruck einer persönlichen Erfahrung wichtiger als die pedantische Fixierung auf eine bestimmte Terminologie. Darin unterscheiden sie sich von der Literatur der buddhistischen Metaphysik und Philosophie, die in sprachlicher Hinsicht äußerst präzise sind. Anders als in philosophischen Texten finden wir in den Gesängen, da sie eine innere Erfahrung widerspiegeln, eine ganz individuell geprägte Ausdrucksweise.

Der Zweite Dalai Lama scheint eine ganz andere Persönlichkeit gewesen zu sein als der Erste. Der Erste war ruhig und introvertiert, der Zweite dagegen selbstbewusst und kontaktfreudig. Im Kontrast zu der Bescheidenheit und Zurückhaltung des Ersten wirkt der Zweite freimütig, stolz und beredt.

Nachdem er als kleines Kind als Reinkarnation des Ersten Dalai Lama erkannt worden war, wurde er in das Kloster Tashi Lhünpo gebracht und dort inthronisiert. Während der Zeremonie bemerkte ein alter Mönch und ehemaliger Schüler des Vorgängers, wie anders als dieser sich das Kind verhielt. Er dachte: «Das soll die Wiedergeburt meines großen Lehrers sein? Er benimmt sich doch ganz anders. Sicher ist er nicht die wahre Reinkarnation.»

Der junge Zweite Dalai Lama, der von Geburt an mit einer Art Hellsichtigkeit begabt war, blickte ihn durchdringend an und flüsterte: «Durch den Wechsel der Körper muss der Charakter eine gewisse Veränderung erfahren.»

Die nichtsektiererische Haltung des Zweiten Dalai Lama in Bezug auf die buddhistischen Traditionen ist eines seiner bestimmenden Merkmale und spiegelt sich in seinen Schriften wie in seiner Spiritualität. Bei vielen der frühen Dalai Lamas war das ähnlich, doch eine so große Toleranz ist von keinem anderen bekannt. Der Zweite Dalai Lama scheint verschiedene Lehren aus rein persönlichem Interesse studiert zu haben. Zu Lebzeiten wurde er als Rimepai Gyalwa Zhasermowa apostrophiert, als «Unparteilicher Gelbmützen-Meister» Seiner Ordination nach gehörte er zur Gelbmützen- oder Gelugpa-Tradition, aber tatsächlich praktizierte und meisterte er die Lehren vieler verschiedener Traditionen.

Hier sollte betont werden, dass eine Parteilichkeit im Sinne einer ausschließlichen theoretischen und praktischen Beschäftigung mit einer bestimmten Schule nicht unbedingt negativ zu bewerten ist. Es ist besser, eine Tradition gut zu kennen als mehrere nur bruchstückhaft. Das ist eine positive Zugehörigkeit. Negativ wird Parteilichkeit dann, wenn man einer Tradition folgt und auf die anderen herabsieht.

Der Zweite Dalai Lama steht über dem negativen wie dem positiven Aspekt. Er besaß die Fähigkeit, alle Schulrichtungen des tibetischen Buddhismus zu studieren, ohne sie zu vermischen oder zu verwechseln. Zudem nutzte er sein Ansehen, um die Beziehungen zwischen ihnen zu verbessern.

Schon früh deutete alles darauf hin, dass Gendün Gyatso die authentische Reinkarnation des Ersten Dalai Lama war. Dennoch gab es keine formale Anerkennung. Eine solche wurde erst später eingeführt.Der kleine Junge präsentierte sich einfach als die Reinkarnation des Ersten und wurde als diese akzeptiert.

Er machte eine Reihe von Prophezeiungen, die seine zukünftigen Reinkarnationen betrafen. Als Zwei- oder Dreijähriger, der noch im Bett seiner Mutter schlief, verkündete er einmal singend, dass er sich mindestens noch fünfmal reinkarnieren müsse, um sein Werk zu vollenden. Dies wurde so verstanden, dass die Überlieferungslinie des Dalai Lama mindestens bis zum Siebenten fortgeführt werden würde. Später, gegen Ende seines Lebens, erzählte er von einem Traum, in dem er von dem Nedong, dem König von Lhasa, vier Siegesbanner erhielt. Dem entnahm man, dass die Linie bis zum Fünften Dalai Lama bestehen bleiben würde.

Nach seinem Tod spielte das Nechung-Orakel eine wichtige Rolle bei der Frage, wie die nächste Reinkarnation des Dalai Lama zu finden sei. Der Zweite hatte als erster Dalai Lama eine spezielle Beziehung zum Nechung-Orakel aufgebaut, das er als authentisch und verlässlich betrachtete. Dies stand in Zusammenhang mit seiner Beziehung zum Kloster Drepung und dessen Schutzgottheit Pehar, die beim Nechung-Orakel angerufen wird. Der Erste Dalai Lama hatte Drepung besucht und dort auch kurz studiert, aber keine engeren Verbindungen geknüpft. Der Zweite Dalai Lama wurde für Drepung eine wichtige Figur und ließ dort den Ganden Potrang als Residenz für sich erbauen.

Nach Gendün Gyatsos Tod bat sein Hauptbegleiter, Lama Sungrabpa, das Orakel von Nechung um Rat, wie die Reinkarnation zu finden sei. Die Antwort lautete, dass der Zweite Dalai Lama hundert Emanationen in diese Welt entsandt habe, deren wichtigste sich im Gebiet von Tolung befinde. Nach einer gewissen Zeit wurde ein Kind aus Tolung, das sich an sein früheres Leben als Dalai Lama erinnerte, als Dritter Dalai Lama anerkannt. Von diesem Zeitpunkt an wurde das Orakel in Nechung immer dann konsultiert, wenn wieder eine Reinkarnation des Dalai Lama gefunden werden musste.

Ich freue mich darauf, die Gesänge und Gedichte des Zweiten Dalai Lama in englischer Sprache zu lesen. Viele meiner Freunde haben Glenn Mullins Bücher über das Leben und die Werke der frühen Dalai Lamas lobend erwähnt. Sie sagen, seine Übersetzungen gäben den Gehalt und den Geist des tibetischen Originals getreu wieder und seien deshalb eine höchst erfreuliche Lektüre.

Ich möchte ihm in diesem Sinne für seine Arbeit danken. Sie leistet einerseits einen Beitrag zum wachsenden Verständnis des Buddhismus im Westen und lenkt andererseits durch ihre Konzentration auf die Dalai Lamas, die eine so hervorragende Rolle in der tibetischen Geschichte gespielt haben, die Aufmerksamkeit auf das reiche und einzigartige kulturelle Erbe Tibets.

Der Vierzehnte Dalai Lama,
der buddhistische Mönch Tenzin Gyatso

TEIL I

Einführung

Der Buddhismus in Tibet

Tibet, im Zentrum Asiens gelegen, erstreckt sich über eine Fläche von mehr als 1 200 000 Quadratkilometer. Das Land zeichnet sich durch hohe Berge und fruchtbare Täler aus; die mittlere Höhe, auf der die meisten Tibeter leben, beträgt etwa 3 600 Meter.

In früheren Zeiten war Tibet gleichzeitig Treffpunkt und Puffer für die asiatischen Großmächte: Persien im Westen, Indien im Süden, die Mongolei im Norden und China im Osten. Zweifellos wurde Tibet von allen vier Reichen kulturell beeinflusst. Seit der Mitte des 7. Jahrhunderts jedoch war Tibet die meiste Zeit über ein kultureller Satellit Indiens und ein Bollwerk der Lehren Buddhas.

Seine Heiligkeit der derzeitige Dalai Lama hat die Situation während einer Privataudienz Mitte der achtziger Jahre mit dem ihm eigenen Humor so zusammengefasst: «Unsere spirituellen Traditionen haben wir aus Indien, der Mutter der größten östlichen Religionen; unsere kulinarischen Künste haben wir aus China, dem asiatischen Land mit der besten Küche, und die mongolische Kleidung haben wir übernommen, weil die Mongolen sich schon immer gerne besonders farbenprächtig angezogen haben.»

Der Buddha wurde vor etwa 2 500 Jahren in Lumbini geboren, das im heutigen Nepal, an der Grenze zu Indien liegt. Er soll im Kathmandu-Tal gelehrt haben, nur wenige hundert Kilometer von Tibet entfernt. Also muss es schon früh informelle Kontakte zwischen dem Buddhismus und den autochthonen Religionen Tibets gegeben haben. Doch davon ist wenig bekannt, denn damals gab es in Tibet noch keine schriftlichen Aufzeichnungen, und falls doch, so ist jedenfalls nichts davon erhalten.

Zu einem der ersten bekannten Kontakte kam es im 4. Jahrhundert während der Regierungszeit des Königs Lha Totori von Yarlung. Damals soll ein indischer Mönch den Hof besucht und einen Korb voller buddhistischer Gerätschaften zurückgelassen haben, unter anderem einige Schriften und Bilder. (Der Legende nach «fielen sie vom Himmel».) Der König meinte, sein Land sei noch nicht reif für die Einführung einer so differenzierten spirituellen Tradition, wie sie der Buddhismus darstellt, und deshalb wurden keine Anstrengungen unternommen, die Texte zu übersetzen oder zu studieren. Dennoch erkannte er ihren Wert und behandelte sie mit großer Achtung. Er ordnete an, sie sorgfältig aufzubewahren, und sagte voraus, dass ihre Bedeutung in einigen Generationen von seinem Volk erkannt werden würde.

Diese Prophezeiung erfüllte sich Mitte des 7. Jahrhunderts unter König Songtsen Gampo. Um seine Regentschaft zu festigen und stabile Beziehungen zu den Nachbarländern zu knüpfen, nahm König Songtsen fünf Ehefrauen. Drei von ihnen stammten aus Tibet, die Vierte aus Nepal und die Fünfte aus China.

Die nepalesische und die chinesische Königin waren Buddhistinnen und beeindruckten ihn sehr durch die Konsequenz ihrer geistigen Übungen. Er beschloss, den Buddhismus offiziell in seinem Land einzuführen, um seinem Volk die Vorteile einer so zivilisierten Religion zugute kommen zu lassen. Aus einem anderen Bericht geht hervor, dass die Nepalesin den König nur unter der Bedingung heiraten wollte, dass er ihr 108 buddhistische Tempel und Monumente erbauen ließ; als Folge davon beschäftigte er sich selbst mit der buddhistischen Praxis.

Seines Erachtens war allerdings die Schriftkultur der Tibeter nicht ausgefeilt genug, um die komplexen Ideen der indischen philosophischen Texte auszudrücken. Deshalb schickte er eine Gruppe von 25 Tibetern nach Indien; sie sollte sich dort um eine passende Schrift und Grammatik bemühen. Unter der Leitung von Tönmi Sambhota wählten diese Leute (beziehungsweise diejenigen, die die gefährliche Reise ins tropische Indien lebend überstanden hatten) eine Kaschmir-Version der Sanskrit-Gupta-Schrift als Arbeitsgrundlage und formulierten eine Grammatik für das Tibetische, die sich auf den Dialekt des Yarlung-Tals, der Residenz von König Songtsen, stützte.[1]

Neben der Entwicklung einer Schrift und einer ausführlichen Grammatik gelang Tönmi Sambhota und seinen Helfern ein weiterer Durchbruch: Sie übersetzten zahlreiche indische Werke ins

Tibetische, unter anderem solche, die seit der Zeit König Lha Totoris aufbewahrt worden waren.

So entstanden die Grundlagen der Buddhismus in Tibet, und in den folgenden Jahrhunderten ergoss sich buddhistisches Wissen in einem stetigen Strom in das Land des Schnees. Gelegentlich erlitt die Bewegung Rückschläge, wenn ein besonders desinteressierter König an die Regierung kam, aber insgesamt nahm sie an Einfluss zu. Als im 12. Jahrhundert Indien von Turkvölkern kolonisiert wurde und der Buddhismus aus seinem Entstehungsland verschwand, war ein Großteil der wichtigsten buddhistischen Literatur, die in Indien existiert hatte, bereits ins Tibetische übersetzt worden. So spielte Tibet im kulturellen und geistigen Leben Asiens eine immer größere Rolle. Heute wird seine Form des Buddhismus von Sibirien und Burjatien bis zu den Himalaya-Königreichen im Norden Indiens wie Ladakh, Spiti, Nepal, Sikkim oder Bhutan praktiziert. Die von Tönmi Sambhota Mitte des 7. Jahrhunderts entwickelte tibetische Schriftsprache wird in all diesen Regionen von den Intellektuellen benutzt, vergleichbar dem Latein in der klassischen Periode des Westens. Das Tibetische wurde sogar, wie Sarat Chandra Das in der Einleitung zu seinem 1892 publizierten *Dictionary of Tibetan* schrieb, eine so wichtige Schriftsprache, dass seine Beherrschung noch am Ende des 19. Jahrhunderts in ganz Zentralasien für Gebildete unerlässlich war.

In der Frühzeit des tibetischen Buddhismus hat das Land Texte aus Indien und China sowie von kleineren buddhistischen Nachbarn übernommen. Im späten 8. Jahrhundert hatte das tibetische Reich seine Herrschaft über einen großen Teil Zentralasiens und über Gebiete in Nordwestchina (vor allem Dunhuang) und Turkestan (einschließlich Kotan) gefestigt und sich dadurch vielen verschiedenen buddhistischen Einflüssen ausgesetzt.

Doch 792 n. Chr. vollzog sich in Tibet ein radikaler Richtungswechsel. Im Kloster Samye fand zwischen Anhängern der indischen und der chinesischen Schule eine großes Streitgespräch statt. Die Inder setzten sich durch, und daraufhin wandte sich der tibetische König Trisong Detsen gegen die Verwendung der chinesischen Schrift in Tibet und gegen Werke, die aus dem Chinesischen übersetzt worden waren, und verkündete, dass künftig alle Übersetzungen ins Tibetische direkt aus dem Sanskrit zu geschehen hätten. Damit hatte Tibet seine enge Verbindung zu Indien und dem indischen Buddhismus zementiert. Diese Politik setzte sich auch unter Trisong Detsens Sohn Tri Senalek und seinem Enkel Tri Ralpachen fort.

Während der ersten Jahrhunderte nach Einführung des Buddhismus wurden die meisten Klöster und Einsiedeleien von Lamas gegründet, die in Indien ausgebildet worden waren und bestimmte Überlieferungslinien mitgebracht hatten, deren Lehrmeinungen sie nun verbreiten wollten. Andere wurden von indischen Meistern gegründet, die Tibet besuchten und ihre Linien an Schüler weitergaben, die wiederum Ausbildungsstätten einrichteten.

Heutzutage spricht man gerne von den «Schulen» oder «Sekten» des tibetischen Buddhismus. So nennt man alle Traditionen oder «Linien», die vor der Mitte des 11. Jahrhunderts in Tibet eingeführt wurden, gemeinhin Nyingma oder «Alte Schule». Das Kennzeichen der so genannten Nyingma-Traditionen ist, dass sie auf dem Wortschatz basieren, der im 7. und 8. Jahrhundert geschaffen wurde, und sich auf Schriften berufen, die während jener Zeit übersetzt wurden.

Die meisten Nyingma-Linien betrachten Padmasambhava als ihren Begründer, von Tibetern einfach Guru Rinpoche genannt. Dieser Meister aus Oddiyana in Nordwestindien (heute Swat in Pakistan, in der Nähe von Afghanistan), besuchte Tibet Mitte des 8. Jahrhunderts und beaufsichtigte den Bau von Samye, Tibets erstem Kloster. Weiterhin bildete er eine Gruppe von Schülern, die systematisch viele wichtige tantrische Kommentare aus dem Sanskrit übersetzten und ältere Übertragungen aus der Zeit König Songtsen Gampos aktualisierten. Guru Rinpoches exzentrischer tantrischer Lebensstil reizt noch heute die Phantasie vieler Tibeter.

Das 11. Jahrhundert brachte eine gründliche Revision der Übersetzungen aus dem Sanskrit sowie der buddhistischen Terminologie. Alle Schulrichtungen, die nach dieser Zeit entstanden und sich auf diese revidierte Sprachregelung stützten, werden Sarma oder «Neue Schulen» genannt.

Viele «Neue Schulen» entstanden im 11. und 12. Jahrhundert, basierend auf den neuen Übersetzungen und der neuen Begrifflichkeit. Man unterscheidet häufig drei Hauptrichtungen: Die Kadam-Tradition, inspiriert vom Besuch des indischen Meisters Atisha Dipamkara Shrijñana (den Tibetern geläufiger als Jowo Atisha) in Tibet und ausformuliert von seinem wichtigsten tibetischen Schüler, einem Laien namens Lama Drom Tönpa; die Sakya, gegründet von Könchok Gyalpo aus der Tradition des indischen Mahasiddha Virupa und des Übersetzers Drokmi Lotsawa und systematisiert von Kunga Nyingpo; und die Kagyü-Schule, gegründet von dem tibetischen Laien Marpa Lotsawa und seinem Schüler, dem Yogi und Dichter Milarepa, und systematisiert von Milarepas Schüler Gampopa.

Obwohl sich diese drei «Neuen Schulen» im Verlauf der folgenden Jahrhunderte durchsetzten, entstanden in dieser Zeit der «Renaissance» auch zahlreiche andere bedeutende Schulen. Die meisten «Linien» existieren nicht mehr separat, sondern wurden von einer der vier oben genannten «Superschulen» absorbiert. Zu ihnen gehören die Shangpa-Kagyü, der der Vater des Zweiten Dalai Lama angehörte und die von dem tibetischen Yogi Kyungpo Näljor hauptsächlich aus den Lehren der indischen Mystikerinnen Niguma und Sukhasiddhi entwickelt worden war; die Zhije, gegründet von dem indischen Mahasiddha Padampa Sangye und seiner Schülerin, der Mystikerin Machig Labdrön – eine Linie, der sich die Großmutter des Zweiten Dalai Lama zugehörig fühlte; die Rvaluk- und auch die Jonang-Schule, in deren Lehren sich der Erste und der Zweite Dalai Lama ausgiebig vertieften.[2]

Den nächsten größeren Entwicklungsschub in der Religionsgeschichte Tibets leitete im späten 14. und frühen 15. Jahrhundert die Ankunft von Lama Tsongkhapa ein, dessen Mönchsname Lobsang Drakpa lautete. Tsongkhapa studierte in fast fünfzig tibetischen Klöstern und bündelte die wichtigsten Überlieferungslinien der Neuen Schule. Später gründete er das Kloster Ganden bei Lhasa, um sie unter einem Dach zu bewahren und weiterzugeben. Die Schule, die sich auf ihn beruft und die größte in ganz Zentralasien wurde, ist als Gelug bekannt.

Tsongkhapa teilte im Wesentlichen die philosophischen Auffassungen der Kadam-Schule, die von dem indischen Meister Jowo Atisha gegründet worden war. Hinzu kamen verschiedene tantrische Überlieferungen aus anderen Traditionen. Deshalb wird der Gelug-Orden in der tibetischen Literatur manchmal als Kadam Sarma oder Neue Kadam bezeichnet.[3]

Alle Dalai Lamas gehören per Ordination der Kadam-Schule an. (Sogar der Sechste, der sich weigerte, das Mönchsgelübde abzulegen, wurde von der Neuen Kadam-Schule zum Novizen geweiht). Aus diesem Grund beginnt der Zweite Dalai Lama viele seiner mystischen Gesänge und Gedichte mit einer Huldigung an Atisha und/oder Lama Tsongkhapa.

Die meisten Dalai Lamas haben in ihrem spirituellen Leben eine Kombination von Nyingma- und Gelugpa-Traditionen praktiziert. Wie Seine Heiligkeit der Dalai Lama in seinem Geleitwort erwähnt, wurde diese Tradition vom Ersten Dalai Lama begründet und vom Zweiten etabliert. Sie setzt sich bis zum heutigen Tage fort, und nur der Siebte und Achte sind von ihr abgewichen.[4]

Der Erste Dalai Lama

Das Kind, das einmal als Erster Dalai Lama in die Geschichte eingehen sollte, wurde 1391 in der Provinz Tsang im südwestlichen Tibet als Sohn nomadisierender Hirten geboren. In der Nacht seiner Geburt wurde der Stamm von Banditen angegriffen, und die Erwachsenen flohen. Seine Mutter, die befürchtete, gefangen, vergewaltigt und womöglich getötet zu werden, versteckte das Neugeborene hinter einem Felsen, bevor sie auch fortlief. Als sie am Morgen zurückkehrte, bot sich ihr ein außergewöhnlicher Anblick: Ein Rudel wilder Hunde umkreiste das Kind in der Hoffnung auf leichte Beute, aber eine große Krähe hockte neben ihm und bewahrte es vor Schaden. Später erklärten ihr Lamas, dass die Krähe der Weissagung nach eine Emanation von Mahakala sei, der zornigbeschützenden Form von Avalokiteshvara, dem Bodhisattva des Mitgefühls, und dass Mahakala immer über den Jungen wachen werde.

Als der Sohn sechs Jahre alt war, starb sein Vater. Die Mutter, die ihre zahlreichen Kinder nicht ernähren konnte, entschloss sich, einige von ihnen in Klöster zu geben, wo man sie versorgen und ausbilden würde. Weissagungen ergaben, dass der Sohn, der in der Nacht des Überfalls geboren worden war, von einer solchen Ausbildung am meisten profitieren würde. Daher schickte sie ihn unter der Aufsicht seines Onkels Geshe Choshe in das Kloster Nartang.[5]

Es dauerte nicht lange, bis der Abt von Nartang feststellte, dass der Junge ein besonders viel versprechender Schüler war, und ihn unter seine Fittiche nahm. Die beiden verstanden sich blendend, und an seinem 20. Geburtstag war der Erste Dalai Lama Nartangs hervorragendster Gelehrter.

Bald darauf erhielt er die mönchischen Weihen und reiste zu Studien nach Zentraltibet, wo er vier Jahre vor dessen Tod Lama Tsongkhapa kennen lernte. Auch Tsongkhapa erkannte sofort, dass der junge Mann zu Großem berufen war. Bei ihrer ersten Begegnung riss er ein Stück Stoff aus seiner Robe und gab es dem jungen Mönch mit der Prophezeiung, dass er einer seiner bedeutendsten Schüler werden und sich vor allem um die Reinhaltung der tibetischen Tradition des Sangha, der Mönchsgemeinschaft, verdient machen würde. Der Erste Dalai Lama studierte im Lauf seines Lebens bei über fünfzig Gurus aus vielen verschiedenen Schulen des tibetischen Buddhismus, aber mit der Zeit tendierte er immer mehr zu denjenigen Überlieferungslinien, die er von Tsongkhapa und dessen Schülern erhalten hatte.

Um 1440 war der Erste Dalai Lama bereits ein hoch verehrter Heiliger; er verbrachte viel Zeit meditierend in Höhlen und Einsiedeleien und gab einer großen Gefolgschaft Unterweisungen. Aus ganz Zentralasien kamen Schüler zu ihm.

1447 gründete er das Kloster Tashi Lhünpo. Dabei wurde er von verschiedenen Königen und Nomadenhäuptlingen aus dem südwestlichen und westlichen Tibet unterstützt, vor allem von König Guge. Tashi Lhünpo war bald das größte Gelugpa-Kloster außerhalb der Region Lhasa und eine der vier renommiertesten klösterlichen Einrichtungen in ganz Zentralasien (die anderen drei waren Ganden, Drepung und Sera). Er hielt sich auch weiterhin viel in Tashi Lhünpo und den nahe gelegenen Klöstern wie Nenying, Nartang und Sangpu auf, gab Belehrungen und erfüllte so Lama Tsongkhapas Prophezeiung.

Der Erste Dalai Lama galt auch als hervorragender Dichter. Seine «Gesammelten Werke» (tib. *gSung-'bum-thor-bu*) enthalten mehrere Dutzend seiner poetischen Werke. Wie wir in Teil II sehen werden, erhielt der Zweite Dalai Lama als Jugendlicher im Kloster Nartang Unterweisungen in den Schriften des Ersten und dürfte demnach mit den Gesängen und Gedichten seines Vorgängers vertraut gewesen sein. Folglich haben sie wohl auch seinen eigenen Schreibstil beeinflusst.

Die spirituellen Dichtungen des Ersten werden jedoch nicht als *nyamgur* oder «spontane Hymnen» bezeichnet. Er war zu bescheiden und zurückhaltend für diesen Stil. Nur die gesammelten Schriften des Zweiten, Fünften und Siebten Dalai Lama enthalten *nyamgur*.

Im elften Monat des Holz-Pferd-Jahres (1474) kündigte der Erste Dalai Lama an, dass er bald sterben werde, und rief seine wichtigsten Schüler ein letztes Mal zusammen. Er war fast vierundachtzig. Am achten Tag des zwölften Monats (dem Tag, der Arya Tara, seiner wichtigsten Meditationsgottheit, zugeordnet war) berief er eine Versammlung im Tashi-Lhünpo-Tempel ein und gab seinen Schülern letzte Ratschläge. Am Ende der Rede versank er in Meditation, schloss die Augen und löste in Gegenwart der Versammelten die Elemente seines Körpers bewusst auf. Es war der Halbmond des zwölften tibetischen Monats des Holz-Pferd-Jahres. (Das Jahr wird von westlichen Gelehrten gewöhnlich als 1474 angegeben, aber tatsächlich war es entweder Ende Januar oder Anfang Februar 1475.)

Es heißt, dass er noch 49 Tage nach seinem äußerlich erkennbaren Tod (d.h., nachdem Herzschlag und Atmung aufgehört hatten) in *tukdam* (tib. *thugs-dam*), einem mystischen Zustand zwischen Leben und Tod, verharrte; dabei wird das Bewusstsein ins Herz zurückgezogen und der Körper durch die Kraft der Meditation intakt gehalten. Auf diese Weise demonstrierte er allen, dass er die Erleuchtung erlangt hatte. Sein Körper nahm das Erscheinungsbild eines Sechzehnjährigen an und sandte ein Leuchten aus, das alle, die ihm nahe kamen, mit Freude erfüllte.

Dann, am 49. Tag, sandte er das Bewusstsein aus dem Körper hinaus. Traditionelle Biographien berichten, dass sein Kopf leicht zur Seite sank und ein Tropfen Sperma aus seinem Glied austrat, als Zeichen, dass *tukdam* nun abgeschlossen war.[6]

Gemäß dem Bericht von Yangpa Chöje über Leben und Werke des Zweiten Dalai Lama sandte der Erste sein Bewusstsein in den Reinen Bereich Tushita, wo er Buddha Maitreya, Atisha und Lama Tsongkhapa antraf und sie um Rat fragte, wohin im Universum er gehen solle, um für die Erleuchtung lebender Wesen zu arbeiten. Tsongkhapa (als Jampel Nyingpo, seine Erscheinungsform in Tushita) nahm eine weiße Blume und warf sie auf die Erde, wobei er sagte, er solle sich dort reinkarnieren, wo die Blume hinfalle. Sie landete in Tanak Dorjeden, in der Yolkar-Einsiedelei des Yogi Kunga Gyältsen. Dann warf er zwei Hagelkörner hinab; eines landete in Zentraltibet nahe dem Kloster Radeng und das andere in Kham in Südosttibet.

Die mystischen Schriften interpretieren diese Legende dahin gehend, dass es drei Reinkarnationen des Ersten Dalai Lama gab: eine der Körpers, eine der Rede und eine des Geistes. Von diesen dreien ist die Inkarnation des Körpers am geeignetsten, die Arbeit der vorigen Inkarnation fortzusetzen.

Die Blume, die auf die Einsiedelei des Yogi Kunga Gyältsen fiel, zeigte die Körper-Emanation an, und so wurde dieses Kind letztlich als Reinkarnation des Ersten anerkannt. Die anderen beiden setzten vermutlich die Arbeit des Ersten inkognito fort; in den Biographien des Zweiten ist von ihnen nicht weiter die Rede.[7]

Die vierzehn Dalai Lamas

Die geistige Größe des Ersten Dalai Lama war bereits zu Lebzeiten unumstritten. Zwar studierte er nicht nur im Südwesten, sondern auch in Zentraltibet, aber meist hielt er sich doch in der Tsang-Region im Südwesten auf, und dort wirkte auch sein geistiges Vermächtnis am längsten.

Wie in Teil II dieses Buches noch genauer geschildert wird, meldete sich bald darauf ein kleiner Junge zu Wort und verkündete, er sei die Reinkarnation des Ersten. Er wurde offiziell anerkannt und ins Kloster Tashi Lhünpo gebracht. Er setzte die Arbeit des Ersten fort und dehnte den Einflussbereich des Dalai Lama auf Zentral- und Südtibet aus. Sein Bekanntheitsgrad übertraf noch den des Ersten, und als er 1542 starb, gab es kaum einen bedeutenden Lama in Tibet, der nicht bei ihm oder einem seiner Schüler studiert oder eine tantrische Initiation erhalten hatte. Er verlegte seine Erbresidenz von Tashi Lhünpo ins Kloster Drepung unweit Lhasa.

Nur der Zweite war «selbst ernannt». Kurz nach seinem Tod wurde ein Gremium zusammengestellt, das nach seiner Reinkarnation suchte, und von jener Zeit an wurden die Reinkarnationen aller Dalai Lamas durch offizielle Suchkommissionen identifiziert. Zum ersten Mal geschah das im Fall des Dritten.

Der Dritte Dalai Lama, Gyalwa Sönam Gyatso, wurde ebenfalls im ganzen Land berühmt. In seinen späteren Lebensjahren rief ihn der mongolische König Altan Khan als geistlichen Lehrer in die Mongolei. Er kam 1578 dort an, und unter seiner Anleitung gab der Herrscher der Mongolei seine kriegerische Haltung auf und konvertierte mit der ganzen Bevölkerung zum Buddhismus. Seither sind die Mongolen eine Nation mit religiöser Ausrichtung. Der Dritte bereiste ausgiebig die Provinzen Kham und Amdo in Osttibet und verschaffte auch dort dem Amt des Dalai Lama beträchtlichen Einfluss.

Als Reinkarnation des Dritten Dalai Lama wurde ein Mongolenjunge erkannt. So war der Vierte Dalai Lama der erste (und bislang einzige) Dalai Lama, der als Nichttibeter zur Welt kam. Als Jugendlicher legte er eine große spirituelle Kraft an den Tag und wurde als Tutob Yönten Gyatso, «Yönten Gyatso der Adept», bekannt. Seine Herkunft stärkte die Bindung der Mongolei an den Buddhismus und ihre Loyalität gegenüber der Schulrichtung der Dalai Lamas.

Der Fünfte Dalai Lama, gewöhnlich von den Tibetern schlicht der «Große Fünfte» genannt, war der erste, der eine Politisierung seines Amtes erlebte. Er hatte sich nicht darum bemüht; sie war vielmehr das Ergebnis eines Bürgerkriegs, der zu seiner Zeit in Tibet ausbrach. Das Land bestand damals aus zahlreichen Königreichen, die sich zu drei Föderationen zusammengeschlossen hatten, die geographisch den mittleren, südwestlichen und östlichen Provinzen des heutigen Tibet entsprachen. Der König von Südwesttibet schloss einen Pakt mit dem König von Beri in Osttibet. Sie hatten die Absicht, bis nach Lhasa vorzudringen und die Beute unter sich aufzuteilen, doch der Plan misslang. Ihre Armeen wurden von Gushri Khan, einem mongolischen Verbündeten Lhasas, geschlagen, und 1642 wurden die drei Teile Tibets unter der Oberhoheit von Lhasa vereinigt. Gushri Khan brachte eine Lösung zustande, nach der der Große Fünfte (wie alle folgenden Dalai-Lama-Reinkarnationen) als religiöses und politisches Oberhaupt Tibets fungieren sollte, wobei die Mongolei als Schutzmacht im Hintergrund blieb.

In einem Interview, das ich einmal mit Seiner Heiligkeit dem gegenwärtigen Dalai Lama führte, sprach er von den Verbindungslinien zwischen den ersten fünf Dalai Lamas und erwähnte einen «Gesamtplan», den sie ausgeführt hätten. Nach seinen Worten etablierte der Erste eine geistige Basis in Tsang in Südwesttibet; der Zweite dehnte sie nach Zentral- und Südtibet aus; der Dritte erweiterte den Einflussbereich bis zu den Provinzen Kham und Amdo in Osttibet und in die Mongolei hinein; der Vierte festigte den Bund zwischen Lhasa und der Mongolei mit dem Amt des Dalai Lama als Bindeglied. Als dann der Fünfte auftrat, lagen alle Mosaikteile an ihrem Platz, und die Rolle des religiösen und weltlichen Herrschers fiel ihm mühelos zu.

In späteren Jahren begann der Große Fünfte mit dem Bau des Potala, der bis heute als die größte architektonische Errungenschaft Tibets gilt. Das Projekt war jedoch noch nicht abgeschlossen, als er starb. Vorher hatte er den Premierminister Desi Sangyä Gyatso angewiesen, seinen Tod bis zur Vollendung des Baus geheim zu halten. Infolgedessen ließ man über die Suche nach dem Sechsten Dalai Lama und dessen Entdeckung zwölf Jahre lang nichts verlauten. Erst dann wurde der Sechste offiziell eingeführt.

Wie sich herausstellte, war der Sechste der Einzige in der Reinkarnationslinie, der den mönchischen Lebensstil nicht akzeptierte. Als es an der Zeit war, das Mönchsgelübde abzulegen, gab er stattdessen die Novizenkleidung zurück und erklärte, er werde Laie bleiben. Als Grund für dieses Verhalten wird meist seine Kindheit als «heimlicher Dalai Lama» angeführt. Möglicherweise verbergen sich aber doch noch andere Motive dahinter. In dem erwähnten Interview mit dem heutigen Dalai Lama sprach dieser auch von einem «Gesamtplan», der sich auf den Sechsten bezog. Gemäß dieser Theorie glaubte der Sechste, dass es für ihn als Oberhaupt des tibetischen Volkes unangebracht sei, eine «Reinkarnation» zu bleiben, denn zwischen dem Tod eines Dalai Lama und der Entdeckung, Erziehung und geistigen Reife des nächsten enstand jeweils ein Machtvakuum von etwa zwanzig Jahren.

Der Sechste weigerte sich also, Mönch zu werden, und entschloss sich, dem Modell der Sakya-Schule zu folgen, wonach der Thron durch Blutsverwandtschaft vererbt wird. Statt religiöse Traktate zu verfassen, verbrachte er seine Tage in den Tavernen und Bordellen von Lhasa und komponierte Liebeslieder. Noch heute können viele Tibeter sie auswendig. Neben ihrer romantischen Bedeutung sollen sie die Quintessenz der höchsten tantrischen Lehren enthalten.

Der Plan des Sechsten, die «Institution Dalai Lama» radikal zu reformieren, misslang. Die Mongolen und Manchu, deren Höfe der Dalai-Lama-Schulrichtung anhingen, waren in heller Aufregung. Erstere marschierten in Lhasa ein und zwangen den Sechsten, sein Amt aufzugeben. Sie wollten wieder einen Mönch als Dalai Lama. Kurz darauf starb der Sechste unter ungeklärten Umständen.[8]

Alle folgenden Dalai Lamas lebten und starben als Mönche. Wenn einer starb, wurde ein Suchkomitee zusammengestellt, das den Nachfolger finden sollte. Im Allgemeinen war das ein Kind, das neun bis zwölf Monate nach dem Tod des Vorgängers geboren wurde. Der Siebte war vermutlich der Größte der nun folgenden Dalai Lamas und hatte meiner Meinung nach das größte Schreibtalent, allenfalls noch erreicht vom Zweiten.

Der Achte war ein sehr vergeistigter Mensch; er führte ein stilles, meditatives Leben und lehrte und schrieb nicht viel. Die Chroniken gönnen ihm deshalb nur einen kurzen Eintrag. Seine Nachfolger, der Neunte, Zehnte, Elfte und Zwölfte, starben relativ jung und werden ebenfalls nicht ausführlich gewürdigt.

Erst der Dreizehnte schwang sich zur alten Größe auf; er wurde 1876 geboren und hatte die wenig beneidenswerte Aufgabe, Tibet durch die Kolonialzeit zu führen, als der Großteil Zentralasiens zwischen den beiden Großmächten Russland und Großbritannien aufgeteilt wurde. Er entledigte sich dieser Pflicht auf bewundernswerte Weise, denn es gelang ihm, die politische Unabhängigkeit, kulturelle Integrität und spirituelle Ausrichtung seines Volkes während zweier britischer Invasionen (1888 und 1904) und eines chinesischen Einmarsches (1909) zu wahren. Aus diesem Grund nennen ihn die Tibeter den «Großen Dreizehnten».

Der gegenwärtige Dalai Lama, Seine Heiligkeit Tenzin Gyatso, kam 1935 in einer Bauernfamilie in der Provinz Amdo in Osttibet zur Welt. Er sagte mir einmal: «Meine Aufgabe ist die schwierigste, die je ein Dalai Lama hatte, denn ich muss mein Volk durch die dunkelste Periode unserer Geschichte führen.» Damit meinte er den Einmarsch der Truppen des kommunistischen China in den fünfziger Jahren und die systematische Zerstörung der tibetischen Kultur in den sechziger Jahren. Seitdem wurden von Tibets 6 500 Klöstern und Tempeln bis auf 13 alle zerstört, ihre Kunstgegenstände eingeschmolzen, vernichtet oder auf dem internationalen Markt verkauft. Die meisten der zehntausend Bibliotheken wurden in Brand gesteckt und mehr als ein Fünftel der Bevölkerung ermordet. Hunderttausende wurden in Arbeitslager verschleppt.

Tatsächlich ist die Aufgabe des derzeitigen Dalai Lama als Oberhaupt des tibetischen Volkes sehr schwierig. Er hat über die Hälfte seines Lebens als Flüchtling in Indien verbracht. Von dort aus bemüht er sich, die gefährdete tibetische Zivilisation zu retten und überall auf der Welt auf das Schicksal Tibets aufmerksam zu machen. 1989 erhielt er für diesen gewaltlosen Einsatz den Friedensnobelpreis.

In dem oben erwähnten Gespräch erläuterte der Dalai Lama einen dritten «Gesamtplan», der eine Verbindung zwischen ihm und seinem Vorgänger, dem Großen Dreizehnten, herstellt. Dem Dreizehnten war prophezeit worden, er werde 79 oder 80 Jahre alt werden. Er hatte mehrfach öffentlich darauf hingewiesen, dass die Tibeter ihr Land modernisieren und vor allem die Grenzen zu China befestigen müssten, sonst sei ihre gesamte Kultur in Gefahr. 1932 warnte er vor einer kommunistischen Invasion und sprach davon, dass sein Volk sich wie Ameisen über die Welt zerstreuen und zu Bettlern werden würde. Wer in Tibet bleiben würde, sagte er voraus, werde wie ein Sklave im eigenen Land sein Leben fristen und seine Tage und Nächte in großem Leid verbringen. Schließlich wies er darauf hin, dass die Tragödie noch vermieden werden könne, wenn rasch gehandelt würde. Er betonte, dass er fast 58 Jahre alt sei und bald sterben werde. Nicht lange danach traf seine Voraussage ein.

Seine Heiligkeit erklärte dazu, der Große Dreizehnte habe seine Lebenszeit absichtlich verkürzt, weil er erkannt habe, dass die Tibeter seinem Rat nicht folgen würden. Er wusste, dass eine chinesische Invasion praktisch unvermeidlich war und eine noch hoffnungslosere Situation entstehen würde, wenn der Dalai Lama ein alter Mann war. So trat er auf mystische Weise ab, starb und machte Platz für eine neue Reinkarnation. Folglich sahen sich die Chinesen, als sie schließlich einmarschierten, einem jungen, energischen Dalai Lama gegenüber und nicht einem Greis.

Abschließend sagte Seine Heiligkeit: «Es gab für die Dalai Lamas offenbar drei ‹Gesamtpläne›. Der erste Plan betraf den Ersten bis Fünften, der zweite, misslungene, den Sechsten und der dritte betrifft den Dreizehnten Dalai Lama und mich selbst. Aber die Situation ist für mich sehr bedrückend, und ich habe wenig Spielraum. Vielleicht werde ich mir einen vierten Plan ausdenken müssen.»

Ich erwiderte scherzhaft: «Wenn Sie das tun, dann nehmen Sie sich bitte nicht den Dreizehnten zum Vorbild. Er nutzte seine Meditationskräfte, um sein Leben zu verkürzen. Wenn Sie einen Plan entwerfen, dann legen Sie ihn bitte so an, dass Sie Ihr Leben um ein paar Jahrzehnte verlängern und nicht verkürzen.»

Ich habe von vierzehn Dalai Lamas gesprochen, und tatsächlich wird der gegenwärtige Dalai Lama in der tibetischen Literatur immer als Vierzehnter aufgeführt. Doch im Grunde wurde der Titel Dalai Lama erst dem Dritten zugesprochen. Das geschah 1578 während eines Besuchs in der Mongolei. Der Name des Dritten war Gyalwa Sönam Gyatso; der letzte Teil (Gyatso, «Ozean») lautet im Mongolischen Dalai oder T'alai. Die Mongolen nannten also ihn und alle anderen Inkarnationen der Linie «Dalai Lama». Der Beiname wurde postum auch den beiden Vorgängern Gyalwa Sönam Gyatsos gegeben, und so wurde er der Dritte. Später übernahmen die Chinesen den Titel von den Mongolen, und die Briten lernten ihn durch die Chinesen kennen. Der Rest der Welt folgte dem Beispiel der Briten.

Die Tibeter benutzten den Namen früher nicht. Erst in der zweiten Hälfte des 20. Jahrhunderts haben sie sich mit ihm angefreundet. Vorher bevorzugten sie die traditionellen Beinamen, die auch heute noch gerne gebraucht werden. Die Beliebtesten sind Gyalwa Rinpoche, «Kostbares Jina» oder «Buddha-Juwel», Yeshin Norbu, «Wunscherfüllendes Juwel», und Kundün *(sku mdun)*, «Die Präsenz». Die klassische tibetische Literatur bezeichnet Dalai-Lama-Inkarnationen als Tongwa Dönden *(mthong ba don ldan)*, was sich mit «Wichtig zu wissen» übersetzen lässt. Dieser Name wird in Prophezeiungen aus dem 11. Jahrhundert und vom heutigen tibetischen Staatsorakel in Trance verwendet. Von ihren Biographen werden die frühen Dalai Lamas Tamche Khyenpa, «Allwissender», genannt; diesen Beinamen erhielt der Erste von seinem Guru Bodong Chokle Namgyal aus der Jonangpa-Tradition. Er blieb haften und wurde auch auf den Zweiten und Dritten angewandt.

Dem westlichen Leser mögen all diese Bezeichnungen sehr blumig und schmeichelhaft erscheinen. Das gilt aber für die meisten Übernamen im tibetischen Buddhismus; sie alle klingen recht poetisch. Ich kenne beispielsweise ganz normale Leute, die Sangye

Samdrub («Er, der das Buddha-Streben erfüllt»), Tubten Kunghyen («All-Wissender in der Erleuchtungslehre»), Lobsang Dölma («Befreiende Retterin des erhabenen Geistes») und Nyima Dorje («Sonnengleicher Diamant») heißen. Zwei von ihnen sind eher Gauner als Heilige. Mein eigener tibetischer Name lautet Jampa Zopa, «Geduldig Liebender». In Wirklichkeit bin ich alles andere als geduldig.

Die Dalai Lamas und die Legende von Avalokiteshvara

Die Standardbiographie des Zweiten Dalai Lama (begonnen 1530 von Yangpa Chöje und abgeschlossen 1560 von Könchog Kyab) fängt mit der Legende von Avalokiteshvara an, dem Bodhisattva des Mitgefühls, dessen Emanationen die Dalai Lamas sein sollen.

Im Westen hören wir die unterschiedlichsten Erläuterungen dessen, wie und warum es zu dieser Legendenbildung um die Dalai Lamas gekommen ist. Das meiste, was westliche Wissenschaftler behaupten, ist falsch, weil sie sich nicht die Zeit nehmen, die tibetischen Originalquellen zu konsultieren. Wie das weit verbreitete Missverständnis bezüglich der Genealogie des Ersten Dalai Lama gehen auch diese Irrmeinungen auf das Ende des 19. Jahrhunderts und den christlichen Missionar L. Austine Waddell zurück, der schrieb, der Fünfte Dalai Lama habe, nachdem er 1642 zum Oberhaupt Tibets geworden war, die Geschichte aus politischen Gründen in die Welt gesetzt, um die einfachen Tibeter, die den Bodhisattva Avalokiteshvara seit Jahrhunderten verehrten, zu größerer Ergebenheit zu veranlassen.[9]

Ein Blick auf die Quellen über das Leben des Ersten Dalai Lama widerlegt Waddells Behauptung auf der Stelle. Der Fünfte Dalai Lama mag die Legende akzeptiert und für seine Zwecke genutzt haben, erfunden hat er sie gewiss nicht. Wenn jemand sie sich ausgedacht hat, dann entweder Jowo Atisha oder sein Schüler Lama Drom, die beide im 11. Jahrhundert lebten, dreihundert Jahre vor dem Ersten Dalai Lama und fünfhundert Jahre vor dem Fünften.

Es wird berichtet, dass sich Jowo Atisha und Lama Drom gemeinsam mit Ngok Lotsawa, einem anderen Schüler, ein Jahr lang in die Höhlen von Yerpa Lhari Nyingpo zurückzogen (wo der Zweite Dalai Lama Jahrhunderte später viele seiner Lieder verfasste). Am Abend kamen sie gewöhnlich einige Stunden zu intensiven Gesprächen zusammen, bei denen Ngok Fragen stellte und entweder Atisha oder Lama Drom antwortete. Bei verschiedenen Gelegenheiten zitierte

Ngok aus einer Schrift und bat Lama Drom, zu erläutern, wie er die Bedeutung dieser Passagen in einem früheren Leben verinnerlicht habe. Lama Drom soll dieses Ansinnen bescheiden abgelehnt haben, mit der Begründung, es gebe doch weitaus interessantere Themen. Doch Ngok ließ nicht locker und gab die Frage an Atisha weiter. Dieser antwortete folgendermaßen: «Wie du weißt, Ngok, ist Lama Drom eine Wiedergeburt von Avalokiteshvara, dem Bodhisattva des Mitgefühls; bringe ihm also Mandala-Opfer dar, und ich will deine Bitte erfüllen.»

Damit beginnen die Berichte über die 36 «früheren Leben von Lama Drom», wie sie Atisha erzählt; jeder fängt mit der Feststellung an: «Wie du weißt, ist Lama Drom eine Wiedergeburt von Avalokiteshvara ...» Sie sind enthalten in Kapitel 23 des klassischen Textes «Vater-Dharmas, Sohn-Dharmas» (tib. *Pha-chos-bu-chos*), einer der populärsten Schriften der frühen Kadampa-Literatur. Sie entstand im 11. Jahrhundert. Der Erste Dalai Lama wurde zu Lebzeiten als Wiedergeburt von Lama Drom betrachtet. So erbte er die Legende, eine Emanation von Avalokiteshvara zu sein, und wurde mit all den «früheren Leben von Lama Drom» in Verbindung gebracht, von denen Atisha gesprochen hatte. Und so kam es, dass die Legende von da an mit dem Amt des Dalai Lama verknüpft war.

Die sechsunddreißig «früheren Leben von Lama Drom» beschreiben indische Geburten, meist als junger Prinz oder Brahmanenkind. Das ist alles, was wir in Kapitel 23 des *Pha-chos-bu-chos* finden, aber längst nicht alles, was überliefert wurde. In vorangehenden Teilen desselben Textes spricht Atisha von zahlreichen anderen «früheren Leben» von Lama Drom, darunter zehn als tibetischer König (u.a. König Nyatri Tsenpo, König Lha Totori, König Songtsen Gampo, König Trisong Detsen und König Tri Ralpachen). Dann berichtet Atisha von Lama Droms früheren Geburten als Yogi in Nepal und als Lama in Tibet. Bei den meisten Namen handelt es sich um bekannte historische Persönlichkeiten, die bereits als Emanationen von Avalokiteshvara anerkannt waren. Folglich musste der Fünfte Dalai Lama die Geschichte, er sei eine Emanation von Avalokiteshvara sei, nicht erst erfinden, wie Waddell behauptet. Er hatte zwei Möglichkeiten: Sie abzulehnen oder sie zu übernehmen. Er entschied sich für die Zweite.

Hier ist der Kontext von Bedeutung. In Tibet ist es nicht sehr ungewöhnlich, als Wiedergeburt oder Emanation eines bestimmten Buddha oder Bodhisattva betrachtet zu werden. Hunderten von Lamas geschah das. Es wäre für den Fünften sinnlos gewesen, seine Verbindung zu Avalokiteshvara zu leugnen; die Legende war dem Amt des Dalai Lama seit Jahrhunderten gefolgt, demnach galt ihre Richtigkeit als erwiesen. Ein Dementi wäre lediglich als Akt der Demut verstanden worden und hätte die Menschen nur noch mehr davon überzeugt, dass er Avalokiteshvara sein musste, denn dieser galt geradezu als Ausbund an Bescheidenheit.

Und so beginnt Yangpa Chöje seinen Bericht über das Leben des Zweiten Dalai Lama mit einer Zusammenfassung der Avalokiteshvara-Legende: Wie in alter Zeit Avalokiteshvara gelobte, Tibet zu retten; wie er sich im Yarlung-Tal in einem Affen inkarnierte und sich mit einer schrecklichen Schneefrau paarte, um die ersten menschlichen Wesen zu zeugen; wie er dann später, als sich in Tibet eine menschliche Gesellschaft gebildet hatte, immer wieder als König erschien, unter anderem als Songtsen Gampo und Trisong Detsen, um dem Land die Erleuchtungslehre zu bringen.[10]

Yangpa Chöje fährt fort:

> Um die Tradition der Erleuchtungslehre in Tibet zu verankern, kam er zunächst als König Trisong nach Tibet, um Guru Padmasambhava zu helfen; danach kam er als Lama Drom, um das Werk Jowo Atishas zu vollenden; und schließlich als Gyalwa Gendün Drubpa (der Erste Dalai Lama), um die Überlieferungen von Lama Tsongkhapa zu festigen. Auf diese Weise manifestierte er sich in Tibet in der frühen, mittleren und späteren Periode des Buddhismus als großer geistiger Meister, um den Dharma in das Land des Schnees zu bringen.

Die tibetische Tradition der mystischen Lehrgedichte

Eine der ältesten, beständigsten und universellsten künstlerischen Ausdrucksformen für spirituelle Erfahrungen sind mystische Hymnen und Gesänge. Vermutlich gab es sie schon, bevor die Schrift erfunden wurde.

Sowohl als vorliterarische mündliche Tradition als auch in schriftlicher Gestalt haben mystische Gesänge und Gedichte im Lauf der Jahrhunderte viele Menschen inspiriert und ermutigt. Sie sind nicht auf bestimmte Zivilisationen, Zeiten oder Religionen beschränkt; sie sind so vielgestaltig wie die biblischen Psalmen, die inspirierenden Verse der großen Sufi-Dichter, die Haikus im Zen, die indischen *gita* und die indianischen «Trommelgesänge».

Die Tibeter waren in dieser Hinsicht sehr produktiv. Die westlichen Tibetologen haben ihr reiches poetisches Reservoir noch nicht gründlich studiert, aber man kann sicher sein, dass es spätestens seit der Einführung des Buddhismus existierte. Mystische Gesänge gab es vermutlich schon früher im Zusammenhang mit den vorbuddhistischen Religionen Tibets wie Loba und Bönpo, auch wenn sie damals sicher nur mündlich tradiert wurden. Heute findet man eine Fülle mystischer Gedichte aus der Bönpo-Zeit in der von Tönmi Sambhota importierten Schrift.

Der tibetische Buddhismus ist, wie schon gesagt, im Wesentlichen eine Erweiterung und Fortentwicklung des indischen Buddhismus, und die Lehre Buddhas ist in zwei Hauptrichtungen vertreten, dem Sutrayana und dem Vajrayana. Deshalb wurde die mystische Dichtkunst Tibets auch stark von dem indischen Hintergrund beeinflusst und bedient sich vorwiegend zweier Sprachmodelle, dem der Sutras und dem der Tantras.

Das Abfassen von Versen war in den frühesten Tagen des indischen Buddhismus sehr verbreitet. Viele Buddha-Aussagen sind in Versform überliefert. Dutzende von ihnen stehen im *Kangyur*, einer tibetischen Sammlung von Übersetzungen der Gespräche Buddhas.

Unter der Bezeichnung *gatha* werden diese traditionellen Verse Buddha und auch Schülern aus seinem Gefolge zugeschrieben.

Ein bei den Tibetern äußerst beliebtes Sutrayana-Werk dieser Art war (und ist) eine unter dem Titel «Feierliche Worte des Buddha» (Skrt. *Udamvarga*; tib. *Tshigs-su-byed-pai-tshoms*) bekannte Anthologie.[11] Dieses poetische Sammelwerk über Buddhas wichtigste spirituelle Erfahrungen und die folgenden Belehrungen seiner Schüler wurde in der Frühzeit des Buddhismus ins Tibetische übersetzt und diente als Modell für geistliche Dichtung und poetische Stilmittel. Auch ein Großteil der tantrischen Literatur, die dem Buddha zugeschrieben wird, ist in Versform überliefert. Diese Texte heißen Vajra-Gita oder «Diamant-Lieder» und sind bei den Tibetern sehr beliebt. Vajra-Gita finden sich meist als Einsprengsel in tantrischen Originaltexten.

Eine weitere indische Tradition, die bei Tibetern auf große Gegenliebe stieß, ist der Sanskrit-Stil *karika* (was «Vers» bedeutet), der von Meistern wie Nagarjuna, Aryadeva, Chandrakirti, Asanga, Vasubandhu und Shantideva verwendet wurde. Vielleicht der wichtigste unter ihnen ist Nagarjuna, oft als «Vater des Mahayana» bezeichnet, der im 1. Jahrhundert n.Chr. geboren wurde. Der *Tengyur*, eine Sammlung von ins Tibetische übersetzten Kommentaren späterer indischer Meister, enthält über 150 Einträge, die ihm zugeschrieben werden. Viele davon sind Dichtungen, die Elemente spiritueller Erfahrung mit Ratschlägen an seine Schüler verbinden. Nagarjunas *Surrellika* oder «Brief an einen Freund» ist typisch für diesen Stil. Es existieren mehrere englische Übersetzungen (deutsch von Heinrich Wenzel, Leipzig 1886). Auch sein *Ratnavali* («Perlenkette») ist ein Grundlagentext.

Eine dritte indische Tradition, die eine erhebliche Einwirkung auf die tibetische Dichtung hatte, ist die der *doha* (Gesang der Verwirklichung), eines Stils, der von den tantrischen Yogis und Yoginis im buddhistischen Indien entwickelt wurde.

Auch den Einfluss der klassischen indischen Poetik auf die tibetische Dichtung sollte man nicht unterschätzen. Der bekannteste indische Autor in dieser Hinsicht ist Dandin, dessen Schrift über die Dichtkunst bald nach der Öffnung Tibets für die indische Kultur übersetzt wurde und im Land des Schnees über Jahrhunderte hinweg aufmerksame Beachtung fand. Kein Tibeter gilt als gebildet, der dieses Werk nicht studiert hat. In ihm behandelt und illustriert Dandin die Verwendung rhetorischer Figuren, Metaphern, Metrum, Euphonie, Alliteration und dergleichen. Dutzende von Kommentaren dazu sind in Tibet erschienen. Die gesammelten Werke des Zweiten, Fünften, Neunten und Dreizehnten Dalai Lama enthalten von Dandin inspirierte Werke, was auf eine anhaltende Popularität schließen lässt.[12] Diese verschiedenen Einflusse erreichten Tibet zwischen dem 7. und dem 11. Jahrhundert.

Erwähnt werden sollte auch die Verbindung zu Indonesien. Das buddhistische Indonesien gehörte vom 8. bis zum 12. Jahrhundert zu den zivilisiertesten Ländern Asiens; davon zeugen Bauten wie die große Tempelanlage Borobudur. Die wichtigsten kulturellen Kontakte zu Tibet wurden durch Jowo Atisha im frühen 11. Jahrhundert geknüpft. Vor seinem Besuch in Tibet hatte Jowo Atisha zwölf Jahre lang bei einem Meister in Indonesien studiert, den die Tibeter als Lama Serlingpa kennen. Viele der Überlieferungslinien, die er nach Tibet brachte, gingen auf indische Traditionen zurück, die im Indonesischen noch verfeinert worden waren. Serlingpa behauptete, zwei indische Traditionen in sich zu vereinen, und zwar die in Nagarjuna wurzelnden Weisheitslehren (von der Leerheit) und die Methoden-Tradition (das Bodhisattva-Geistestraining der sechs Vollkommenheiten). Die Vereinigung dieser beiden auf dem Hintergrund der indonesischen Lebenspraxis hielt Jowo Atisha für die kostbarste aller buddhistischen Überlieferungen, die er von seinen fünfundfünfzig Gurus erhalten hatte.

Serlingpa «verpackte» seine Linien in verschiedene mündliche Überlieferungen. Die beiden bekanntesten heißen Lamrim und Lojong, was sich mit «Stufenweg zur Erleuchtung» und «Geistesumwandlung» übersetzen lässt. Diese Begriffe beziehen sich auf Lehrtraditionen, in denen der vollständige Pfad zur Erleuchtung innerhalb eines spezifischen Rahmens dargestellt wird. Aber sie verweisen auch auf Literaturgenres, nämlich auf die Schriften, die diese Lehren enthalten.

Viele von ihnen existieren in Versform, als «Lamrim-Gedichte» (tib. *Lam-rim-tshings-byed*) und «Lojong-Gedichte» (tib. *bLo sbyong-tshigs-byed*), poetische Gebilde, die die Erfahrungen von Meditierenden und den Rat großer Meister an ihre Schüler wiedergeben. Es gibt tausende derartiger Texte in tibetischer Sprache. Bei manchen handelt es sich einfach um Freudengesänge, andere enthalten eher strenge, ernsthafte Anweisungen, wieder andere Gebete um Verwirklichung. Der Zweite Dalai Lama war tief beeindruckt von diesem poetischen Stil, und wir werden noch feststellen, wie sehr seine Gedichte und Gesänge von ihm beeinflusst sind.[13]

An dieser Stelle sollten wir kurz betrachten, wie die Gesänge und Lieder von den Tibetern aufgenommen wurden und einige der Verfasser nennen, deren Schriften zu den Meilensteinen der tibetischen Geschichte gehören.

Wie schon erwähnt, öffneten König Songtsen Gampo und sein Gesandter Tönmi Sambhota in der Mitte des 7. Jahrhunderts das Fenster zur indischen Kultur. Tönmi Sambhota und seine Kollegen übersetzten zahlreiche Sanskrit-Werke ins Tibetische; sie brachten darüber hinaus Kenntnisse über die indische Dichtkunst mit zurück und zudem viele Quellentexte, die ich bereits vorgestellt habe.

Tibets intellektuelle und spirituelle Romanze mit Indien erlebte ein Jahrhundert später geradezu einen Quantensprung, als der berühmte indische Tantra-Meister Padmasambhava von König Trisong Detsen ins Land des Schnees eingeladen wurde. Padmasambhava spielte eine bedeutende Rolle bei der Förderung der mystischen Dichtkunst in Tibet. So übersetzten er und seine Schüler viele wichtige poetische Werke aus dem Sanskrit, doch auch seine Lehren und eine umfangreiche Sammlung von Prophezeiungen wurden in Gedichtform notiert. Mehrere Biographien über ihn und seine Schüler wurden als epische Gedichte niedergeschrieben.[14]

In den folgenden Jahrhunderten erfuhr das Land des Schnees eine Blütezeit mystischer Dichtung. Vor allem Jowo Atisha und die literarische Renaissance, die er Mitte des 11. Jahrhunderts einläutete, sind hier zu erwähnen. Über seine religiösen Aktivitäten habe ich schon gesprochen, als es um den Einfluss Indonesiens auf die Kultur Tibets ging. Atishas Wirkung ging jedoch weit darüber hinaus. So bemühte er sich äußerst erfolgreich darum, die Tibeter mit der gesamten buddhistischen Literatur Indiens, beginnend mit Nagarjuna, vertraut zu machen. Eine bedeutende Sammlung von mehreren Dutzend seiner Dichtungen und viele seiner liebsten

Sanskrit-Sinnsprüche sind im *Tengyur* unter dem Titel *Jo-bo-chos-chung-brgya-rtsa* oder «Die hundert kleinen Lieblinge von Jowo Atisha» zu finden. Das Werk ist in Tibet sehr bekannt und hat zweifellos den Schreibstil des Zweiten Dalai Lama stark beeinflusst.[15]

Die Tatsache, dass Atisha spontanen Eingebungen folgte, wenn er mystische Gesänge und Gedichte verfasste, wird durch die folgende Anekdote illustriert, die mit seiner Ankunft in Ngari in Westtibet verbunden ist. Lama Rinchen Sangpo aus Ngari, einer der besten Übersetzer und Lehrer Tibets, soll die Notwendigkeit, Atisha einzuladen, angezweifelt haben. Als der Meister in Ngari eintraf, begleitete ihn der ältere, höchst angesehene Übersetzer höflich auf einem Rundgang durch den Tempelbezirk. Atisha blieb einen Moment lang vor den Gemälden und Statuen im Tempel stehen und ließ auf Sanskrit mystische Lieder erklingen, die sich auf das jeweilige Bildnis bezogen. Lama Rinchen Sangpo war überwältigt von der Schönheit, Gedankenfülle und poetischen Rafinesse der Gesänge. Etwas Derartiges hatte er nie zuvor gehört. Er fragte Atisha nach ihrer Herkunft. «Sie sind nichts Besonderes», erwiderte dieser, «ich habe sie gerade im Gehen erfunden.» Lama Rinchen Sangpo war beschämt und wurde ein treuer Schüler Jowo Atishas.

Bisher haben wir uns hauptsächlich mit den äußeren Einflüssen auf die spirituelle und mystische Dichtkunst Tibets befasst, bei denen Indien die wichtigste Rolle spielte. Damit will ich aber nicht etwa andeuten, dass die Tibeter die Inder nur imitierten. Sie ließen sich zwar von dem indischen Vorbild anleiten und inspirieren, entwickelten aber ihren eigenen Stil, der auf der tibetischen Lebensweise fußt.

Zweifellos besaßen die vorbuddhistischen Religionen wie Loba und Bönpo ihre eigene Tradition geistlicher Dichtung, auch wenn diese nur mündlich existierte. Die Leichtigkeit und Geschwindigkeit, mit der die Tibeter die Versdichtung übernahmen, lässt auf eine lange Tradition im eigenen Land schließen. Frühe Nyingma-Dichter schmiedeten schon seit den ersten Tagen des tibetischen Buddhismus Verse und konnten dabei sicherlich auf bestehende poetische Ausdrucksformen zurückgreifen.

Auch frühe tibetische Dichter und Liedsänger, die kaum lesen und schreiben konnten, hatten beim Verfassen ihrer Werke keine Schwierigkeiten. Milarepa zum Beispiel, der im 11. und 12. Jahrhundert dichtete, verfügte über keine (oder allenfalls eine minimale) literarische Bildung und hat sicher nie die klassische Dichtkunst studiert. Und doch ist das *Mila Gurbum*, «Milarepas gesammelte Vajra-Lieder»[16], eine der beliebtesten Gedichtsammlungen ganz Zentralasiens. Milarepa hatte seinen geistigen Werdegang als Bönpo begonnen (d.h., er war Anhänger einer der Religionen aus der Zeit vor Songtsen Gampo), wandte sich dann dem Buddhismus in Form der Nyingma-Schule zu und begann seine Yoga-Schulung bei Marpa Lotsawa. Seine Biographie lässt erkennen, dass er nur leidlich lesen und schreiben konnte. Tatsächlich hat er nichts selbst aufgeschrieben; seine Gesänge wurden mündlich überliefert und später von seinen Schülern transkribiert. Ihre natürliche Form, das freie Fließen verweisen auf den tibetischen Hintergrund.

Erwähnt werden muss auch, dass zwischen dem Sanskrit und dem Tibetischen enorme Unterschiede bestehen, Unterschiede, die ein reines Nacheifern unmöglich machen. Das Sanskrit, der indoeuropäischen Sprachfamilie zugehörig, besteht vorwiegend aus mehrsilbigen Wörtern und hat eine höchst ausgefeilte grammatikalische Struktur. Tibetisch dagegen gehört zur tibetobirmanischen Gruppe der sinotibetischen Sprachen (Vorarisch und Vorsanskrit), die durch wenig Grammatik gekennzeichnet sind; die Wörter bestehen meist aus ein oder zwei Silben. Tibet konnte sich an Indien orientieren, was Inhalt und poetische Stilmittel betraf, aber die Unterschiede zwischen den beiden Sprachen machten eine direkte Übernahme oder Imitation praktisch unmöglich.

Das Übersetzen tibetischer Dichtung

Angesichts der lexikalisch-grammatischen Charakteristika der tibetischen Sprache versteht es sich von selbst, dass keine Übersetzung tibetischer Verse alle Stilelemente wahren kann. Tibetische Gedichte bestehen in der Regel aus vierzeiligen Strophen; die Zeilen wiederum haben sechs, sieben, neun oder elf Silben. Da die meisten tibetischen Wörter ein- oder zweisilbig sind, während die meisten englischen und deutschen Wörter deutlich mehr Silben haben, bleibt dem Übersetzer die Wahl, entweder viele Originalwörter fallen zu lassen, zusätzliche Silben oder Zeilen einzufügen oder einfach Metrum und Zeilenlänge zu ignorieren. Die meisten Übersetzer entscheiden sich für Letzteres. Worte wegzulassen erscheint als ein zu großes literarisches Sakrileg, und systematisch Silben oder Zeilen anzuhängen untergräbt das Ziel, das Metrum möglichst zu übernehmen.

Hilfreich beim Übersetzen ist die Tatsache, dass die tibetische Dichtung mit einem Rhythmus oder Muster zu spielen scheint, bei dem pro Zeile ein Gedanke, eine Idee ausgeführt wird. Wie viele andere Übersetzer habe ich selbst auch diesen «Ideenrhythmus» als Richtschnur benutzt und bin deren Verlauf beim Übersetzen gefolgt. Das Endresultat ähnelt dem modernen, reimlosen «freien Vers»; der Geist und die sprachlichen Mittel des Originals bleiben gewahrt, ohne dass Bedeutung verloren geht oder ein forcierter und gekünstelter Stil entsteht. Die Kunst besteht darin, in einer Zeile den natürlichen Ideenfluss zu erkennen und ihn dann in dieser freien Form möglichst nachzubilden. Daraus entsteht im besten Falle eine Übertragung, die wesentlich lesbarer und originalgetreuer wirkt als der Versuch, Zeilen von sechs oder sieben Silben zu bilden, was ohne krasse Eingriffe ohnehin nicht zu leisten wäre.

Es heißt oft, Lyrik sei für Übersetzer die größte Herausforderung. In gewissem Sinne trifft das zu, denn man fühlt sich an das

Bemühen erinnert, die Musik einer bestimmten Kultur auf den Instrumenten und in der Umgebung einer anderen zu spielen, wenn die Instrumente noch dazu unterschiedlich gestimmt sind. Es wird natürlich nie identisch klingen. Aber die Person, die die musikalische Transposition übernimmt, hat auch nicht die Aufgabe, die äußere Form der Musik deckungsgleich zu gestalten. Diejenigen, die eine perfekte Übereinstimmung wünschen, täten besser daran, das Originalinstrument zu studieren, für das die Musik komponiert wurde. Die Kunst der Transposition ist es, den Geist, den Genius und das Grundkonzept des Originals einzufangen und diese innerhalb der eigenen Kultur für die darin bekannten Instrumente nachzugestalten. Bach auf einem Cembalo wird nie so klingen wie Bach auf einer E-Gitarre, einer indischen Sitar oder einer Andenflöte. Das heißt aber nicht, dass Bach auf diesen anderen Instrumenten wertlos wäre, vorausgesetzt, seine Musik macht den Liebhabern jener Instrumente Freude und die Grundideen der ursprünglichen Komposition werden respektiert.

Dasselbe gilt für die Dichtung. Shakespeare wird in einer Übersetzung niemals wie das englische Original klingen, und doch wurden seine Dramen in viele Sprachen übertragen. Das Erfolgsrezept beim Übersetzen von Lyrik ist der Verzicht auf ein starres Festhalten an bestimmten poetischen Mitteln; stattdessen sollte man auf den magischen Herzschlag des Originals lauschen und dann in der Zielsprache einen Ton finden, aus dem derselbe Humor, dieselbe Klarheit und Freude klingen.

In den beiden Jahrzehnten, in denen ich mit tibetischer Literatur gearbeitet habe, habe ich ein paar Faustregeln entwickelt. Die Erste lautet, dass ich nie einen Text übersetze, in den ich mich nicht verliebt habe, der mich beim Lesen nicht mit Wärme, Ehrfurcht und Staunen erfüllt. Zweitens bemühe ich mich beim Übersetzen immer, jene Elemente des tibetischen Textes beizubehalten, die mich ganz zu Anfang beeindruckt haben. Alles andere halte ich für überflüssig. Meine Absicht ist es, die eigene Freude mit einer internationalen Leserschaft zu teilen, mit Menschen, die keinen Zugang zu dieser Literatur in ihrer Originalsprache haben. Wenn zwischen der wortgetreuen Übersetzung und dem Geist der Botschaft ein Konflikt entsteht – was bei einer dem westlichen Denken so fernen

Literatur wie der tibetischen oft vorkommt –, dann gebe ich immer Letzterem den Vorzug.

Natürlich gibt es Aspekte des Originals, die ich nicht angemessen gewürdigt habe. Diese werden dementsprechend in der Übersetzung nicht hervortreten, und wenn doch, dann durch Zufall. Beim Übersetzen interpretiert ein Individuum einen Text und versucht, diese Interpretation so überzeugend wie möglich in einem anderen linguistischen Milieu anzusiedeln. Für Mängel, die daraus entstehen, entschuldige ich mich nicht. Ganz im Gegenteil, ich kann mit ihnen sehr gut leben. Kunst strebt nach einer anderen Vollkommenheit, besonders die Kunst der Übersetzung. Mein Ziel in diesem Buch ist es, das zu vermitteln, was ich an den Gesängen und Gedichten des Zweiten Dalai Lama liebe – nicht mehr und nicht weniger. Diejenigen, die mehr wollen, sollten sich die Mühe machen, Tibetisch zu lernen, damit sie die Originaltexte lesen können. Für sie ist dieses Buch nicht gedacht.

Grundbegriffe der buddhistischen Lehre

Man kann die tibetisch-buddhistische Tradition mystischer Dichtung nicht wirklich schätzen, wenn man keine Grundlagenkenntnisse des indischen oder tibetischen Buddhismus hat. Natürlich braucht man kein Buddhist oder Gelehrter zu sein, aber ein gewisses Verständnis der zwanzig oder dreißig fundamentalsten Ideen und Begriffe ist doch ganz wesentlich. Der Buddhismus ist immerhin seit über zweitausend Jahren für ein Drittel der Weltbevölkerung ein integraler Bestandteil des Lebens.

Es wäre tollkühn, hier einen ausführlichen «Grundkurs» einzufügen, aber ein Überblick über die wichtigsten Begriffe, die der Zweite Dalai Lama in seinen Gedichten verwendet, ist sicher angebracht. Der Buddhismus hat im Wesentlichen zwei Richtungen, Hinayana und Mahayana – der «Kleine Weg» und der «Große Weg». Ersterer bezieht sich auf die Lehren Buddhas, die öffentlich gegeben wurden, Letzterer auf jene, die von fortgeschrittenen Schülern stammen. Auf dem ersten Weg ist man bestrebt, *nirvana* zu erlangen, einen Zustand der inneren Befreiung von Unwissenheit und ihren Folgen, dem Leiden. Dies wird durch drei höhere Übungswege erreicht, Disziplin (Skrt. *shila*), meditative Versenkung (Skrt. *samadhi*) und Weisheit (Skrt. *prajña*). Alle Buddhisten praktizieren diese drei.

Das Ziel des Großen Weges (Mahayana) ist das Erlangen von *samyaksambodhi*, dem Zustand der vollkommenen Buddhaschaft, der von vollkommenem Mitgefühl, Weisheit und Macht gekennzeichnet ist. Er kann auch *nirvana*, geistige Befreiung, genannt werden, obwohl es sich um eine umfassendere Ebene jenes Zustands handelt.

Wer Hinayana praktiziert, strebt nach Nirvana; ist dieses Ziel erreicht, wird er oder sie ein *arhat*, «einer, der die inneren Feinde überwunden hat». Anhänger des Mahayana, die aktiv praktizieren, werden auch *bodhisattva* genannt; das ist ein Sanskrit-Wort, das sich annähernd mit «Krieger der Erleuchtung» übersetzen lässt. Der

Hauptunterschied zwischen Hinayana und Mahayana besteht darin, dass ein Anhänger des Ersten nach Nirvana strebt, um eine individuelle Befreiung aus dem Kreislauf des Leidens zu erlangen, während der andere nach vollkommener Erleuchtung strebt, um allen Lebewesen möglichst gut dienen zu können. Dieses außerordentliche Streben des Mahayana heißt *bodhichitta* oder «Erleuchtungsgeist»; man kann den Begriff auch als «Bodhi-Geist» oder «Erleuchtungsgedanke» übersetzen. Der Zweite Dalai Lama verwendet ihn in seiner Dichtung häufig.

Der Mahayana-Schüler kultiviert diese altruistische Haltung des Bodhichitta und widmet sich der Übung der sechs überweltlichen Vollkommenheiten: Freigebigkeit (Skrt. *dana*), Disziplin (Skrt. *shila*), Geduld (Skrt. *ksanti*), freudige Bemühung (Skrt. *virya*), Konzentration (Skrt. *dyana*) und Weisheit (Skrt. *prajña*). Der «Erleuchtungsgeist» kennt zwei Varianten: Bodhichitta des Strebens, womit ein stabilisiertes Streben nach Erleuchtung aller Lebewesen gemeint ist, und tätiges Bodhichitta, was sich auf das Bemühen bezieht, das mit der Übung der sechs Vollkommenheiten (Paramitas) beschäftigt ist. Eine weitere Unterteilung von Bodhichitta, die man in tibetischen Texten findet, ist die in konventionelles Bodhichitta – das sind die beiden oben genannten Aspekte des Erleuchtungsgedankens – und das absolute Bodhichitta, die meditative Versenkung, in der man sich auf die Leerheit oder endgültige Wahrheit konzentriert. Der Zweite Dalai Lama benutzt den Begriff Bodhichitta für alle hier aufgeführten Aspekte.

Auch bei Bodhisattvas unterscheidet man zwei Arten – «gewöhnliche», das heißt Mahayana-Schüler der ersten Stufen des Pfades, von dem Augenblick an, in dem ihr altruistisches universelles Bodhichitta-Streben stabil wird; und *arya*, was «höher» bedeutet und jene meint, die in der Meditation das Wesen der Leerheit, die eigentliche Natur der Phänomene erkannt haben und somit Heilige geworden sind. Arya-Bodhisattvas durchlaufen auf dem Weg zum Zustand der Buddhaschaft oder vollkommenen Erleuchtung zehn *bhumi* oder Stufen. Auch diese Begriffe erscheinen oft in den Gesängen und Gedichten des Zweiten Dalai Lama.

Der Mahayana-Zustand der vollkommenen Erleuchtung ist von den Transformationen gekennzeichnet, die man als die zwei, drei oder vier *kayas* oder «Erleuchtungskörper» kennt. Wenn man von zwei *kayas* spricht, sind es Dharmakaya und Rupakaya, der «Wahrheitskörper» und der «Formkörper». Der erste bezieht sich auf das Bewusstsein des Praktizierenden, das in die einundzwanzig Arten von Weisheit transformiert wird; dies kann nur vom Buddha selbst oder anderen Buddhas erkannt werden. Rupakaya meint die Erfahrung des Übenden mit der Form, die sich in vollkommenen Ausdruck wandelt und auch von Nicht-Buddhas wahrgenommen werden kann.

Diese beiden – Dharmakaya und Rupakaya – werden drei, wenn Rupakaya noch einmal unterteilt wird: Im Samboghakaya und Nirmanakaya oder «Genuss-Körper» und «Ausstrahlungskörper»; der erste ist die Ebene, auf der sich der Buddha für Aryas oder Heilige manifestieren kann, und der zweite ist die Ebene der Manifestation, die von gewöhnlichen Lebewesen wahrgenommen werden kann.

Die drei wiederum können vier werden, wenn Dharmakaya in zwei unterteilt wird – Svabhavakaya und Jñana-Dharmakaya oder «Wesenskörper» und «Weisheits-Wahrheits-Körper». Der erste ist die natürliche Leerheit des Buddha-Geistes, wie sie in der Erleuchtung wahrgenommen wird; der zweite ist der aktive Weisheitsaspekt des Buddha-Bewusstseins.

Der Zweite Dalai Lama spricht abwechselnd von zwei, drei und vier Kayas. Da sie sich alle auf denselben Zustand der Erleuchtung beziehen, scheinen ihn die Unterschiede nicht sonderlich zu interessieren.

Die verschiedenen Lehrreden des Buddha wurden schließlich zu zwei Typen von Schriften zusammengefasst, den Sutras und den Tantras. Es gibt Sutras sowohl im Hinayana als auch im Mahayana, wohingegen alle Tantras zum Mahayana gehören.

Aus dieser Perspektive kann man die Pfade zur Erleuchtung auch Sutrayana und Vajrayana nennen. Mit Sutrayana bezeichnet man alle Arten von buddhistischer Praxis, die von Texten inspiriert sind, die in den Sutras (des Hinayana und Mahayana) enthalten sind; mit Vajrayana sind alle Arten von Übungen gemeint, die von Material aus den Tantras ausgehen. Man spricht auch von dem exoterischen bzw. dem esoterischen Pfad. Das Sutrayana ist also dem Hinayana oder dem Mahayana zugehörig oder eine Kombination von beidem. Die Tibeter haben schon immer Letztere empfohlen. Das Vajrayana ist der rein esoterische Aspekt des Mahayana.

Das Vajrayana besteht aus vier Kategorien von Tantras: Kriya, Charya, Yoga und Mahaanuttarayoga. Man übersetzt dies mit Reinheits-Tantra, Verhaltens-Tantra, Vereinigungs-Tantra und höchstem Yoga-Tantra. In allen vier Kategorien existieren zahlreiche tantrische Systeme, von denen jedes ein vollständiges Meditationsprogramm enthält, das zur Erleuchtung führt.

Jedes tantrische System wird von einer Gottheit symbolisiert, die dreierlei darstellt: Grundlage, Pfad und Ergebnis. Eine tantrische Gottheit als «Grundlage» ist der Aspekt unseres Geistes, der sich an den Pfad, der zur Erleuchtung führt, anbinden kann; als «Pfad» verkörpert sie ein System von Meditation und Yoga, und als «Ergebnis» stellt sie den zu erlangenden Zustand der Erleuchtung dar.

Die ersten drei der vier Kategorien werden gewöhnlich als «niedere Tantras» zusammengefasst, die Vierte dagegen steht allein als «höchstes Yoga-Tantra». Der Zweite Dalai Lama bezieht sich am häufigsten auf diese letzte Kategorie.

Alle tantrischen Systeme haben zwei Praxisstufen. In den niederen Tantras kennt man sie als «Yoga mit Symbolen» und «Yoga jenseits der Symbole». Im höchsten Yoga-Tantra heißen sie «Yoga der Erzeugungsstufe» und «Yoga der Vollendungsstufe». In allen tantrischen Stufen bezeichnet man diese zwei Stufen auch als «erste Stufe» und «zweite Stufe».

Die erste Stufe ist überall die Mandala-Meditation. Ein Mandala kann man als Kosmogramm beschreiben, das eine tantrische Gottheit oder Gottheiten beherbergt. Im Prozess der Mandala-Meditation (*sadhana* in Sanskrit) löst man das gewöhnliche Erscheinungsbild von sich selbst und der Welt in Licht auf und erschafft sich im Bewusstsein neu (d.h., man visualisiert sich) als tantrische Gottheit oder tantrischen Buddha. Auch alle anderen Lebewesen werden als tantrische Gottheiten wahrgenommen. Alle Geräusche nimmt man als Mantra wahr, und alle Gedanken gelten der Glückseligkeit und Weisheit. Nachdem man das gewöhnliche Ich-Bewusstsein auf diese

Art transformiert hat, rezitiert man die verschiedenen Mantras, die dem Mandala und seinen Gottheiten zugeordnet sind. Das ist in allen vier Kategorien so üblich. Bei der zweiten Stufe jedoch finden sich erhebliche Unterschiede. (Auch auf der ersten Stufe gibt es Differenzen, auf die ich hier aber nicht eingehen will.)

Der wichtigste Unterschied bezüglich der zweiten Übungsstufe von niederem und höherem Tantra ist, dass bei Ersterem der Schwerpunkt auf einer formlosen Meditation liegt, die sich auf *shamatha* (meditativer Gleichmut) und *vipashyana* (Meditation der Einsicht) konzentriert. Im höchsten Yoga ist dies nicht der Fall. Hier steht die Arbeit mit den Energiezentren (Skrt. *chakras*), Energiekanälen (Skrt. *nadi*), feinstofflichen Energien (Skrt. *vayu*) und mystischen Tropfen (Skrt. *bindu*) des Körpers im Mittelpunkt, um außergewöhnliche physische Zustände hervorzurufen. Vor allem bemüht man sich, alle Aktivitäten auf der groben Ebene der physischen Energie einzustellen und so den Körper in einen Zustand zeitweilig aufgehobener Belebtheit zu versetzen. Die subtilen Energien werden ins Herz zurückgezogen, und das Bewusstsein wird gezwungen, sich allein auf der Basis dieser subtilen Energien zu erhalten. Die Art von Bewusstsein, die als Folge hiervon entsteht, ist als «klares Licht» bekannt; man sagt, dass ein Augenblick der Meditation auf der Grundlage subtiler Energie und klaren Lichts hundert Jahre gewöhnlicher Meditation wert sei.

Dies war ein kurzer Abriss der geistigen Schulung im tibetischen Buddhismus. Sie ist eine Verbindung von Hinayana und Mahayana sowie von Sutrayana und Vajrayana.

Aus buddhistischer Sicht sind wir Menschen außerordentlich vom Glück begünstigt, weil der menschliche Geist aufgrund seiner höheren Intelligenz (Skrt. *prajña*) sehr flexibel ist. Deshalb haben wir alle die Fähigkeit, Nirvana und vollständige Erleuchtung zu erlangen.

Die gewöhnliche Welt der zyklischen Existenz, *samsara* genannt, besteht aus sechs Daseinsbereichen: Höllenwesen, Geister, Tiere (einschließlich Fischen, Insekten etc.), Menschen, Halbgötter und Götter. Die ersten drei sind «niedere Bereiche» oder «Leidensbereiche», die anderen drei sind «höhere Bereiche» oder «glückliche Bereiche». Doch alle sechs sind unvollkommen und bis zu einem gewissen Grad dem Leiden ausgesetzt. Je niedriger der Bereich, desto stärker ist er vom Unglück durchdrungen. Die sechs heißen das «Rad des Lebens», weil wir endlos darin kreisen, bis Nirvana oder Buddhaschaft erlangt sind.

Ein weiterer Grund dafür, dass die Menschen das größte Erleuchtungspotenzial haben, ist, dass wir uns in der Mitte der Stufenleiter befinden. Wir werden nicht wie die Wesen der drei niederen Bereiche von ständigem Leid bedrückt und haben daher die «Muße» (tib. *dalba*), nach Erkenntnis zu streben; gleichzeitig sind wir einer gesunden Dosis Leid in unserem Leben ausgesetzt und vermögen deshalb die Notwendigkeit der Erleuchtung einzusehen. Wir kennen nicht die exzessiven Freuden der Halbgötter und Götter und sind somit leichter davon zu überzeugen, dass wir uns um Nirvana und Erleuchtung bemühen müssen.

So bewegen wir uns auf dem Rad des Lebens auf und nieder und empfinden Freude und Schmerz; dies geschieht aufgrund des natürlichen, des «karmischen» Gesetzes. Karma bedeutet im Buddhismus Handlung oder Handeln, sowohl im Sinn von «Tun» als auch (und vielleicht entscheidender) in dem von «karmischer Instinkt» als einer Art Prägung (tib. *las-gi-bag-chags*), die im Bewusstseinsstrom des Handelnden abgespeichert wird. Dieser karmische Samen wird vom Bewusstseinsstrom mitgetragen, bis er zur Erfahrung «reift» oder durch geistige Übungen und Einsicht «gereinigt» wird. Handlungen, die von den drei Verblendungen (Skrt. *klesha*) Unwissenheit, Begierde und Hass ausgelöst werden, erzeugen ein negatives Muster, mit dem man sich früher oder später beschäftigen muss. Handlungen, die auf Einsicht, Mitgefühl, Toleranz und so weiter basieren, erzeugen positive karmische Muster. Negative karmische Samen reifen mit der Zeit zu Leiden, positive karmische Samen zu Glück. Doch beides ist letztendlich nicht bedeutsam, denn auch Unglück oder Freude, die entstehen, vergehen wieder. Dennoch ist Letztere vorzuziehen, denn Freude ist ein innerer Zustand, der eine spirituelle Transformation und Entwicklung zweifellos eher fördert.

Jedes weltliche Phänomen existiert, so heißt es, auf zwei Ebenen gleichzeitig. Es handelt sich um die «zwei Ebenen der Wahrheit». Die erste ist die «konventionelle» oder «Erscheinungsebene» – jener Aspekt der Phänomene, der von ungeschulten Wesen wahrgenommen wird. Die zweite ist die wahre oder eigentliche Ebene der Wahrheit, die sich auf die Leere bzw. das Wesen der Dinge jenseits ihrer Erscheinungsform bezieht – das Wesen der Leerheit.

Diese beiden Ebenen der Wahrheit verhalten sich zueinander wie die beiden Seiten einer Münze. Einerseits existiert nichts wirklich in der Art seiner Erscheinung, sondern besitzt die endgültige Natur der Leere, Leerheit, Nicht-Existenz. Dennoch scheinen auf der konventionellen Ebene alle Dinge zu existieren, auch wir Menschen, und wir sind im Traum von Ursache und Wirkung befangen.

Es ist das Ziel der buddhistischen Praxis, stetig unsere Einsicht in die eigentliche Ebene der Wahrheit oder Leerheit zu fördern und zu vertiefen, während sie uns gleichzeitig ermutigt, auf der konventionellen Ebene von Ursache und Wirkung ein sinnvolles Leben zu führen.

Ungeübte Wesen erkennen angeblich nur die konventionelle Ebene der Wahrheit, die Erscheinungsebene; sie urteilen über sie mit der ihnen angeborenen Tendenz, die Dinge für von Natur aus existent zu halten und ihnen ein unabhängiges Sein (separat von allen anderen Dingen) zuzuschreiben. Aufgrund dieses fundamentalen Irrtums reagieren ungeschulte Wesen falsch auf die Ereignisse um sie herum. Das ist die Unwissenheit, die Ich-Anhaftung, die die Wurzel aller Leiden ist. So ketten wir uns an Dinge, die unser falsches Verständnis vom «Ich» stützen, und verspüren eine Aversion gegenüber Dingen, die dieses «Ich» bedrohen.

Der Zweck der geistigen Übungen im Buddhismus ist es, zu lernen, wie man kreativ innerhalb des Rahmens dieser beiden Wahrheitsebenen lebt und spirituelle Prinzipien und Haltungen mittels Disziplin, Achtsamkeit und Innenschau in den Alltag integriert. Auf diese Weise besänftigen wir die grobe Aktivität der *klesha*, der verzerrten Emotionen und Trugbilder, und schaffen innerlich Raum für Sensibilität und Klarheit. Mit Hilfe dieser inneren Klarheit können wir die höhere Meditationspraxis ausüben, bei der man sich auf Leere oder die höchste Wahrheitsebene konzentriert. Die Erfahrung dieser endgültigen Wahrheit wiederum befreit den Geist vollständig von den Fesseln der selbst auferlegten Gefangenschaft in Karma und Verblendung. So befreit sich der Geist von der Macht karmischer Instinkte, die ihn bisher im Griff hatten, und steigt auf in die Sphäre der Weisheit, Freiheit und strahlenden Ekstase. Danach löst er sich wieder aus der Erfahrung der Wahrheit und trägt die Erfahrung zurück auf die Ebene des Konventionellen.

Sowohl Hinayana als auch Mahayana sprechen von fünf Wegstufen auf dem Pfad zur Erleuchtung. Das Hinayana tut es aus der Perspektive der konventionellen Nicht-Anhaftung, die mit der Erfahrung der eigentlichen Seinsweise verknüpft ist; das Mahayana tut es aus der Perspektive tiefen Mitgefühls als dem konventionellen Element, verbunden mit der Erfahrung höchster Weisheit.

Im Mahayana betritt man den Pfad, wenn man das tiefe Mitgefühl so weit entwickelt hat, dass es sich als Streben nach Erleuchtung manifestiert, da nur so der Welt geholfen werden kann und man auf diese Weise ebenso intensiv für andere empfindet wie für sich selbst. Dies ist das Tor zur ersten Ebene des Pfades, bekannt als «Pfad der Ansammlung».

Danach wird die Ebene der Aneignung erweitert und auch sublimiert; dies geschieht durch Methoden, mit denen die höchste Wahrheit erforscht wird. Wenn diese höchste Ebene oder Leerheit in der Meditation erlebt wird, hat man das Tor zur zweiten Ebene erreicht, dem «Pfad der Vorbereitung».

Nun intensiviert man sowohl den Bodhichitta-Aspekt des tiefen Mitgefühls als auch das Meditieren über die Leerheit. Wenn man in der Meditation eine direkte, nicht nur gedankliche Erfahrung von Leerheit macht, ist man auf der dritten Ebene angelangt, dem «Pfad des Sehens», der ersten der zehn *arya bhumi* oder Arya-Stufen.

An diesem Punkt kann der Bodhisattva in einspitziger Meditation die endgültige Ebene der Wahrheit oder die Leerheit direkt erfahren; doch wenn er oder sie wieder aus der Meditation heraustritt, wirkt die konventionelle Ebene der Phänomene immer noch ansatzweise wie die wahre Existenz. Mit anderen Worten: Das Bewusstsein ist noch nicht fähig, beide Ebenen der Wahrheit – konventionell und absolut – gleichzeitig zu begreifen.

Auf dem Weg durch die nächsten neun *arya bhumi* oder Arya-Stufen ist man damit beschäftigt, die Erfahrung der beiden Wahrheitsebenen zu integrieren. Deshalb wird er auch der «Weg der Integration» oder «Weg der Meditation» genannt, die vierte Stufe auf dem Weg zur Erleuchtung. Hier wird jede der neun Stufen nacheinander durchlaufen, und der Bodhisattva entwickelt in immer höherem Maße geistige Verwirklichung, Hellsichtigkeit und die Fähigkeit, Emanationen auszusenden.

Schließlich bewältigt er oder sie die zehnte *bhumi* und erlangt Buddhaschaft, die fünfte Stufe des Mahayana, bekannt als der «Pfad des Nicht-Mehr-Lernens». Die beiden Ebenen der Wahrheit können nun zum ersten Mal gleichzeitig erfasst werden.

Hier erlangt der Übende auch zum ersten Mal Dharmakaya, den Wahrheitskörper, und dann entsteht aus dem Dharmakaya Rupakaya oder der Formkörper, der in die Welt ausstrahlt zum Heil aller Lebewesen, sowohl als Samboghakaya oder «Genuss-Körper», der mit Arya-Bodhisattvas arbeitet, als auch als Nirmanakaya oder Ausstrahlungskörper, der auf Lebewesen auf gewöhnlicheren Ebenen zurückgreift.

Diese fünf Stadien auf dem Pfad zur Erleuchtung – Ansammlung, Vorbereitung, Sehen, Meditation, Nicht-Mehr-Lernen – kennt man sowohl in der Sutra- als auch in der Tantra-Tradition. Im höchsten Tantra-Yoga jedoch werden die beiden Wahrheitsebenen etwas anders dargestellt. Hier wird die konventionelle Ebene durch den Illusionskörper repräsentiert, die subtilste Ebene physischer Energien, und die absolute Wahrheitsebene zeigt sich im «klaren Licht», dem subtilsten Aspekt des Bewusstseins. Man durchläuft die fünf Stufen und zehn *bhumi*, indem man ihre Erfahrung erzeugt und fähig ist, das gleichzeitige Vorhandensein von Illusionskörper und dem Yoga des klaren Lichts zu integrieren. Dies führt zum Zustand von *yuganaddha* oder der «großen Vereinigung», einem tantrischen Synonym für Erleuchtung.

Ein letzter Begriff, der in der tantrischen Literatur von Bedeutung ist, lautet *mahamudra* oder «großes Siegel». Damit ist die einzigartige tantrische Praxis gemeint, die Welt nicht in Gut und Schlecht, Negativ und Positiv, Meditation und Nicht-Meditation zu scheiden. Das Wesen der tantrischen Praxis ist es, jeder Erfahrung das «große Siegel» aufzudrücken, «die Erkenntnis der großen Glückseligkeit, die gleichzeitig mit dem Gewahren der Leerheit entsteht». Auf diese Weise wird alle Dualität sofort überwunden, und die profanen Reaktionen des Ich, wie wir sie kennen, werden unterminiert. Die Kluft zwischen Samsara und Nirvana wird somit auf der Stelle überbrückt, und jede Aktivität kann als Vorbedingung für die Erleuchtung betrachtet werden.

Der buddhistische Pfad zur Erleuchtung beginnt damit, dass wir unsere Situation einschätzen und unsere Unvollkommenheiten erkennen, aber auch unser Potenzial. Dabei geht es um die vier edlen Wahrheiten, genauer gesagt, um die vier Wahrheiten, die von den Aryas wahrgenommen werden: Dass unerleuchtete Zustände unbefriedigend sind und zu Enttäuschung und Leid führen; dass Leiden und Unzufriedenheit Gründe haben; dass, da jede Erfahrung ihren Grund hat, die Befreiung von Leid und Unzufriedenheit möglich ist; und dass man durch systematisches Arbeiten mit den Gesetzen von Ursache und Wirkung einem Pfad folgen kann, der zur Erleuchtung führt.

Damit nimmt der Buddhist Zuflucht zu den «Drei Kostbarkeiten» – dem Buddha, dem Dharma und dem Sangha –, um sich in den Methoden auf dem Pfad zur Befreiung und Erleuchtung unterweisen zu lassen.

In seinen «mystischen Versen und Visionen» bewegt sich der Zweite Dalai Lama schreibend und singend innerhalb des oben geschilderten religiösen und philosophischen Rahmens. Je besser wir diese Denkweise verstehen, desto besser können wir uns in sein Werk einstimmen. Doch ein Gutteil seines Vokabulars und seiner Botschaft ist universell, und ich hoffe, dass sich auch Leserinnen und Leser aus einem anderen Kulturkreis darauf einzulassen vermögen.[17]

Wie Seine Heiligkeit, der Dalai Lama, es in seinem Geleitwort ausdrückt: Wenn wir die philosophischen Hintergründe der buddhistischen Lehre studieren, haben wir es mit Ideen und Begriffen auf eine sehr konkrete Art und Weise zu tun, so, als würden wir eine Mahlzeit vorbereiten und ihre Zutaten bereitstellen. Doch wenn wir dann essen, genießen wir einfach das Aroma und die Beschaffenheit der Speisen, ohne über die genaue Menge der verschiedenen Ingredienzen nachzudenken. So ist es auch bei den mystischen Gesängen und Gedichten: Wir können sie einfach auf uns wirken lassen und die Freude und Inspiration, die wir beim Lesen erfahren, unbefangen auskosten.

TEIL II

Das Leben des Zweiten Dalai Lama

Die Biographien des Zweiten Dalai Lama

Die meisten der zahlreichen Schriften über das Leben des Zweiten Dalai Lama, die in Tibet existierten, wurden bei der chinesischen Invasion zerstört, als die größten tibetischen Bibliotheken in Brand gesteckt wurden. Zwei bedeutende Werke jedoch blieben erhalten. Das Erste, die vom Zweiten selbst verfasste Autobiographie (tib. *Je-nyi Ranggyi Dzepai Namtar*) wurde im Erde-Maus-Jahr (1528) geschrieben, als er dreiundfünfzig war, und gilt als wichtige Quelle hinsichtlich seiner Reisen und seiner Bautätigkeit. Besonders interessant sind die Abschnitte über seine Großeltern und Eltern, der Bericht über seine frühe Kindheit, die Schilderung des traumatischen Ausschlusses aus dem Kloster Tashi Lhünpo als Jugendlicher sowie, eine spätere Periode seines Lebens betreffend, die Beschreibung der Visionen, die er während der Weihe und Ermächtigung am Lhamo Latso hatte, dem See der Visionen. Detailliert spricht er auch über den Bau des Klosters Chökhor Gyal oberhalb des Sees der Visionen. Ansonsten bietet die Schrift noch eine Liste von Unterweisungen und Initiationen, die er in verschiedenen Jahren erhalten oder gegeben hat, sowie eine Chronologie seiner Reisen.[1]

Eine zweite (und leichter lesbare) Darstellung seines Lebens trägt den Titel «Der Wünsche erfüllende Baum» (tib. *Paksam gyi Jonshing*). Das Buch besteht aus zwei Teilen, dem so genannten «Oberen» und dem «Unteren», die von zwei verschiedenen Autoren stammen. (Dennoch wird der Text üblicherweise in einem Band mit sechzehn Kapiteln präsentiert.)

Im «Oberen Teil» schildert Yangpa Chöje (tib. *gYang-pa-chos-rje*), ein enger Schüler von Gyalwa Gendün Gyatso, dessen Anfänge. Diese dreizehn Kapitel entstanden im Eisen-Tiger-Jahr (1530). Der Text wurde also zwei Jahre nach der Autobiographie des Zweiten geschrieben und greift ausgiebig auf sie zurück. Doch Yangpa Chöje wurde krank und musste seine Schreibtätigkeit aufgeben; bald darauf starb er.

Das Manuskript wurde dreißig Jahre später fertig gestellt, als es dem talentierten Mönch Könchog Kyab in die Hände fiel. Könchog Kyab bearbeitete Yangpa Chöjes Text und fügte dann den «Unteren Teil» hinzu, der (in drei längeren Kapiteln) das restliche Leben des Zweiten Dalai Lama schildert, die Zeitspanne von 1530 bis 1542. Dazu kommt der Bericht über seinen Tod und die Bestattungsriten. Könchog Kyab war kein direkter Schüler des Zweiten Dalai Lama; er erhielt seine Informationen aus unterschiedlichen Quellen, größtenteils von älteren Schülern, die den Meister in jenen Jahren gekannt hatten. (Im Folgenden wird dieser Text immmer nur «Biographie» genannt. Hin und wieder erwähne ich den Autorennamen und nicht den Titel. Wenn ich also aus den ersten dreizehn Kapiteln zitiere, meine ich Yangpa Chöje, bei Kapitel vierzehn bis sechzehn ist Könchog Kyab meine Quelle.)

Eine Reihe kürzerer Biographien ist in den traditionellen tibetischen Kompendien von Lebensgeschichten enthalten. Wohl die fundierteste findet sich in Tsechok Ling Kachen Yeshe Gyältsens «Leben der Lehrer der Lamrim-Überlieferung» (tib. *Lam Rim Lagyu*) aus dem 18. Jahrhundert. Als Tutor des Achten Dalai Lama hatte Tsechok Ling Zugang zu den riesigen Bibliotheken des Potala. Er war zudem ein brillanter Autor, und sein «Leben der Lehrer» ist ein literarisches Meisterstück, in dem er das Leben von mehreren hundert indischen und tibetischen Gurus (der Gelugpa- und der Kadampa-Linie) skizziert, die in der Überlieferungslinie des Lamrim-Systems eine Rolle spielten. Auch der Erste, Zweite, Dritte, Fünfte und Siebte Dalai Lama sind darin berücksichtigt.

In keinem der erwähnten Texte wird der Zweite als «Dalai Lama» bezeichnet; wie schon erwähnt, wurde er erst nach seinem Tode so genannt. Sowohl Yangpa Chöje als auch Könchog Kyab benutzen genenell die Beinamen Jenyi oder Je Lama, «der Verehrungswürdige» oder «der ehrwürdige Guru».

Könchog Kyab geht in seinem Kolophon zur «Biographie» des Zweiten zwar nicht darauf ein, aber viele Passagen lassen darauf schließen, dass er sich auf eine Biographie des Zweiten Dalai Lama stützte, die von Chöje Sönam Drakpa stammte, den spätere Texte als einen der engsten Schüler des Zweiten Dalai Lama anführen.

Chöje Sönam Drakpas Biographie des Zweiten existiert offenbar nicht mehr. Sie wurde zwar sowohl in der traditionell tibetischen als auch in der neueren indischen Ausgabe seiner «Gesammelten Werke» erwähnt, aber in keiner der beiden publiziert. Meiner Vermutung nach entstand sie vor 1560, dem Jahr, in dem Könchog Kyab Yangpa Chöjes Manuskript vollendete. Chöje Sönam Drakpa war berühmt wegen seiner Schriften über philosophische Themen, und mehrere seiner Lehrbücher für Mönche (tib. *Yig-cha*) werden auch heute noch in den Klöstern Drepung Loseling und Ganden Shartse studiert. Er war allerdings ein eher langatmiger, phantasieloser Autor, und dies ist zweifellos der Grund dafür, dass sein Bericht über das Leben des Zweiten im Treibsand der Literaturgeschichte unterging.[2]

Herkunft und Familie des Zweiten Dalai Lama

Der Legende nach ist, wie schon erwähnt, der Erste Dalai Lama nach seinem Tod Anfang des Jahres 1475 in das Reine Land Tushita gereist und in die Gegenwart von Buddha Maitreya, Atisha und Lama Tsongkhapa gelangt. Er bat um Rat, wohin er sich wenden solle, um für die Erleuchtung der Welt zu wirken, woraufhin Tsongkhapa eine Blume warf, die in einer Einsiedelei in Yolkar in Tanak Dorjeden in der Tsang-Provinz im südwestlichen Tibet zur Erde fiel. In dieser Einsiedelei lebte eine Familie, die von alters her Yoga praktizierte und ein spirituelles Leben führte. Yangpa Chöjes «Biographie» geht auf dieses Thema in allen Einzelheiten ein.

Der Vater des Zweiten Dalai Lama, Kunga Gyältsen, war ein hoch geschätzter Lama und Linienhalter der Schulrichtungen Shangpa-Kagyü, Shije und Nyingma und hatte häufig Belehrungen direkt vom Ersten Dalai Lama empfangen. Auch die Mutter war eine Schülerin des Ersten Dalai Lama und wurde als Reinkarnation von Drowai Zangmo, einer Yogini aus dem 13. Jahrhundert, betrachtet, die zu den wichtigsten Schülern des berühmten Yogi Gyälwa Götsang gehört hatte.

Die «Biographie» gibt an, dass die väterlichen Vorfahren bis ins 8. Jahrhundert als Nomaden in Kham, der südöstlichen Provinz Tibets, gelebt hatten. Damals wurden sie zusammen mit anderen nomadischen Stämmen von König Trisong Detsen aus Lhasa aufgefordert, nach Zentraltibet zu kommen, um ihm beim Bau von Tibets erstem Kloster, Samye, zu helfen. Hier trafen sie den erlauchten indischen Meister Padmasambhava (Guru Rinpoche) und dienten ihm bei verschiedenen Bauprojekten, unter anderem bei der Errichtung von Bata Horgyi Gomdra, einer bedeutenden Meditationsstätte.

Aus der «Biographie» wissen wir auch, dass sie an tantrischen Riten teilnahmen, als Guru Rinpoche den Dharma-Schutzgeist Pehar anrief und ihn schwören ließ, Tibet zu schützen. Das ist eine besonders relevante Verbindung, denn achthundert Jahre später sollte Pehar zur persönlichen Schutzgottheit der Dalai-Lama-Reinkarnationen werden; zudem war Pehar die Gottheit, die vom Staatsorakel Nechung angerufen wurde, nachdem der Fünfte Dalai Lama 1642 zum spirituellen und weltlichen Führer des Landes avanciert war.

Von dieser Zeit an (also etwa seit der Mitte des 8. Jahrhunderts) fühlte sich die Familie der buddhistischen Meditationspraxis verpflichtet. Sie ließ sich in Yaru Shang nieder und etablierte eine Überlieferungslinie vom Vater auf den Sohn. Dieser Typus der «Familienlinie» war im alten Tibet sehr verbreitet und auch in vorbuddhistischen Clans üblich gewesen.[3]

Die «Biographie» listet die Namen der Patriarchen dieser Familienline auf, die die geistigen Lehren, die sie von Guru Rinpoche erhalten hatten, über Generationen tradierten. Viel erfährt man nicht über diese Personen, es sei denn, sie waren Schüler berühmter Lehrer. Einer beispielsweise war Schüler des bekannten Yogi Lama Galo und erlangte durch die tantrische Heruka-Chakrasamvara-Praxis einen hohen Grad geistiger Verwirklichung. Er heiratete später, hatte mehrere Kinder und gab seine Linie an einen seiner Söhne weiter.

Dem Urgroßvater des Zweiten, Kunga Zangpo, wird einige Aufmerksamkeit gewidmet. Er war zunächst erster Sekretär beim König von Tsedong. Doch die weltlichen Geschäfte langweilten ihn bald, und er gab sein Leben am Hof auf und widmete sich ganz der Meditation und dem Yoga. Er erhielt von einer Reihe bekannter Lamas Unterweisungen in der Dvakpo- und Shangpa-Kagyü-Tradition, unter anderem von dem hochgelehrten Tantra-Yogi und Mahasiddha Gonpo Pel, und er «... erlangte Verwirklichung so weit wie der Himmel».

Kunga Zangpos Sohn Donyo Gyältsen, der Großvater des Zweiten Dalai Lama, wurde Empfänger der Familienlinie. Dvakpo und Shangpa-Kagyü fügte Donyo Gyältsen weitere Überlieferungslinien aus der Nyingma- und der Sakya-Schule hinzu. Darüber hinaus sammelte er die frühen, mittleren und späteren Linien der Shije-Schule und widmete sich ihrer Praxis und Weiterverbreitung mit großem Enthusiasmus. Nach den Worten der «Biographie» «erlangte er

Hellsichtigkeit und konnte alles in Vergangenheit, Gegenwart und Zukunft erkennen». Von dieser Zeit an scheint die Familie Linienhalterin der Shije-Tradition gewesen zu sein.

Zum Urgroßvater und zum Großvater des Zweiten merkt die «Biographie» an: «So waren Vater und Sohn große Lamas, die die Linien alter und neuer Schulrichtungen hörten und meisterten. Sie erhielten die Überlieferungen der Schriften, Erläuterungen und mündlichen Unterweisungen in ihrer Gänze und erlangten große Gelehrsamkeit und yogische Verwirklichung.»

Der Vater des Zweiten Dalai Lama wurde als Sohn von Donyo Gyältsen geboren und erhielt von seinem Vater und Großvater alle Linien. Außerdem studierte er ausgiebig beim Ersten Dalai Lama (Gyälwa Gendün Drup) und auch bei dessen Guru Sherab Senge, wodurch er zu einem Eingeweihten wurde.

Nicht viel steht in der «Biographie» über die Herkunft der Mutter. Allerdings wird auf mehreren Seiten betont, wie außerordentlich spirituell sie veranlagt war, dass sie von der Gemeinschaft als Reinkarnation der berühmten Yogini Drowai Zangmo aus dem 12. Jahrhundert anerkannt wurde und dass sie täglich zahlreiche Meditationssitzungen abhielt. Interessant ist die Tatsache, dass sich ihre täglichen tantrischen Sadhanas (Mandala-Meditationen und Mantra-Rezitationen) auf die tantrischen Gottheiten Guhyasamaja, Heruka-Chakrasamvara, Yamantaka und Kalachakra konzentrierten. All dies gehört zu den zentralen tantrischen Praktiken der Gelug-Schule, und man kann daher vermuten, dass sie vom Ersten Dalai Lama selbst darin eingeführt wurde.

In seiner Autobiographie spricht der Zweite Dalai Lama mit Wärme und Zuneigung von ihr:

> Um die Familientradition zu erhalten, heiratete er (mein Vater) mit fünfundvierzig Jahren (meine Mutter) Kunga Palmo, eine anerkannte reinkarnierte Yogini, die (Jahrhunderte früher) unter Gyälwa Gotsang studiert hatte und als Yogini Khadroma Drowai Zangmo bekannt gewesen war.
> Von Kindheit an konnte sich meine Mutter an viele ihrer früheren Inkarnationen erinnern. Als junge Frau beherrschte sie die drei höchsten Yoga-Tantras, Guhyasamaja, Heruka und

Yamantaka, wie auch den Medizin-Buddha (Sangyä Menla) und zahlreiche andere tantrische Systeme … Vor allem besaß sie ein profundes Wissen von den Kalachakra-Lehren.
Sie war besonders bewandert in der Meditation und hatte direkt vom Ersten Dalai Lama viele der tiefsten Ganden-Wortübertragungen erhalten.
Ich hatte das große Glück, in den Leib einer so vollendeten und ernsthaften Praktizierenden einzutreten.

Demnach waren sowohl der Vater als auch die Mutter direkte Schüler des Ersten Dalai Lama. Die «Biographie» deutet an, dass diese Verbindung den verstorbenen Ersten Dalai Lama dazu bewog, sie als Eltern zu wählen, als er einen Ort für seine Wiedergeburt suchte.

Der Lebensstil der Familie, in die der Zweite Dalai Lama hineingeboren wurde, lässt sich vielleicht am besten anhand einer Begegnung beschreiben, die er mit sechs Jahren mit seiner Großmutter väterlicherseits hatte. Der Vorfall wird in Yangpa Chöjes «Biographie» und auch in der «Autobiographie» des Zweiten erwähnt. Ich zitiere hier aus Letzterer.

Als ich im siebten Jahr stand, wurde die Mutter meines Vaters, mit Namen Sangye Gyälmo, krank. Sie war achtzig Jahre alt und hatte zuvor vierundvierzig Jahre in Meditationsklausur zugebracht. Man hatte mir erzählt, dass sie mit sechsunddreißig die Tür zu ihrer Meditationshöhle zugemauert und geschworen hatte, nie mehr von dem Berg herabzukommen. Einmal während dieser Zeit war sie erblindet, hatte sich jedoch allein durch mystische Mittel selbst wieder geheilt. Nun litt sie im Alter unter einem bedenklichen Stau von Körperflüssigkeiten, einer Krankheit, die «das Shijepa-Leiden» genannt wird, weil es viele Meditierende der Shije-Sekte zu befallen scheint. Sie selbst hing ebenfalls dieser Richtung an.
Mein Vater war ihr Hauptberater, was die Meditation betraf, und besuchte sie von Zeit zu Zeit, um ihre Fortschritte zu überprüfen. Gewöhnlich nahm er mich mit, und bei dieser Gelegenheit tat er es auch.

Meine Großmutter schien erfreut, mich zu sehen, und sprach mich folgendermaßen an: «O Kind des Tashi-Lhünpo-Klosters, du hast die Kräfte der Wahrheit gemeistert. Sprich, um deine alternde Großmutter zur Überwindung ihrer Anhaftung an den irdischen Körper zu ermuntern. Geleite mich ins Reine Land der Dakinis.»
Ich antwortete mit folgendem Lied:

Machik Sangye Gyälmo, siegreiche Mutter aller Buddhas,
Du wirst wahrlich ins Reine Land der Dakinis reisen.
Der Weiße Löwe der Wahrheit wird dir als Reittier dienen,
Die fünf Arten der Dakinis werden dich begrüßen,
Du wirst auf dem hohen Thron des Wissens sitzen
Und mit den mystischen Wesen vom Dharma sprechen.
O Sangye Gyälmo, Mutter der Buddhas, ich grüße dich.

Ich hatte dieses Lied spontan komponiert und sang es ihr vor, was ihr große Freude zu bereiten schien.
Dann fuhr ich mit folgendem Gebet für ihr Wohlergeben fort, worauf alle im Raum in Gelächter ausbrachen:

Hara hu kyu na ra ra!
Großmutter, geplagt vom Dämon des Alters,
Ich singe dir diese Worte.
Schleim tropft dir aus deiner Nase,
Blut und Eiter haben sich in dir verfestigt.
Nur Läuse und ihre Eier halten sich auf deinem Körper,
Der zu einem Gefäß der Gebrechen wurde.
Und doch, Wunderfrau, hast du Angst und Leid überwunden
Und dich vom Dämon des Todes befreit.
Ich grüße dich, ich grüße dich, ich grüße dich.

Nicht lange nach unserem Besuch starb sie und gab durch die Art ihres Sterbens zu erkennen, dass sie einen hohen Grad spiritueller Vervollkommnung erreicht hatte.

Diese Passage enthält eine Reihe wichtiger Grundgedanken, die im Leben des jungen Lama eine Rolle spielten. Zunächst nennt ihn die Großmutter «Kind des Tashi-Lhünpo-Klosters». Tashi Lhünpo war die Mönchsuniversität, die der Erste Dalai Lama 1447 hatte erbauen lassen und die ihm bis zu seinem Tod eine Woche nach Neumond im Januar 1475 als Hauptresidenz diente. Somit bezeichnet ihn die Großmutter eindeutig als Reinkarnation des Ersten Dalai Lama, Gyälwa Gendün Drubpa. Zweitens verdeutlicht das Ereignis die Fähigkeit des Zweiten Dalai Lama, sich in spirituellen Versen zu artikulieren, eine Eigenschaft, die der gegenwärtige Dalai Lama in seinem Geleitwort erwähnt und auf die ich später detailliert eingehen werde. Drittens kommt die bemerkenswert spirituelle Ausrichtung der Großmutter und des Vaters zum Ausdruck sowie das enge Verhältnis, das der Junge zu beiden hatte.

Die Geburt des Zweiten Dalai Lama

In den tibetischen Biographien geht dem Bericht über die Geburt eines Lama gewöhnlich die Erzählung der Träume voraus, die Mutter und Vater direkt vor der Empfängnis und während der neun Monate der Schwangerschaft hatten; mitgeteilt werden aber auch die Prophezeiungen, Visionen oder Träume hochrangiger Lamas aus der Region. Üblich ist weiterhin eine Liste günstiger Omen, die sich um die Zeit der Geburt ereigneten.

Sowohl die Autobiographie als auch die «Biographie» folgen dieser Tradition. Ich werde einige der Träume und Omen wiedergeben, die Yangpa Chöje in seiner «Biographie» schildert. In der Einführung habe ich das von Yangpa Chöje beschriebene Nachtod-Erlebnis des Ersten Dalai Lama erwähnt: Seine bewusste Reise in das Reine Land Tushita, seine Begegnung mit Maitreya, Atisha und Lama Tsongkhapa sowie die «Blumenprophezeiung», die er von Tsongkhapa erhielt; wie die prophetische Blume in Tanak Dorjeden in der Yolkar-Einsiedelei von Yogi Kunga Gyältsen zur Erde fiel.

Damals, so heißt es, war Kunga Gyältsen gerade in einspitzige Meditation über die Traumyoga-Praxis vertieft. Ein Junge erschien ihm im Traum und sagte: «Der allwissende Gendün Drubpa (d.h. der Erste Dalai Lama) wird bald nach Yolkar kommen. Du solltest ihn gut empfangen.» Dann träumte Kunga Gyältsen, er fliege mit dem Jungen durch die Luft und reise zur Meditationshöhle von Gendün Drubpa. Dort erblickte er einen älteren Lama, dessen Körper hell erstrahlte und dessen weißes Gesicht rötlich gefärbt war. Gendün Drubpa sah ihn an und lächelte.

Einige Tage später träumte er wieder, er besuche Gendün Drubpas Höhle. Diesmal sagte der Lama zu ihm: «Ich habe meine Klausur fast beendet. Du solltest ins Kloster Tashi Lhünpo gehen und mir meine Gewänder und meine Mönchsschale holen.»

Kurz darauf träumte die Mutter, dass ein kleines, blaues Licht von der Größe eines Sesamkorns in ihren Schoß eintrete und intensiv erstrahle. Das Licht erfüllte sie ganz und floss dann durch die Poren ihres Körpers nach außen und erfüllte die zehn Richtungen des Universums mit seinem Leuchten, bis die Dunkelheit der Welt vertrieben war.

Nach diesen verheißungsvollen Träumen beschlossen Vater und Mutter, gemeinsam Traum-Yoga zu praktizieren, um eindeutigere Zeichen zu erhalten, und sie richteten Bittgebete um eine Prophezeiung an Gendün Drubpa.[4] Bald darauf träumte der Vater noch einmal, dass er Gendün Drubpa in seiner Meditationshöhle besuche. Die Mutter dagegen träumte, Gendün Drubpa komme zu ihr, berühre ihren Bauch und sage: «Dir wird ein Sohn geboren werden. Du solltest ihn Sanggye Pel, Schöpfer erleuchteter Wesen, nennen, denn das ist der Name, unter dem die Buddhas der zehn Richtungen und der Vergangenheit, Gegenwart und Zukunft, ihn erkennen werden.»

In den nun folgenden Wochen und Monaten hatte die Mutter wiederholt Glück verheißende Träume. Einmal erschien vor ihr die Schrift «Vollendung der Weisheit» *(Prajñaparamita-Sutra)*, in Licht verwandelt, und verschmolz mit ihrem Leib. Ein andermal erschien ihr im Traum ihr Ehemann, der ein Kalachakra-Mandala gestaltete und es ihr darbot; auch dieses zerfloss in Licht und trat in ihren Schoß ein. In einem dritten Traum erschienen ihr tausend Weisheitsschwerter (Symbole des Weisheits-Bodhisattva Mañjushri) und fielen als Lichttropfen in ihren Schoß.

Auch Gendün Drubpa erschien ihr verschiedentlich im Traum. Einmal verkündete er: «Dein Kind trägt den Namen Gendün Drubpa.» Ein andermal riet er ihr: «Dieses dein Kind hat die Befähigung, die Weisheitstradition von Nagarjuna und seinen Schülern und auch die große Tradition der ausgedehnten Bodhisattva-Handlungen von Asanga und seinen Schülern weiterzutragen. Vermeide Leichtfertigkeit während deiner Schwangerschaft und achte auf reine Gedanken. Bald wird dir jede Freude zuteil werden.» Sie erwachte sofort und fühlte sich erfrischt, leicht und froh, so, als sei jedes körperliche Unwohlsein von ihr genommen worden.

Yangpa Chöje schreibt dazu: «Während ihrer Schwangerschaft setzte die Mutter ihre täglichen tantrischen Übungen fort, Guhyasamaja, Heruka-Chakrasamvara, Yamantaka und Kalachakra. Ihre Meditationen waren von außerordentlicher Klarheit und Spontaneität gekennzeichnet.»

Kurz vor der Geburt des Kindes träumte der Vater vom Besuch eines Tempels. Als er ihn betrat, erblickte er Gendün Drubpa, der auf einem Thron saß, in einer Kalachakra-Schrift mit dem Titel «Das makellose Licht» (Skrt. *Vimalaprabha*) von Padma Karpo las und einen Kommentar dazu verfasste. «Dies bedeutet, dass das Kind besonderen Ruhm erlangen wird in der Praxis und Lehre des Kalachakra-Tantra», dachte er im Traum bei sich. Gendun Drubpa wandte sich ihm zu und lächelte.

In der folgenden Nacht träumte er wieder von Gendün Drubpa, der meditierte und ein Diamantzepter sowie eine Glocke vor dem Nabel hielt. Yangpa Chöje meint dazu:

> Kurz danach wurde das Kind geboren. Es war das Feuer-Affe-Jahr (1475), der dritte Tag des Siegesmonats. Der Himmel war klar und frei von Staub und Nebel. Die Sonne schien, und über dem Haus erhob sich ein Regenbogen, obwohl es keine Wolken gab. Im gesamten Distrikt herrschte ein außerordentlich strahlendes Licht... So legte Avalokiteshvara sein Bodhisattva-Äußeres ab und stieg in die gewöhnliche Welt herab, um die Bedürfnisse der Lebewesen zu befriedigen, und ließ hinter sich die erhabene Gestalt eines Bodhisattva des Erbarmens und erschien als gewöhnlicher Mensch, in Übereinstimmung mit der karmischen Tendenz und Disposition derjenigen, die unterwiesen werden sollten.

Doch das Wunderkind ließ seine Bodhisattva-Gestalt nicht ganz hinter sich. Wie Yangpa Chöje betont, wies der Neugeborene alle Anzeichen einer hohen Inkarnation auf: Große, klare Augen, sanft wie die einer Antilope; die Hände deutlich durchzogen von Glück verheißenden Linien wie Dharma-Rädern und Trompetenmuscheln; schöne, zarte, fast durchscheinende Finger. Auf den Schultern befanden sich Male, die auf weitere, unsichtbare Arme hindeuteten, mit denen er sich um die Erleuchtung der Welt bemühen würde.

Yangpa Chöje schließt das Kapitel wie folgt:

> Gleich nachdem er den Schoß verlassen hatte, blickte sich das Kind mit klaren Augen im Raum um und nahm die Gegenwart aller Anwesenden zur Kenntnis. Es lächelte und wandte sein strahlendes Gesicht in die Richtung des Klosters Tashi Lhünpo, legte seine winzigen Hände zum Gebet zusammen und rezitierte das Mantra von Arya Tara, der Mutter aller Buddhas.

In Übereinstimmung mit ihren prophetischen Träumen gaben ihm seine Eltern den Namen Sanggye Pel, Schöpfer erleuchteter Wesen. Der Vater vollzog umgehend zahlreiche tantrische Rituale, um die Gesundheit und Langlebigkeit des Kindes zu festigen und um die Erfüllung seines potenziellen Schicksals zu erleichtern.

Frühe Kindheit

Über die ersten beiden Jahre des Kindes wird weder in der «Biographie» noch in der Autobiographie viel gesagt – nur so viel, dass es keinen der üblichen Wesenszüge von Kleinkindern aufwies.

Yangpa Chöje drückt es so aus:

> Er lehnte gewöhnliche Kinderspiele ab und spielte stattdessen Lama. Er setzte sich gern auf Steine, die wie Throne aussahen, und hielt Reden vor unsichtbaren Zuhörerscharen oder segnete alle, die in seine Nähe kamen, durch Handzeichen. Er formte aus Lehm Stupas und Buddha-Figuren oder schichtete Kieselsteine zu Stupas auf und tat so, als opfere oder bete er vor ihnen. Das geschah, noch bevor er sprechen konnte. Und als er schließlich sprach, waren seine ersten Worte *om tare tuttare ture svaha*, das Mantra von Arya Tara, der wichtigsten Meditationsgottheit von Gyälwa Gendün Drubpa (dem Ersten Dalai Lama).

Yangpa Chöje zitiert eine Äußerung des Vaters:

> Seit seinem Zweiten oder dritten Jahr sprach der Junge mir gegenüber häufig von seinen Erinnerungen an frühere Leben und seine Erfahrungen darin. Er wirkte nie wie ein gewöhnliches menschliches Wesen, weder wenn er ging noch wenn er schlief, aß oder etwas anderes tat … Er weinte nie, betrug sich nie schlecht, und sein Körper verströmte nur die süßesten Düfte, selbst wenn er seine Hosen nass gemacht hatte … Und er rezitierte von seinen ersten Lebenstagen an unablässig das Tara-Mantra … Wir wussten immer, dass wir uns in der Gegenwart eines großen Wesens befanden und eine besondere Verantwortung hatten, gut für ihn zu sorgen.

Als das Kind drei Jahre alt war, begann es, den Wunsch nach einer Rückkehr nach Tashi Lhünpo zu äußern. In der Regel sprach er in Versen, die von seiner Mutter aufgezeichnet wurden. Eines dieser Gedichte, das er mit zwei Jahren sang, lautet folgendermaßen:

Dieser Junge kann nicht in dem kleinen Haus bleiben.
Bald muss er nach Tashi Lhünpo ziehen,
Denn das ist ein passenderer Ort für ihn.
Dort wartet süßerer Tee auf ihn
Und viele Mönchsschüler harren auf seine Rückkehr.
Viele Figuren, die er aufgestellt, stehen in seinem Tempel,
Und seine Dharma-Gewänder werden für ihn aufbewahrt.
Bringt ihn bald dorthin, damit er sein Geschick erfüllt.

Der Vater fragte ihn: «Und wer bist du? Wie ist dein Name?»

Der Junge antwortete singend:

Mein Name ist Gendün Drubpa, die große Hoffnung des Sangha,
Tara selbst, Mutter aller Buddhas, war Zeugin meines Todes,
Und aus Tashi Lhünpo kommt Umdze Sangtsulwa, der Mönch,
Ein ruhmreicher Schüler von Gendün Drubpa,
Und holt mich bald nach Hause.

Tara riet mir zur Geburt in Dorjeden,
Und der Schutzgeist Mahakala begleitete mich hierher,
Doch jetzt ist zu viel Zeit vergangen, und ich muss fort
In mein Kloster, Tashi Lhünpo, mein mir vorbestimmtes Heim.

Laut Yangpa Chöje hat der junge Zweite Dalai Lama selbst den Tod des Ersten Dalai Lama, seine Reise nach Tushita und die prophezeite Wiedergeburt in Yolkar Dorjeden beschrieben. Er gibt eine Äußerung des Jungen wieder, die dieser im Alter von zwei Jahren seinen Eltern gegenüber gemacht haben soll:

> Nach meinem Tod ging ich in das Reine Land Tushita. Dort traf ich Maitreya, Nagarjuna, Asanga, Atisha und Tsongkhapa. Ich fragte sie, wo ich mich reinkarnieren solle, um meine Arbeit fortzusetzen. Der Große Meister nahm eine Blume und zwei Hagelkörner und sagte, ich solle dort geboren werden, wo sie aufträfen. Ein Hagelkorn landete in Zentraltibet und das andere in Kham. Die Blume landete in Yolkar Dorjeden. Deshalb habe ich dieser Ort für meine Wiedergeburt ausgesucht und euch als meine Eltern.

Die «Biographie» berichtet, dass der Junge, seit er sprechen konnte, ständig von Tashi Lhünpo erzählte. Eines Tages näherte sich dem Elternhaus eine Gruppe Affen. Er rief ihnen zu: «Kommt ihr aus Tashi Lhünpo, um mich nach Hause zu holen?» Dieselbe Frage stellte er auch Vögeln in seiner Umgebung.

Laut Yangpa Chöje deutete das Kind, wenn die Familie in nahe gelegenen Dörfern Rituale durchführte, häufig auf Gebäude und sagte: «Das da sieht aus wie das Soundso-Gebäude in Tashi Lhünpo.» Oder: «In Tashi Lhünpo gibt es viele schöne Tempel wie diesen.» Oft stimmte er spontan Gesänge an, in denen er die Schönheit von Tashi Lhünpo und den Frieden des spirituellen Lebens dort pries.

Als der Junge drei war, unternahm die Familie eine Pilgerreise zu einigen nahe gelegenen Tempeln. Während die Eltern ihre Andacht verrichteten, spazierte der Kleine herum und verschwand. Die Eltern suchten ihn verzweifelt und fanden ihn schließlich wie in Trance unter einem Baum sitzend, den leeren Blick gen Himmel gerichtet. Die Gegend war in regenbogenfarbenes Licht getaucht, und ein kleiner Regenbogen schwebte über ihm. Die Eltern setzten sich still daneben und sahen staunend zu, wie das Kind reglos sitzen blieb. Schließlich erhob es sich aus seiner Trance und kam zu ihnen.

«Was ist geschehen?», fragte der Vater.

«Lama Tsongkhapa ist gekommen und hat mit mir gesprochen», erwiderte der Junge.

«Wie ist Tsongkhapa wirklich?», wollte der Vater wissen.

Der Junge beschrieb seine Vision und zitierte dann eine Strophe aus «Der Schmuck der Sutras des Mahayana» (Skrt. *Mahayanasutra-*

Alamkara), obwohl er den Text nie zuvor gehört oder gesehen hatte; sie beginnt: «Der Meister ist friedlich, sanft, still …»

Als die Familie eines Tages die Tempel von Shomolung besuchte, verfiel das Kind wieder in Trance. Danach wandte es sich an seine Eltern und sagte: «Wisst ihr, ich bin nicht wirklich Sanggye Pel. Mein richtiger Name ist Lama Drom. Wenn ich in den Himmel schaue, sehe ich immer Avalokiteshvara mit Tara zu seiner Rechten und Sarasvati zu seiner Linken. Sie sprechen ständig zu mir und geben mir Prophezeiungen.»

Der Vater fragte neckend: «Wenn das so ist, wie lange werde ich dann leben?»

«Du wirst in deinem zweiundsiebzigsten Jahr von uns gehen», antwortete der Junge.

Yangpa Chöje merkt dazu an, dass sich diese Voraussage tatsächlich erfüllte. Kunga Gyältsen lebte und lehrte noch viele Jahre und starb dann in seinem zweiundsiebzigsten Jahr.

Wie Seine Heiligkeit im Geleitwort erwähnt hat, verfasste der Zweite Dalai Lama von Kindheit an unablässig und spontan mystische Gesänge und Gedichte. Die Autobiographie und die «Biographie» führen viele davon an. Leider werden von den meisten nur die ersten Silben angegeben, was darauf hindeutet, dass es einmal eine gedruckte Sammlung gegeben haben muss, auf die der Leser zurückgreifen konnte. Diese Sammlung existiert offenbar nicht mehr und ist in den «Gesammelten Werken» nicht enthalten.

Einige der Gedichte jedoch werden vollständig zitiert. Im Alter von zwei Jahren imitierte der Junge einmal einen mystischen Tanz. Plötzlich hielt er inne und sang, an seine Eltern gewandt:

Das Leben ist wie ein Spiel, das wir spielen.
Was wir wahrnehmen, sind Spielzeuge in einem Traum.
Jene, die sie für wirklich halten,
Geraten in große Verwirrung.

Die Weisen leben eingedenk des Karma,
Sie betrachten die weißen und schwarzen Steine des Handelns
Und sammeln die weißen, um Grundlagen zu bilden
Für ihr Glück, ihre Freiheit und Freude.

Obwohl der Vater beteuerte, dass sich das Kind stets mustergültig verhielt, war die Mutter offenbar nicht immer dieser Meinung, und so bestrafte sie den kleinen Jungen hin und wieder. Das erste Gedicht der Sammlung (es ist in Teil III dieses Buches vollständig abgedruckt) entstand nach einer solchen Strafmaßnahme, bei der er sechs Jahre alt war.

Yangpa Chöje «Biographie» berichtet von einigen Vorfällen dieser Art. Demnach war der junge Lama durchaus zu Streichen aufgelegt, und es blieb der Mutter überlassen, ihn zu bestrafen. Jedes Mal reagierte der Junge mit einem Lied, in dem er seine Entrüstung kundtat. Einmal kam der Zweijährige, nachdem ihn seine Mutter ausgeschimpft (oder ihn übers Knie gelegt hatte, der Text ist nicht eindeutig) zu ihr und sang:

Mutter, schimpfe mich nicht aus, sondern bete zu mir.
Es gibt viele Wesen, die mir eben jetzt ihre Gebete senden.
Mich auszuschelten bringt nur negatives Karma,
Zu mir zu beten dagegen sät die Saat der Befreiung.

Bei einer anderen Gelegenheit beantwortete er eine Bestrafung mit dem folgenden Lied:

O Mutter, gib Acht, wie du mich behandelst,
Denn dieses Kind ist nicht lange an deiner Seite.
Bald kehre ich nach Tashi Lhünpo, in mein Kloster, zurück,
Denn dort erwartet mich ein Haus voller Glück,
Und viele Wonnen werde ich dort genießen.

Dieses Lied, das er ebenfalls mit zwei Jahren sang, enthält wiederum eine Anspielung darauf, dass er sich als Reinkarnation des Ersten Dalai Lama verstand. Es wird in der tibetischen Literatur oft als Illustration der Tatsache herangezogen, dass er sich von Kindheit an deutlich an sein früheres Leben als Gyälwa Gendün Drubpa erinnerte.

Wie der gegenwärtige Dalai Lama in seinem Geleitwort erwähnt, waren Verschiedene dieser Kindheitsgesänge prophetischer Natur und beziehen sich auf Ereignisse im Leben späterer Dalai

Lamas. Eine dieser Prophezeiungen findet sich im ersten Eintrag des vorliegenden Bandes. Darin rügt er seine Eltern, weil sie ihn für sein Handeln bestrafen, und fährt wie folgt fort:

Die Lebewesen, verwirrt durch ihre karmischen Tendenzen,
Blicken herab und misshandeln erleuchtete Wesen,
So fallen sie in die niederen Bereiche von Samsara.
Sie (meine Eltern) tadeln mich in scheinbar guter Absicht,
Doch das bringt ihnen nur negatives Karma der Rede;
Sie täten besser daran, mich als ihr Kronjuwel zu sehen,
Denn dann würden ihre Wünsche erfüllt im Übermaß.

Einen Heiligen (als Sohn) zu haben wie den Pänchen
Ist so rar wie der Fund eines wunscherfüllenden Juwels.
Sie sollten (über mich) meditieren als den Buddha Vajradhara.

Obwohl er (der Erste Dalai Lama) diese Welt
Mit dem herrlichen Nektar des Dharma überflutete,
Konnte er nicht all seine Vorhaben vollenden.
Deshalb kommt er erneut in sieben Inkarnationen,
Um für die Lebewesen dieser Welt zu wirken,
Bevor er ins makellose *dharmadhatu* eingeht.
Die glücklichen Wesen, die seine Belehrung erhalten,
Werden gewiss im Reinen Land der Freude wieder geboren.

Yangpa Chöje gibt diesen Gesang in seiner «Biographie» vollständig wieder und versieht ihn mit interessanten Kommentaren. Die Zeile «Deshalb kommt er erneut in sieben Inkarnationen» verweist seiner Meinung nach auf den frühen Kadampa-Klassiker «Vater-Dharmas, Sohn-Dharmas» (tib. *Pha-chos-bu-chos*), in dem die Dalai Lamas vorhergesagt werden. Weiter zitiert Yangpa Chöje die Gedichte in «Vater-Dharmas, Sohn-Dharmas», die sich auf den Zweiten Dalai Lama beziehen, und erklärt, wie sie als Prophezeiung zu verstehen sind:

Sich stützend auf mystische Hilfen,
Wird er in aufeinander folgenden Geburten wiederkehren,

Solange die Lehre nicht vergeht,
Und keine Unterbrechung zulassen im einst begonnenen
  Werk.
Von Rasa nach Radeng wird er wandern
Und eine Girlande der herrlichsten Lotosblüten winden.
Als Emanation des Lama Drom Tönpa wird er bekannt werden
Und die Bedeutung der geheimen Yogas erhellen.

Die Interpretation Yangpa Chöjes lautet, dass das spirituelle Wesen, bekannt als Tongwa Dönden («Wichtig zu wissen») sieben Inkarnationen lang wirken wird, um sicherzustellen, dass die Kadampa-Lehren, die Jowo Atisha nach Tibet brachte, sich in der spirituellen Welt der Tibeter fest verwurzeln. Die spätere Inkarnation (der Zweite Dalai Lama) wird das Werk des früheren (des Ersten Dalai Lama) fortsetzen, und so wird das, was «einst begonnen» wurde, nicht unterbrochen werden; das Vermächtnis wird, anders ausgedrückt, weitergetragen. Rasa verweist auf den Tempel in Lhasa, und Radeng bezeichnet das Kadampa-Kloster nahe Lhasa, wo sich der Zweite Dalai Lama später sehr häufig aufhalten und zahlreiche Visionen erleben sollte. Das Wort «Lotosblüten» meint die Blumen und bedeutet, dass der Zweite Dalai Lama das Kloster Chökhor Gyäl in Metoktang, der «Blumenwiese» oberhalb von Lhamoi Latso, dem See der Visionen, gründen würde. Alle zukünftigen Inkarnationen waren in der Tat mit diesem Kloster verbunden und wurden durch die Deutung der Zeichen vom See der Visionen gefunden.

Auf jeden Fall geht also aus der «Biographie» eindeutig hervor, dass das Kind glaubte, ihm sei eine große Zukunft vorherbestimmt. Während seiner gesamten Kindheit erlebte der Junge Trancen und Visionen, die meistens durch Naturphänomene ausgelöst wurden. So verfiel er eines Tages während eines Gewitters in einen paranormalen Zustand. Als er Stunden später wieder «aufwachte», sagte er: «Der Klang des Donners kommt der Stimme von Lama Tsongkhapa näher als irgendetwas anderes. Immer, wenn ich Donner höre, werde ich zurückgetragen in die Zeit (in meinem vorherigen Leben als Gendün Drubpa), in der ich zu seinen Füßen saß und seiner donnernden Stimme lauschte.»

Obwohl der junge Zweite Dalai Lama sich anscheinend seiner Stellung und seines Rangs als Reinkarnation des Ersten Dalai Lama völlig bewusst war, entwickelte er ein ausgeprägtes Schüler-Guru-Verhältnis zu seinem Vater, der selbst ein berühmter Lama war. Zwischen vier und elf Jahren erhielt er viele Unterweisungen und tantrische Initiationen von ihm, einschließlich aller traditionellen Familienlinien. Kaum dass er laufen konnte, begleitete er schon seinen Vater überall hin, nahm an Meditationssitzungen und tantrischen Riten teil. Es saß dabei, wenn sein Vater öffentlich oder vor ausgewählten Schülern Unterweisungen erteilte oder Initiationen durchführte.

Seine formale Ausbildung begann mit Lesen und Schreiben und dem Studium der klassischen Schrift «Eintritt in das Leben zur Erleuchtung» (Skrt. *Bodhicharyavatara*; tib. *Byang-chub-sems-dpa'-spyod-pa-la-'jug-pa*) von Shantideva, einem indischen Meister des 7./8. Jahrhunderts. (Interessanterweise gehört dieses Werk auch zur Lieblingslektüre des gegenwärtigen Dalai Lama, der es öffentlich über ein dutzend Male vor tantrischen Initiationen ausgelegt hat.) Von seinem Vater erhielt er die formale Einweisung in die mündlichen Traditionen der Gelugpa, wie Lamrim und Lojong, die Systeme kontemplativer Meditation, sowie in die anderer Linien, die er vom Ersten Dalai Lama bekommen hatte.

Sein Vater war jedoch vor allem ein tantrischer Meister, und deshalb war das meiste, was er von ihm erfuhr, tantrischer Natur. Die Initiationen begannen mit niederen tantrischen Traditionen, bezogen etwa auf Avalokiteshvara, Tara oder Amitayus, und den mit ihnen assoziierten Mantras sowie mit einer grundlegenden Einweisung in die meditativen Techniken, die bei der Mantra-Rezitation angewandt werden. Der Junge begleitete seinen Vater oft in tantrische Klausuren. Die «Biographie» informiert uns darüber, dass das Kind während dieser Initiationen zahllose mystische Visionen erlebte.

Etwa ab dem siebten Lebensjahr erhielt er mehrere Initiationen in höhere Yoga-Tantra-Systeme, vor allem Vajravarahi (aus dem Heruka-Chakrasamvara-Zyklus) sowie verschiedene Dharmapala-Ermächtigungen wie zum Beispiel Mahakala. Es wurde von ihm erwartet, dass er die rituellen Texte *(sadhanas)* auswendig lernte, die mit diesen tantrischen Gottheiten verbunden waren, und sie täglich rezitierte. Der Vater legte besonderen Wert darauf, dass er die Shije-Überlieferungen der Chöd-Praxis erhielt, die auf dem Mandala der weißen Vajrayogini basieren.

Besondere Aufmerksamkeit galt auch den Unterweisungen und Initiationen der Traditionen, die als «Die Sechs Yogas von Naropa» und «Die Sechs Yogas von Niguma» bekannt waren. Obwohl der Zweite Dalai Lama mit vier bereits eine symbolische Übertragung erhalten hatte, begann er das eigentliche Studium und die Übungen erst mit Acht. Die Sechs Yogas von Niguma waren seit Generationen in der Familie tradiert worden und bildeten das Kernstück der engen Beziehung der Familie zur Shangpa-Kagyü-Schule. Diese Yogas passten offenbar gut zur Wesensart des Zweiten Dalai Lama, und er verwendete sie später häufig für Belehrungen und schrieb zwei Kommentare dazu.

Weitere wichtige Linien, die der Junge im Alter von neun Jahren von seinem Vater erhielten, waren die «Sechs Yogas von Sukhasiddhi», die Dvakpo- und Shangpa-Kagyü-Traditionen von *mahamudra*, und die wichtigsten Lamdre-Unterweisungen der Sakya-Schule.

Dass der Zweite Dalai Lama seinen Vater sehr bewunderte und liebte, wird aus der Autobiographie ersichtlich. Viele Jahre später, beim Tod des Vaters, verfasste er ein längeres biographisches Gedicht über ihn, um seine Ergebenheit auszudrücken. Auch der Vater war dem Sohn sehr zugetan und gab ihm den geheimen tantrischen Namen Shepai Dorje, «Lachender Vajra». (Diesen Namen benutzt der Zweite Dalai Lama mehrfach in seinen Gedichten, wobei er ihm noch «Yangchen» [Sarasvati] voranstellt, den Beinamen der Gottheit der Musik, des Gesangs und der Dichtkunst.)

An der Geschichte über den Besuch in der Meditationshütte der Großmutter, die ich oben wiedergegeben habe, lässt sich die Beziehung zwischen Vater und Sohn gut ablesen. Kunga Gyältsen war ein Guru für den Sohn, der ihn jedoch in vieler Hinsicht mehr als Gleichgestellten behandelte. Bis zum Eintritt des Jungen ins Kloster Tashi Lhünpo waren die beiden unzertrennlich, und der Vater nahm ihn überall mit hin, sei es zu Unterweisungen oder Initiationen, sei es zu tantrischen Ritualen zum Wohl eines Gönners oder zu Besuchen bei einem Schüler in dessen Meditationshütte oder -höhle.

Wie der Zweite in seiner Autobiographie schreibt:

Im frühen Abschnitt meiner Ausbildung diente mein Vater mir als wichtigster spiritueller Lehrer. In den mittleren Jahren wurde diese Rolle von Abt Jamyang Lekpa Chöjor von Drepung Loseling übernommen. Beim Abschluss meiner Ausbildung war der wichtigster Lehrer für mich Khedrup Norzang Gyatso.

Die Anerkennung als Reinkarnation des Ersten Dalai Lama

Wie schon beschrieben, hatten die Eltern des Zweiten Dalai Lama bereits vor dessen Zeugung prophetische Träume, in denen vorausgesagt wurde, dass das Kind, das sie bald haben würden, eine Reinkarnation von Gendün Drubpa, dem Ersten Dalai Lama, war. Auch während der Schwangerschaft hörten diese Traumvisionen nicht auf.

Als dann das kleine Kind sprechen lernte, verkündete es häufig und mit Bestimmtheit, dass es sich selbst als Gendün Drubpas Wiedergeburt betrachtete; es verfasste spontane Lieder darüber und erzählte seinen Eltern von seinen Erinnerungen, Träumen und Visionen.

Dennoch wurde mehrere Jahre lang nichts unternommen. Das hatte verschiedene Gründe. Einer davon war die Tatsache, dass das Thema der Tulkus, der offiziell anerkannten Reinkarnationen bedeutender Lehrer, in der neu formierten Gelugpa-Schule von Lama Tsongkhapa umstritten war. Zwar hatten die meisten der älteren Schulen des tibetischen Buddhismus jahrhundertelang die Tradition der offiziellen Reinkarnationen aufrecht erhalten, doch Tsongkhapa selbst machte sich nicht viel daraus. Er sprach sich nicht dagegen aus, aber er ermutigte auch nicht dazu. So etablierte er zum Beispiel keine offizielle Reinkarnationslinie für sich selbst, und seine vier wichtigsten Schüler Gyältsepje, Khedrupje, Sherab Senge und Jamyang Chöje Tashi Pälden folgten diesem Beispiel.

So scheint es, dass in der Gelug-Schule ein berühmter Lama wie der Erste Dalai Lama inoffiziell für eine Reinkarnation des Lama Drom gehalten werden konnte, ohne dass deshalb um ihn viel Wirbel gemacht wurde. Die Situation war auffallend anders als in den älteren Schulen, in denen jeder, der als Reinkarnation eines berühmten Lama anerkannt war, die Häuser, Besitztümer usw. seines Vorgängers (oder seiner Vorgänger) erbte. Die «Erbmasse» der früheren Inkarnation ging, mit anderen Worten, auf das Kind über, das als Wiedergeburt anerkannt war, und wurde nicht dem Besitz der klösterlichen Gemeinschaft zugeschlagen.

Meines Erachtens war Tsongkhapa nicht ganz wohl dabei, das Tulku-Prinzip in die Gelug-Schule einzuführen, weil es in gewisser Weise dem Vinaya widersprach, dem Mönchskodex, wie er von Buddha selbst skizziert worden war. Der Vinaya legt den Mönchen nahe, keinen persönlichen Besitz zu haben. Bei ihrem Tod werden die Gewänder und andere Habseligkeiten an die Gemeinschaft verteilt. Doch nicht selten häuften die männlichen und weiblichen Lamas von Geburt zu Geburt große Besitztümer an; bei ihrem Tod wurde ein großer Teil des Besitzes für das Kind treuhänderisch verwaltet, das einmal als Reinkarnation anerkannt werden würde.

Zudem waren Tulkus eine tibetische Erfindung, und Tsongkhapa hatte wohl den Wunsch, dass seine Schule sich an die zentralen Richtlinien des buddhistischen Indien hielt und sich Klöster wie Nalanda, Vikramashila und Odantapuri zum Vorbild nahm. Er gestaltete die Gelugpa nach dem Modell der älteren Kadampa-Schule, die von Jowo Atisha und Lama Drom Tönpa begründet worden war, und die Kadampas hatten die Tulku-Tradition innerhalb ihrer Klöster nicht geduldet. Die Gelugpa waren im Wesentlichen «Neue Kadampas».

Ich verstehe die Situation so, dass der Erste Dalai Lama sich durchaus dessen bewusst war, welche Schwierigkeiten Tsongkhapa mit Tulkus hatte, selbst aber der Ansicht war, dass diese Haltung in Tibet unpraktisch sei. Trotz aller Fehler und Komplikationen des Systems liebten die Tibeter ihre Tulkus mehr als die gewöhnlichen Mönche, auch wenn einige dieser Mönche große Heilige und Gelehrte waren und einige der Tulkus die reinsten Gauner. Wenn die neu etablierte Gelugpa-Schule gegenüber den anderen Schulen konkurrenzfähig bleiben sollte, musste sie Tulkus anerkennen und eingliedern. Als deshalb der Erste Dalai Lama starb, beschloss er, sich als Zweiter zu reinkarnieren und seine rechtmäßige Stellung als Verkörperung des Ersten zu beanspruchen.

Als der Zweite Dalai Lama drei Jahre alt war, begannen sich die Gerüchte über die ungewöhnlichen Zeichen, die seine Geburt und seine Person umgaben, so weit zu verbreiten, dass man sie nicht länger ignorieren konnte.

Die «Biographie» bemerkt dazu:

> Zu jener Zeit, als der Junge im vierten Jahr stand (d.h. mit drei Jahren), gab es viel Gerede, dass der Allwissende Gendün Drubpa in Tanak Dorjeden wieder geboren worden war. Dies verstärkte sich noch, als der große Meister Chöjor Pälsang, ein Schüler Gendün Drubpas, eine Traumvision hatte, in der ihm gesagt wurde: «Von allen Wundern der Welt ist das Größte die Wiedergeburt des allwissenden Gendün Drubpa. Das große Wunder, die Reinkarnation von Tongwa Dönden, ‹Wichtig zu wissen›, weilt nun unter uns ...»
> Chöjor Pälsang konnte seine Neugier nicht bezähmen und unternahm die Reise nach Yolkar Dorjeden, um das Kind selbst zu sehen. Er war tief beeindruckt von ihm und stellte den Eltern viele Fragen ...
> In jener Nacht hörte er im Traum eine Stimme aus dem Himmel, die zu ihm sagte: «Erfülle die Wünsche der Buddhas.» Er war überzeugt davon, dass dies eine Mahnung sei, von der Begegnung mit dem Jungen und den günstigen Vorzeichen, die dessen Geburt umgaben, den Autoritäten in Tashi Lhünpo zu berichten.

Als Folge davon kehrte Chöjor Pälsang bald mit einer Delegation, der auch mehrere Schüler des vorherigen Dalai Lama angehörten, aus dem Kloster nach Dorjeden zurück. Das Kind erkannte sie sofort, nannte sie beim Namen und umarmte sie wie alte Freunde. Sie forderten den Jungen auf, ihnen eine symbolische Dharma-Übertragung zu geben, was er tat. Die «Biographie» kommentiert: «Die Gruppe war von den Worten des Kindes so bewegt, dass während des gesamten Vorgangs die Tränen in einem unablässigen Strom flossen.»[5]

Im folgenden Jahr stattete er Tashi Lhünpo einen inoffiziellen Besuch ab. Hier erkannte er sofort all seine früheren Schüler und nannte sie beim Namen, ohne dass sie ihm vorgestellt worden waren. Er erinnerte sich an die Lieblingsorte seines Vorgängers im Kloster und sagte Dinge wie: «In meinem früheren Leben kam ich oft hierher zur stillen Meditation.» Oder: «Auf diesem Thron habe ich diese oder jene Unterweisung erteilt.» In der «Biographie» heißt es dazu: «Auf diese Weise beeindruckte er die Mönche von Tashi Lhünpo durch seine Authentizität.»

Dennoch trat er zu jenem Zeitpunkt nicht ins Kloster ein. Die Klosterältesten hielten ihn für zu jung und empfahlen, dass er noch einige Jahre von seinem Vater ausgebildet werden solle.

Er besuchte das Kloster noch einmal mit sieben Jahren. Bei diesem Besuch verrichtete er das traditionelle Tee-Opfer und erhielt die erste Ordination (tib. *rab-'byung*).

Die Neuigkeit von dem Kind verbreitete sich im südwestlichen Tibet wie ein Lauffeuer, und Yolkar Dorjeden wurde zu einem beliebten Ziel, an dem Besucher von nah und fern um Segen baten. Einer der renommiertesten unter ihnen war Lobsang Rabten, der König von Guge in Westtibet, der ein vertrauter Schüler und mächtiger Gönner des Ersten Dalai Lama gewesen war und einen Großteil der Geldmittel für den Bau des Klosters Tashi Lhünpo beigesteuert hatte. Als er sich dem Kind näherte, erkannten die beiden einander sofort. Der König brach in Tränen aus und widmete dem Kind das folgende Lied:

Im Lotosgarten des Buddha-Dharma
Schien der Vollmond hell,
Als Pänchen Gendün Drubpa auf dieser Erde wandelte;
Doch dann brach er auf ins westliche Paradies.

Doch konnte er wohl nicht ertragen,
Den Lotosgarten Tibets verwelken zu sehen
Darum ist nun bei uns ein neuer Mond,
Aus dem Erbarmen und Wissen leuchten.

Der Zweite Dalai Lama antwortete mit einem Lied an den König, das leider nicht aufgezeichnet wurde. Dann gab er ihm eine symbolische Unterweisung, und sein Vater verlieh die tantrische Ermächtigung von Mahakala. Die «Biographie» fügt hinzu: «Als die Gaben für die Dharma-Schutzgötter hinausgetragen wurden, erhoben sie sich spontan in den Luft und verschwanden. Dieses und viele andere günstige Zeichen geschahen.»

In jenem Jahr begannen die Verantwortlichen von Tashi Lhünpo den Jungen zu bedrängen, doch seinen Wohnsitz im Kloster zu nehmen. Er willigte ein, im folgenden Frühjahr zu kommen. Im Frühling des Feuer-Pferd-Jahres (1487) zog er mit einer großen Eskorte aus Lamas und Äbten verschiedener Klöster ein und wurde als Reinkarnation von Tamche Khyenpa Gendün Drubpa inthronisiert.

Seine Heiligkeit der gegenwärtige Dalai Lama fasst die Situation so zusammen:

> Die Tradition des «Dalai Lama Tulku» oder der «offiziellen Reinkarnation des Dalai Lama» scheint sich spontan aus dem Leben und der Handlungsweise des Zweiten Dalai Lama entwickelt zu haben. So deuteten beispielsweise von Kindheit an alle Anzeichen daraufhin, dass er eine authentische Reinkarnation des Ersten Dalai Lama war. Es gab keine formale Suche nach der Reinkarnation des Ersten Dalai Lama, wie das bei späteren Dalai Lamas der Fall war. Schon als Junge präsentierte sich der Zweite einfach als Reinkarnation des Ersten, und weil die Zeichen so überzeugend waren, wurde er als solche akzeptiert.

Als junger Mönch im Kloster Tashi Lhünpo

Das neue Leben des jungen Dalai Lama begann mit der Ordination zum Vornovizen (tib. *genyen*). Für dieses Ereignis wurde ein Glück verheißender Tag gewählt, und zwar der vierte Tag des sechsten Monats im tibetischen Jahr, der Jahrestag der ersten Lehrrede Buddhas in Indien fast zwanzig Jahrhunderte zuvor. Diese Ordination wurde mit großem Prunk gefeiert; der Abt von Tashi Lhünpo, Pänchen Lungrig Gyatso, führte die Riten an. Die Autobiographie beschreibt die Ereignisse so:

> Bei dieser Gelegenheit wurde mir mein langes Haar vom Kopf rasiert, und ich legte die Mönchsgewänder an, die Siegesbanner des Buddha-Dharma.

Mit der Ordination erhielt der Junge einen neuen Namen: Gendün Gyatso Pälsangpo. Das bedeutet «Herrlich Ruhmreicher Sangha-Ozean» oder «Herrlich Ruhmreicher Ozean (auf dem Weg) der Geistigen Sucher». Diesen Namen sollte er sein Leben lang behalten, und mit ihm unterzeichnete er die meisten Bücher, die er in späteren Jahren verfasste.

Einige Monate danach fand die Ordination zum Mönchsnovizen (tib. *getsül*) statt. Der Abt des Klosters Nenying, ein ehemaliger Schüler des Ersten Dalai Lama, wurde nach Tashi Lhünpo eingeladen, um die Zeremonie zu leiten. Der Abt von Tashi Lhünpo, Pänchen Lungrig Gyatso, assistierte als Acharya; Umdze Sangtsülwa nahm als Zeithüter teil. Dieser letzte Name ist von Bedeutung. Die Leser werden sich an ihn im Zusammenhang mit den prophetischen Versen erinnern, die der Zweite Dalai Lama als Dreijähriger gesungen hatte.

> Mein Name ist Gendün Drubpa, große Hoffnung des Sangha;
> Tara selbst, Mutter der Buddhas, war Zeugin meines Todes,

und aus Tashi Lhünpo kommt Umdze Sangtsülwa, der
Mönch,
ein ruhmreicher Schüler von Gendün Drubpa,
Und holt mich bald nach Hause.

Tatsächlich gehörte Umdze Sangtsülwa (eine verkürzte Form von Umdze Sanggye Tsültrimpa, übersetzt «Zeremonienmeister der Buddha-Disziplin») zu den Abgesandten, die den Zweiten aus seinem Heimatort nach Tashi Lhünpo begleiteten, als er ins Kloster eintrat; somit hatte sich die Prophezeiung des Kindes erfüllt. Nun assistierte er bei der Ordination der jungen Reinkarnation zum Novizen. (Übrigens ist Umdze ein Titel, der «Hauptgesangsmeister» oder «Ritualmeister» bedeutet. In Gelugpa-Klöstern kommt dieses Amt gleich nach dem Abt.)

In Tashi Lhünpo drehte sich das Leben des jungen Mönchs hauptsächlich um Studium, Auswendiglernen von Texten, Debatte und Teilnahme an Tempelversammlungen, in denen Texte und Gebete gesungen wurden. Diese Tätigkeiten wurden hin und wieder von kurzen Meditationsklausuren unterbrochen, die eine oder zwei Wochen dauerten.

Er scheint in etwa demselben Lehrplan gefolgt zu sein wie seine Mitschüler. Den Beginn machte das Studium der buddhistischen Psychologie (tib. *bLo-rig*) und der elementaren Logik (tib. *rTags-rig*). Danach durfte er sich nacheinander mit den ersten drei der fünf grundlegenden buddhistischen Schriften beschäftigen: «Schmuck der klaren Erkenntnisse» (Skrt. *Abhisamaya-Alamkara*; tib. *dNgon-rtogs-rgyan*) von Maitreya-Asanga; «Eintritt in den Mittleren Weg» (Skrt. *Madhayamaka-Avatara*; tib. *Dbu-ma-la-'jug-pa*) von Chandrakirti; und «Die Erklärung der Prüfsteine» (Skrt. *Pramanavartikka*; tib. *Tshad-ma-rnam-'grel*) von Acharya Dharmakirti. (Die beiden anderen indischen Klassiker, die in den wichtigsten Gelugpa-Klöstern gelehrt werden – «Schatzhaus des höheren Wissens» (Skrt. *Abhidharmakosha*; tib. *dNgon-par-mdzod*) und die «Abhandlung über die Ordenszucht» (Skrt. *Vinayashastra*; tib. *'Dul-bai-bstan-bcos*) mussten warten, bis er älter war.)

In Tashi Lhünpo führte er auch seine tantrischen Studien fort. Oft reiste er ins Kloster Nartang zu intensiven Sitzungen mit dem

Abt. Von diesem Meister erhielt er auch die vollständige Initiation in das System des Kalachakra-Tantra sowie einen ausführlichen Kommentar zu Tsongkhapas *Ngagrim Chenmo*, der «Großen Darlegung des Geheimen Mantra». Weiterhin erhielt er eine Einweihung ins Hevajra-Tantra, zusammen mit den Kommentaren zu den Yogas der Erzeugungs- und Vollendungsstufe. Zudem gab ihm der Abt von Nartang eine vollständliche Wortübertragung der gesammelten Schriften des Ersten Dalai Lama. Auch das Kloster Nenying besuchte der Zweite Dalai Lama häufig und erhielt dort viele Übertragungen und spirituelle Unterweisungen.

Als er dreizehn war, erschien ein Bote, der ihm mitteilte, dass seine Mutter schwer krank sei. Er eilte zu ihr nach Yolkar Dorjeden. Was dann folgte, war charakteristisch für seine Herkunftsfamilie.

«Es ist nicht nötig, etwas für mich zu tun», erklärte die Mutter ihm ruhig. «Nichts wird etwas nützen. Ich habe wiederholt von den vollständigen Mandalas des Körpers, der Rede und des Geistes aus dem Kalachakra-Tantra geträumt. In meinen Träumen lösten sich die Mandalas von außen zum Mittelpunkt hin auf und gingen dann in mich ein. Das bedeutet, dass ich innerhalb von fünfzehn Tagen sterben werde.» Yangpa Chöjes «Biographie» merkt dazu an: «In der Tat starb sie dreizehn Tage danach, und viele wundersame Zeichen ereigneten sich als Hinweis auf ihre hohe Stufe geistiger Verwirklichung.»

Gemäß der Tradition ließ die Familie den Körper in Stücke zerteilen und als letzten Akt der Großzügigkeit an die Vögel verfüttern. Als das Fleisch vom Schädel abgenagt war, bemerkte man, dass die Knochen von perlweißer Farbe waren und innen einen klaren Abdruck des Heruka Chakrasamvara trugen. Der junge Dalai Lama behielt den Schädel als Erinnerung an die Vergänglichkeit und an die große Yogini, die seine Mutter gewesen war. Als er Jahre später in Metoktang das Kloster Chökhor Gyal erbauen ließ, platzierte er den Schädel als Reliquie, damit er auch zukünftigen Generationen als Quelle spiritueller Inspiration dienen konnte.[6]

Nicht lange, nachdem der Zweite Dalai Lama ins Kloster Tashi Lhünpo eingetreten war, gab Abt Pänchen Lungrik Gyatso sein Amt auf und zog sich in die Einsamkeit zurück, um zu meditieren. Ihm folgte Abt Pänchen Yeshe Tsemo. Der Zweite Dalai Lama bewunderte den neuen Abt sehr und erhielt von ihm zahlreiche Unterweisungen und Initiationen. Pänchen Yeshe Tsemo hatte den Ersten Dalai Lama gut gekannt und bezeugte dessen Reinkarnation großen Respekt. Von ihm erhielt der junge Mann Übertragungen aller wichtigen Schrifttraditionen, die auf Jowo Atisha zurückgingen, und alle Wortübertragungen; die wichtigsten Linien des Ersten Dalai Lama und seiner Schüler, die Kommentare von Heruka Chakrasamvara und Hevajra, wie sie von Tsongkhapa überliefert worden waren, und viele andere Überlieferungslinien.

Von Pänchen Yeshe Tsemo erhielt er auch viele Mañjushri-Initiationen und ging daraufhin in Klausur, um die Rezitation der Mantras zu vervollständigen. In der «Biographie» heißt es: «Während der Klausur erlebte er zahlreiche Visionen, und seine karmischen Erinnerungen wurden so weit stimuliert, dass er sich an hunderte seiner vorangegangenen Leben deutlich erinnerte ... Sein Gedächtnis bildete sich so weit aus, dass er danach imstande war, während einer einzige Teepause hunderte von Schriftteilen auswendig zu lernen.» Yangpa Chöjes Bericht lässt darauf schließen, dass die Erkenntnisse des jungen Mönchs damals als eine Art Mini-Erleuchtung betrachtet wurden.

Später, in Kapitel 7 der «Biographie», wird das Thema noch einmal berührt. Hier berichtet Yangpa Chöje, dass im Wasser-Eber-Jahr (1503), als der Zweite Dalai Lama erst 28 war, sein Guru Jamyang Lekpai Chöjor und mehrere andere hohe Lamas ihn baten, einen Kommentar zum *Mañjushrinamasamgiti*, dem «Gesang der Namen Mañjushris», zu verfassen, in dem er die zentralen Konzepte der Guhyasamaja- und Kalachakra-Systeme, zweier äußerst komplizierter tantrischer Systeme, zusammenführen sollte. Dieser Kommentar, sagten sie, solle die Unterschiede zwischen beiden verdeutlichen, aber auch die Punkte, an denen sie sich annähern, und gleichzeitig zeigen, wie verschieden sie Begriffe wie zum Beispiel «Erkenntnis der Glückseligkeit, die gleichzeitig mit Leerheit entsteht» oder «große, unwandelbare Glückseligkeit» verwenden.

Yangpa Chöje fragt: «Wie konnte man erwarten, dass ein Mönch von so zartem Alter einem Ansinnen nachkommen konnte, das so viel Erkenntnis und Wissen erforderte?» Er gibt die Antwort selbst:

Schon mit sechzehn Jahren hatte er sich in eine Meditationsklausur zurückgezogen, in der er sich auf Mañjushri, den Bodhisattva der Weisheit, konzentrierte. Eines Morgens, während dieses Klausur, wurden seine karmischen Erinnerungen so stark angeregt, dass er sich plötzlich an hunderte seiner vergangenen Leben erinnerte.

Von da an verstand er die subtilsten und tiefgründigsten Lehren, sobald er sie nur einmal gehört hatte.

Wenn das seine große Erleuchtung war, dann spielten sich in den folgenden Jahren nur noch Dramen ab, die inszeniert wurden, um den Schein von Konventionalität zu wahren.

Später in diesem Jahr hatte er eine weitere Traumvision, die ihn stark berührte. Ein junges, nacktes Mädchen kam zu ihm, es hielt ein Weisheitsschwert, ein Schriftwerk und einen Spiegel. Sie lud ihn ein, in den Spiegel zu schauen, und als er das tat, strömten Visionen über Visionen auf ihn ein und er erhielt hunderte von Prophezeiungen hinsichtlich seines Lebenswerks. Als er erwachte, schrieb er unzählige mystische Gesänge nieder, und von dieser Zeit an verfasste er fast täglich Gedichte, Hymnen und Gebete.

Ausgestoßen aus Tashi Lhünpo

Im Wasser-Maus-Jahr (1492) erreichten ihn verschiedentlich Einladungen zu Belehrungen aus nahe gelegenen Klöstern und Einsiedeleien, in die auch sein Vorgänger, der Erste Dalai Lama, häufig gereist war. Seiner Ansicht nach war der Zeitpunkt gekommen, der Gemeinschaft auf diese Weise zu dienen.

Zunächst besuchte er das Kloster Nenying, in dem sich zu diesem Anlass tausende von Menschen aus Ober- und Unternyang eingefunden hatten. Auch Abt Nenying Yangpal Nyingpo und der große Heilige und Gelehrte Je Mönlampal hörten sich seine Unterweisungen und Initiationen an und führten anschließend eine komplexe Zeremonie durch, die ihm ein langes Leben sichern sollte. Bei dieser Zeremonie warfen sich alle, auch die ältesten Mönche vor ihm nieder und priesen ihn mit Hymnen.

Danach wurde er in das Kloster Palkhor Dechen eingeladen, in dem er die mönchische Gemeinschaft unterrichtete, und nach Drong Tse, wo er Guru-Rinpoche-Initiationen erteilte sowie eine Belehrung über die «Sechs Yogas von Niguma». Wieder bezeugte man ihm den höchsten Respekt. So reiste er wochenlang von einer Region in die andere, lehrte und führte Initiationen durch.

In der Zwischenzeit braute sich in Tashi Lhünpo ein Unwetter zusammen, das letztlich zu seiner Ausweisung aus dem Kloster führte. Yangpa Chöje gibt in seiner «Biographie» drei verschiedene Erklärungen – eine äußere, eine innere und eine geheime – dafür, wie und warum sich dies zutrug.

Die äußere Erklärung besagt einfach, dass die dem Abt nahe stehenden Mönche der Klosterverwaltung auf die immer größeren Ehrenbezeigungen, mit denen der Zweite Dalai Lama überschüttet wurde, mit Eifersucht reagierten. Sie fürchteten, der junge reinkarnierte Lama werde womöglich den Abt als Leiter von Tashi Lhünpo ablösen, sie infolgedessen ihres Status berauben und ihnen einige ihrer Privilegien nehmen.

Die «innere» Interpretation lautet, dass das Kloster Nenying im Wirkungsbereich eines boshaften Gyälpo-Geistes gelegen habe und der junge Zweite Dalai Lama irgendwie den Zorn des Geistes erregt und auf sich gezogen habe. Dies habe dann zu den unerfreulichen Ereignissen geführt.

Gemäß der «geheimen» Interpretation war der gesamte Verlauf der Ereignisse ein mystisches Drama, das Abt Pänchen Yeshe Tsemo absichtlich herbeigeführt hatte, um den jungen Dalai Lama aus seinem bequemen Leben in Tashi Lhünpo hinauszukatapultieren und ihm zu helfen, ein größeres Geschick zu erfüllen.

In der «Biographie» stellt Yangpa Chöje diese Thesen nacheinander vor. Zur ersten führt er aus:

> Zu jener Zeit (als der Dalai Lama sich auf seiner Lehrreise befand) lenkten die großen Wohltaten, die der junge Bodhisattva vollbrachte, den Dämon der bitteren Eifersucht in die Herzen einiger einflussreicher Mönche aus der Umgebung des Abtes von Tashi Lhünpo, Pänchen Yeshe Tsemo. Sie waren wie trunken vor Neid und Verfolgungswahn und sagten wiederholt zum Abt unwahre und unangenehme Dinge über den Meister. Auf diese Weise gelang es ihnen, den bejahrten Abt allmählich gegen ihn aufzubringen.

Hinsichtlich der Interpretation, der Zweite Dalai Lama habe den Zorn des Gyälpo-Geistes von Nenying erregt, weist Yangpa Chöje darauf hin, dass Ähnliches auch schon dem Ersten Dalai Lama widerfahren sei, als er mit seinem Guru Je Sherab Senge das Kloster Nenying besuchte, und dass Letzterer so krank geworden sei, dass er fast gestorben wäre. Nur die Verrichtung zahlreicher tantrischer Riten habe damals den Fluch des Gyälpo abwenden können. Nun führe der Gyälpo-Geist seinen negativen Einfluss fort, indem er die Reinkarnation des Ersten attackiere.

Der Zweite Dalai Lama berichtet in seiner Autobiographie von Träumen und schreibt sich in gewisser Hinsicht das Problem selbst zu:

> Als ich früher im Kloster Nenying lehrte, hatte ich eine Traumvision, in der mir ein geheimnisvolles Mädchen erschien, das

sagte: «In verderbten Zeiten kann ein böser Gyälpo-Geist leicht Hindernisse schaffen. Dann solltest du dich mit tantrischen Hayagriva-Übungen befassen.» Ich wusste sofort, dass ich mich in eine Klausur zurückziehen, meditieren und das Hayagriva-Mantra rezitieren musste, aber leider fand ich dazu keine Zeit ...

In der Tat hatte mir Pänchen Yeshe Tsemo schon vorher denselben Rat gegeben.

Die dritte Interpretation wird von Yangpa Chöje wie folgt dargestellt:

> Wir können diese Ereignisse als das Ergebnis von Eifersucht seitens gewisser Verwaltungsbeamter in der Umgebung des Abtes deuten, wobei diese unheilsame Energie vielleicht durch den Fluch des Gyälpo-Geistes von Nenying geweckt wurde. Doch das ist nicht die wahre Geschichte.
>
> In Wirklichkeit waren diese Vorfälle Teile eines mystischen Dramas. Tatsächlich hatte der junge Tulku für die Völker von Zentral- und Osttibet eine große Aufgabe zu erfüllen, und dazu konnte er nicht in Tashi Lhünpo bleiben. Pänchen Yeshe Tsemo verstand das und setzte deshalb unserem Meister gegenüber eine zornige Miene auf, um ihn seinem Geschick näher zu bringen.
>
> Dies offenbart sich durch etwas, das mein Guru Jetsün Chökyi Gyältsen zu mir sagte. Als der Pänchen einige Monate vor diesen Vorfällen im Kloster Nenying wohnte, erklärte er einigen älteren Mönchen: «Ich habe in einer Traumvision klar gesehen, dass der Junge zweifellos die Reinkarnation unseres Guru Je Tamche Khyenpa ist, des allwissenden Gendün Drubpa. Er muss bald nach Zentraltibet gehen, damit er die höheren Aufgaben erfüllt, die auszuführen ihm bestimmt sind.»
>
> So wird deutlich, dass große Lehrer auf seltsame Weise zum Wohl der Lebewesen handeln, auf Ebenen, die von einem konventionellen Geist nicht begriffen werden können.
>
> Die meisten Hellseher sagen auch, dass Pänchen Yeshe Tsemo

keineswegs ein gewöhnlicher Lama, sondern eine Reinkarnation des berühmten Yogi Kutön Chenpo war.[7]

Unabhängig von den Motiven und Wahrnehmungen der Betroffenen kann man konstatieren, dass der junge Dalai Lama bei seiner Rückkehr in Tashi Lhünpo eine angespannte Atmosphäre vorfand. Er versuchte, sie zu ignorieren und seine Studien fortzuführen wie gehabt, aber das gelang ihm nicht. Die Klosterverwaltung behinderten ihn, wo sie nur konnte.[8] Der Autobiographie kann man entnehmen, dass der Meister sich der heiklen Situation durchaus bewusst war. Pänchen Yeshe Tsemo war einer seiner wichtigsten spirituellen Mentoren, und deshalb war er als sein Schüler dazu verpflichtet, jede Handlung seines Lehrers als Lektion zu betrachten.

> Während dieser Ereignisse nahm ich meinerseits auch weiterhin den Pänchen als Verkörperung der Buddhas wahr und praktizierte ihm gegenüber in meinem Denken und Handeln Guru-Yoga, denn ich hatte von ihm viele Unterweisungen und Initiationen erhalten. Ich meditierte über die Art, wie die großen Praktizierenden der Vergangenheit sich ihren Lehrern gegenüber verhalten hatten, und führte mir als Beispiele Milarepas Haltung gegenüber seinem gestrengen Guru Marpa und Lama Drom Tönpas Beziehung zu dem großen Guru Jowo Atisha vor Augen, wie sie in den Biographien dieser Meister beschrieben werden.
> Dennoch kam mir schließlich der Gedanke, dass es für mich an der Zeit sei, Tashi Lhünpo für eine Weile zu verlassen.

In den Konflikt waren viele der Klosterältesten verwickelt. Sie sympathisierten mit dem jungen Mann, doch auf der anderen Seite lag die Macht der klösterlichen Verwaltung in den Händen des Sekretariats des Abts. Nach internen Beratungen empfahl man dem jungen Mönch, für eine Weile wegzugehen.

Genau zu diesem Zeitpunkt traf ein Brief des berühmten Lama Jamyang Lekpa Chöjorpa ein, der dem Kloster Drepung Loseling in Lhasa vorstand und den Zweiten Dalai Lama bat, nach Zentraltibet zu kommen. Diese Einladung passte gut zu dessen eigenen Plänen, denn er hatte seit einiger Zeit den Wunsch gehegt, seine Ausbildung in den großen Klosteruniversitäten Zentraltibets zu vervollständigen. In seiner Autobiographie schreibt er: «Schon früher hatte mich der große Meister Je Mönlampal vom Kloster Nenying eingeladen, mit ihm nach Lhasa zu reisen, aber damals hatten es mir die Ältesten von Tashi Lhünpo nicht gestattet. Nun drängten sie mich geradezu. Es war eine etwas verwirrende Situation.»

Er wollte jedoch Tashi Lhünpo nicht unter so negativen Vorzeichen verlassen. Deshalb blieb er den Herbst und Winter über noch und versuchte, die Angelegenheit zu bereinigen. Das neue Jahr kam und die Zeit verging, ohne dass eine wesentliche Verbesserung des Klimas eingetreten wäre. Und so ließ er sich im zweiten Monat des Holz-Tiger-Jahres (spätes Frühjahr 1494) beim Abt melden und vollzog die Niederwerfungen zum Abschied.

Yangpa Chöje schließt dieses Kapitel der «Biographie» mit einigen recht anrührenden Gesängen, in denen die Schüler und Anhänger des Zweiten Dalai Lama diesen baten, sie nicht zu verlassen, sowie der Antwort, die er ihnen in Versen gab. Mit die bewegendsten Worte stammen von Solpon Dölma, einem alten Mönch und ehemaligen Schüler des Ersten Dalai Lama, der seit der Ankunft des Zweiten in Tashi Lhünpo fast zehn Jahre lang für dessen Wohlergehen gesorgt hatte. In seinem Abschiedslied gibt der Zweite Dalai Lama den Zurückbleibenden folgenden Rat:

Freunde und Schüler, für Tränen ist kein Grund,
Denn ich reise nur ein kurzes Stück
Ins Kloster Drepung, da es mir bestimmt ist,
Beim großen Lama Jamyang Lekpa Chöjor zu studieren,
Einem geistlichen Sohn des Buddha Maitreya,
Einem Meister, mit dem mich alte karmische Bande
verknüpfen ...

Was zusammenkommt, muss sich einst trennen;
Am Ende der Aussaat steht die Ernte
Und dann der Prozess der Wiederverwertung.
So wirkt das Gesetz der Natur ...

Wandelbar und ungewiss ist das Leben,
Gleich dem Wetter inmitten eines Gewittersturms.
Festigt darum die Kräfte des Geistes,
Denn nur er steht als Freund euch immer zur Seite,
Reichert ihn an mit dem Schmuck
Der Freigebigkeit und Selbstbeherrschung …

Denkt daran: Die Spuren jeglichen Handelns
Folgen dem Geist wie der Schatten dem Körper.
Meidet darum die Wege der Negativität
Und kultiviert die schöpferische Güte;
Richtet eure Augen auf das, was zum Wohle gereicht …

Dies, meine Freude, ist mein Rat zum Abschied.
Folgt ihm zum Gedenken an mich,
Und bald werden wir uns wiedersehn.

Als Student im Kloster Drepung

Im zweiten Monat des Tiger-Jahres (1494) verließ der Zweite Dalai Lama Tashi Lhünpo und reiste nach Zentraltibet. Jampal Drakpa bat darum, ihn als Diener begleiten zu dürfen, Rabjampa Darma schloss sich als Begleiter und Führer an. Die drei gelangten zunächst nach Langbu, wo sie Häuptling Nangso Luwangpa, der Hauptgönner des Zweiten Dalai Lama, mit Pferden, Maultieren und Reisevorräten ausstattete; danach brachen sie sofort nach Lhasa auf.

In jener Nacht träumte in Lhasa Lama Jamyang Lekpai Chöjor im Kloster Drepung Loseling, dass sich im Westen ein Sonnenball erhebe, sein Zimmer fülle und von da aus das gesamte Land des Schnees mit Licht überflute, bis alle Dunkelheit gewichen war. «Bald wird mein größter Schüler zu mir kommen», sagte er. Kurz darauf traf der Zweite Dalai Lama in Lhasa ein, stellte sich bei Jamyang Lekpai Chöjor vor und bat darum, von ihm als Student angenommen zu werden.

Die «Biographie» vermerkt: «Dann begann er mit intensiven Studien der überlieferten Texte, um künftigen Generationen ein Beispiel zu geben.» In den nächsten drei Jahren wiederholte er alles, was er in Tashi Lhünpo gelernt hatte, und vervollständigte seine höhere philosophische Ausbildung unter Anleitung von Jamyang Lekpai Chöjor.

Zu den klassischen indischen philosphischen Texten, die er mit seinem großen Meister las, gehörten unter anderen: Acharya Nagarjunas *Memorialverse über die Mittlere Lehre (Mula-madhyamaka-Karika)*, Acharya Chandrakirtis «Eintritt in den Mittleren Weg» *(Madhyamaka-Avatara)*, Acharya Dharmakirtis «Erklärung der Prüfsteine» *(Pramana-varttika)*, Acharya Vasubandhus «Schatzhaus des höheren Wissens» *(Abhidharmakosha)*, Gunaprabhas «Abhandlung über die Ordenszucht» *(Vinayashastra)*, Maitreya/Asangas «Schmuck der Sutras des Mahayana» *(Mahayanasutra-Alamkara)*, Maitreya/

Asangas «Abhandlung über das höchste Kontinuum» *(Uttaratantra-Shastra)* und die beiden Texte Maitreya/Asangas, die als «Einteilungen» bekannt sind *(Vibangha)*. Parallel dazu las er indische und tibetische Kommentare und gelangte so zum Kern der Aussagen. Daneben studierte er zahlreiche Standardwerke der tibetischen Philosophie wie Lama Tsongkhapas «Abhandlung über die Unterscheidung von vorläufiger und endgültiger Bedeutung: Essenz der wahren Beredsamkeit» *(Drang-nges-legs bshad snying po)* und seine «Große Darlegung des Geheimen Mantra» *(Ngagrim-Chenmo)*.

Von Jamyang Lekpai Chöjor erhielt er die Einweihung in die beiden wichtigsten Systeme des höchsten Yoga-Tantra, Guhyasamaja und Heruka-Chakrasamvara; dieser gab ihm auch alle geläufigen indischen und tibetischen tantrischen Kommentare zur Philosophie und zu den Yogas dieser Traditionen. Sein berühmter Meister machte ihn mit den wichtigsten Kommentaren zum Kalachakra-Tantra und zu den «Sechs Yogas von Naropa» vertraut. Der Zweite absolvierte seine Studien, für die ein gewöhnlicher Mönch zwanzig Jahren gebraucht hätte, in nur drei Jahren.

Im Holz-Hase-Jahr (1495) wurde der Abt von Nenying nach Drepung eingeladen, um bei der *bikkshu*-Ordination des Zweiten den Vorsitz zu führen. Mit knapp einundzwanzig Jahren hatte dieser das Alter erreicht, in dem diese Ordination frühestens gegeben werden kann. Sein Guru aus Drepung Loseling, Jamyang Lekpai Chöjor, fungierte als Acharya. Es war der achte Tag des zweiten Monats, der Tag, an dem der Wunder gedacht wurde, die der Buddha fast 2 000 Jahre zuvor fünfzehn Tage lang in Indien vollbracht hatte.

Weil es als vorteilhaft galt, las er unmittelbar nach seiner vollständigen Ordination mit Jamyang Lekpai Chöjor die beiden klassischen Übungsanleitungen des indischen Meisters Acharya Shantideva: «Eintritt in das Leben zur Erleuchtung» *(Bodhicharyavatara)* und eine «Sammlung der Regeln» *(Shikshamuchchaya)*. Zudem erhielt er die Initiation in die Übungen aller tantrischer Systeme, die als Kriya-, Charya- und Yoga-Tantra klassifiziert werden, und entsprechende Unterweisungen.

Yangpa Chöje kommentiert: «Kurz gesagt, alle Überlieferungslinien, die Jamyang Lekpai Chöjor kannte, gab er ohne Ausnahme an seinen jungen Schüler weiter, als würde er Nektar aus einem Gefäß in ein anderes gießen.»

Nun, da seine Studien abgeschlossen waren, plante der Dalai Lama als Nächstes eine Pilgerreise zu den bedeutendsten heiligen Stätten Zentraltibets, um dort zu meditieren.

Wanderjahre eines Lama

Während seiner dreijährigen Studien in Drepung hatte der Zweite Dalai Lama die größten Tempel und Klöster im Gebiet von Lhasa besucht, unter anderem den Jokhang, Tibets ältesten und heiligsten Tempel. Die übrige Zeit hatte er sich, in seine Studien und Meditationen vertieft, ständig im Kloster aufgehalten.

Im Holz-Hase-Jahr (1495) waren er und sein Lehrer Jamyang Lekpai Chöjor zum Kloster Radeng gepilgert, einer Stätte, die durch Atisha und Lama Drom geheiligt war. Die «Biographie» informiert uns darüber, dass Lama Pakpa Kunga Gyältsen aus Radeng in der Nacht vor seiner Ankunft eine Traumvision hatte, in der ihm ein junges Mädchen erschien und sagte: «Morgen wird Lama Drom selbst zu Besuch kommen.»[9] Der Lama legte zweihundert Schnittblumen in eine Vase und sprach ein Gebet: «Wenn dieser wirklich die Reinkarnation von Lama Drom Tönpa ist, mögen sich diese Blumen vervielfachen und ihre Zahl während seines Aufenthalts zunehmen.»[10] Am nächsten Tag erschien der Zweite Dalai Lama. Zunächst stattete er dem Haupttempel einen Besuch ab, dann hielt er eine kurze Ansprache vor den Mönchen und den Bewohnern der Gegend. Während dieser Ansprache, so die «Biographie», erblühten alle Blumen, und ihre Anzahl nahm ständig zu. Sie standen während seines gesamten Aufenthalts in Radeng in voller Blüte.

Mittlerweile lehrte in Riwo Dechen Pänchen Choklha Ödzerwa, ein Mönch und ehemaliger Schüler des Ersten Dalai Lama.[11] Er träumte von einem jungen, wunderbar geschmückten Mädchen, das ihm ein goldenes Diamantzepter gab und sagte: «Leg es auf dein Banner, und die Wünsche aller Lebewesen werden erfüllt werden.» Als er erwachte, dachte er: «Das muss sich auf eine Reinkarnation von Tamche Khyenpa (dem Ersten Dalai Lama) beziehen.» Später erschien ihm im Traum eine schwarze Frau mit einem Adlergesicht, die sagte: «Bald werde ich dir Gendün Drubpa schicken.» So wusste Pänchen Choklha Ödzerwa, dass die Zeit gekommen war, der

Reinkarnation seines Guru zu dienen. Er schickte einen Boten zu Jamyang Lekpai Chöjor nach Drepung, mit der Bitte, ihm zu erlauben, für seinen Schüler (den Zweiten Dalai Lama) eine Pilgerreise zu arrangieren, auf der er meditieren und lehren konnte.

Jamyang Lekpai Chöjor war hoch erfreut und gab sofort seinen Segen. Er bemerkte dazu:

> Als ich kürzlich (mit dem Zweiten Dalai Lama) in Radeng war, hatte ich eine Traumvision, in der mir eine schwarze Frau erschien und sagte, die Handlungen dieses Schülers würden den Zeichnungen ihrer Hand am Himmel gleichen … Sie deutete mit dem Finger in die vier Himmelsrichtungen und begann, Bilder zu zeichnen, bis der ganze Raum voll war. Da wusste ich, dass er bald seinen Auftrag erfüllen und zum Segen aller Lebewesen tätig werden würde.

Kurz darauf wandte sich Pänchen Choklha Ödzerwa an Chogyäl Dorje Tsetenpa, den König von Chonggye, mit der Bitte, dem Zweiten Dalai Lama eine ausgedehnte Pilger- und Lehrreise zu ermöglichen. Der König war einverstanden und gehörte von da an zu den loyalsten Schülern und Gönnern des Zweiten Dalai Lama.

Was die «Biographie» über die nächsten zwanzig Jahre des Zweiten Dalai Lama schreibt, ist geradezu ein Handbuch des spirituellen Lebens im Tibet des 15. Jahrhunderts und gleichzeitig ein landeskundlicher Führer zu allen wichtigen heiligen Orten in Zentral-, Süd- und Südwesttibet, die der junge Mann wiederholt besuchte, um dort zu meditieren und vor immer größeren Menschenmengen zu lehren. Und es ist eine Art «Who's Who» der Zeit: Könige, Königinnen, Stammeshäuptlinge, Lamas und Yogis wetteiferten miteinander, den Zweiten für Besuche in ihren jeweiligen Herrschaftsbereichen zu gewinnen. Für jedes Kloster, jeden Tempel und jede Einsiedelei gehörte es zum guten Ton, ihn empfangen zu haben.

Yangpa Chöje drückte es so aus:

> Seine Aufmerksamkeit wurde nicht nur von den Lamas einer bestimmten Sekte oder Region beansprucht; ausnahmslos alle Schulen luden ihn zu Belehrungen ein, und er widmete allen

die gleiche Sorgfalt und Aufmerksamkeit… Dvakpo Kagyü-Schulen, Shangpa Kagyüpas, Kakyapas, Kadampas, Shijepas, Jonangpas und Gelugpas empfingen ihn mit Achtung und Ehrerweisungen; und über alle goss er seine nektargleichen Dharma-Belehrungen aus. Keinen Ort in Zentral-, Süd- oder Südwesttibet gab es, an dem er nicht seine Fußabdrücke hinterließ, an dem die Menschen ihn nicht sehen, hören und ihm begegnen konnten…

So führte er eine unüberschaubare Menge von Lebewesen auf den Pfad zu einem höheren Sein, zu Befreiung und Erleuchtung.

Seine Energie war schier unerschöpflich. Die Anfragen häuften sich, und er ging auf jede mit gleich bleibender Demut und Hingabe ein. Seine erste Pilger- und Lehrreise begann mit einem Besuch des Jokhang in Lhasa, wo er eine große Ritual- und Gebetszeremonie abhielt, bei der König Ngawang Namgyäl von Neudzong (Lhasa) als Gönner fungierte. Dann brach er ins Yarlung-Tal auf, das Kernland der frühen tibetischen Zivilisation. Unterwegs machte er bei verschiedenen Klöstern und Einsiedeleien Halt, unter anderem in Sang Ngak Kar und Samye, der ersten Einsiedelei Tibets. Seine Autobiographie erläutert, dass er vor dem Besuch in Samye von dem Tempel geträumt hatte und dass sein Traum exakt mit der Wirklichkeit übereinstimmte.

Dann pilgerte er weiter zum Kloster Tsetang, wo er einige alte Schüler des vorigen Dalai Lama traf, und danach ging es zum Kloster Riwo Dechen, wo Pänchen Choklha Ödzer ihn kennen lernte. Die «Biographie» schildert, wie beeindruckt der Pänchen von der Reinkarnation seines Guru war, und lässt sich beredt über den günstigen Eindruck aus, den der Zweite Dalai Lama hinterließ:

(Der Meister) saß mit gekreuzten Beinen und hielt den rechten Fuß leicht gestreckt, wie es der Erste Dalai Lama beim Lehren stets gehalten hatte. Seine Roben umflossen seinen Körper wie Wolken einen kristallenen Berg.

Er lehrte vor hunderten von Menschen, und sein Körper leuchtete wie der Vollmond am Sternenhimmel. Obwohl er

noch sehr jung war, schüchterte ihn die Anwesenheit der vielen Weisen, die sich seinetwegen eingefunden hatten, nicht ein; er saß wie ein Löwe unter niederen Tieren. Seine Präsenz und Haltung war machtvoll und souverän, wie der Berg Meru in der Mitte des Universums. Sein Lächeln war sanft und strahlend und entwaffnete alle, die vor ihm saßen und beseitigte alle Zweifel, die sie gehegt haben mochten.
Und seine Stimme! Welch eine Musik! Sie war kräftig, voll und klingend. Es bereitete einem Hochgenuss, ihr zu lauschen, und sie war für alle im Raum, nah und fern, gut vernehmbar. Er benutzte sie wie ein himmlisches Instrument, so dass sich bei den Zuhörern vor Glück und Erwartung die Härchen am Körper aufstellten …

In jener Nacht träumte der Pänchen von einem Siegesbanner der Wahrheit, das auf dem Dach von Riwo Dechen aufgepflanzt wurde.

An Neujahr pilgerte der Meister zum Tigerberg Chonggye. Hier gab er König Chögyäl Dorje Tsetenpa und dessen Familie sowie der Bevölkerung zahlreiche Initiationen und Belehrungen. Auf Einladung von Häuptling Zhangkharwa besuchte er Chenye und Shangkhar.[12] Der Abt von Chenye bat ihn, im Kloster Tsetang zu lehren. Das tat er ausgiebig, und er ordinierte darüber hinaus zwanzig Mönche. Danach ermöglichte ihm der König von Chonggye eine große Gebetszeremonie im Tempel von Dradruk.[13] Dradruk war der älteste Palast Tibets, der aus dem 2. Jahrhundert v.Chr. stammte. Hier hatte er im Feuer-Schlange-Jahr (1497) eine Vision von Lama Tsongkhapa und schrieb über diese Erfahrung ein Lied, das in dieser Sammlung enthalten ist. Diese Lehr- und Pilgerreise führte ihn zu allen heiligen Stätten der Region, wobei der König von Chongye als wichtigster Geldgeber fungierte.

Im Frühjahr des Erde-Schaf-Jahres (1498) pilgerte er zu den heiligen Stätten in den Ölkha-Bergen. Lama Tsongkhapa hatte dort mehrere Jahre meditierend verbracht, und er wollte an denselben Orten seine Übungen durchführen wie der große Guru. Außerdem hatte er von einem wundertätigen und exzentrischen Yogi namens Khedrup Norzang Gyatso gehört, der in den Höhlen von Ode Gungyäl bei Ölkha gelebt hatte.[14] Er war ein direkter

Schüler des Erste Dalai Lama gewesen, hatte in Ölkha vierzehn Jahre lang über die yogische Tradition des Kalachakra-Tantra meditiert und angeblich die vollständige Erleuchtung erlangt. Der Zweite Dalai Lama wollte ihn unbedingt kennen lernen.

In der Nacht vor der Ankunft des Dalai Lama wurde der alte Yogi durch zahlreiche Traumvisionen darauf hingewiesen, dass die Reinkarnation seinen großen Guru auf dem Weg zu ihm war. Als sie sich zum ersten Mal begegneten, trat der Yogi aus seiner Höhle und verneigte sich. Der junge Dalai Lama legte ihm die Hände auf die Schultern und sagte: «Jetzt ist es an dir, mir als Guru zu dienen.» Dann warf er sich vor dem alten Yogi nieder und bat, als Schüler angenommen zu werden. Vor allem interessierte er sich für seine Erfahrungen mit dem Kalachakra-Tantra. Der Yogi stimmte zu und die beiden reisten in den folgenden Monaten gemeinsam weiter und meditierten an den heiligen Stätten in den Ölkha-Bergen. Von dieser Zeit an waren sie wie Vater und Sohn. Die meisten Chronisten schreiben sogar, dass der Zweite Dalai Lama unter diesem großen Meister seine Erleuchtung erlangt habe.

Im Wasser-Eber-Jahr (1503) verspürte er das starke Bedürfnis, zu seinem Geburtsort zu pilgern und eine Weile bei seinem Vater, Chöje Kunga Gyältsen, zu bleiben. Also brach er nach Tsang auf und lehrte unterwegs in Klöstern und Tempeln. In Yolkar Dorjeden traf er seinen Vater und ging mit ihm noch einmal alle «Linien» der Familie durch, die er als Kind von ihm erhalten hatte. Die beiden meditierten zusammen im Familientempel und unterhielten sich häufig bis tief in die Nacht. Er gab der einheimischen Bevölkerung zahlreiche Belehrungen und Initiationen. Zu jener Zeit bat er auch den Abt von Tashi Lhünpo um eine Audienz. «Die Zeit ist noch nicht reif», lautete die Antwort. So verbrachte er den Sommer bei seinem Vater und kehrte dann ohne großes Aufheben nach Zentraltibet ins Kloster Radeng zurück.

Kurz vor Neujahr überbrachte ein Bote die Nachricht, dass sein Vater ernsthaft erkrankt sei. Er eilte zurück nach Yolkar Dorjeden, aber bei seiner Ankunft war der alte Yogi schon verstorben. Yangpa Chöjes «Biographie» schildert sehr detailliert, welche Glück verheißenden Zeichen den Tod begleiteten und vom hohen Grad seiner Verwirklichung kündeten. Nachdem Herzschlag und

Atmung aufgehört hatten, saß Kunga Gyältsen noch fünfzehn Tage im *tukdam*-Zustand, und sein Körper wies keines der üblichen Verwesungsmerkmale auf. Der Zweite Dalai Lama leitete selbst die Einäscherungszeremonie und gab später einen goldenen Stupa als Aufbewahrungsort für die Asche in Auftrag. Zu Ehren seines Vaters verfasste er in Form eines mystischen Gesanges einen Lebenslauf. (Leider war er nicht auffindbar und ist deshalb hier nicht enthalten). Wie der Dalai Lama mit drei Jahren prophezeit hatte, starb sein Vater im 72. Lebensjahr.

Im folgenden Jahrzehnt hielt sich der Zweite Dalai Lama im Winter meist in Lhasa auf und pilgerte während der übrigen Jahreszeiten zu heiligen Stätten, an denen er meditierte und lehrte. Er hatte auch mit dem Verfassen von ausführlichen Kommentaren begonnen, teils als Grundlage für seine Vorträge, teils, weil er darum ersucht wurde. So verbreitete sich sein Ruhm als Lehrer und Autor. Seine Zuhörerschaft umfasste nun nicht selten zwei- oder dreitausend Mönche und Nonnen, dazu zehntausende Laien. Immer häufiger wurde er gebeten, Initiationszeremonien für Novizinnen und Novizen abzuhalten, deren Zahl nicht selten in die hunderte ging. Die Liste der Texte, die er lehrte, und die tantrischen Initiationen, die er gab, lesen sich wie ein kompletter Katalog des indo-tibetischen Buddhismus. Wir werden Berichte über seine Reisen in seinen Gesängen wiederfinden.

Eine Prophezeiung erfüllt sich

Auf seinen vielen Reisen erblickte der Zweite Dalai Lama häufig in seinen Träumen und Visionen einen geheimnisvollen See und ein Kloster, das er in dessen Umgebung erbauen würde. Der Bau des Klosters Chökhor Gyal am Lhamoi Latso, dem «See der Göttin» (den ich in der Regel «See der Visionen» nenne, da er Visionen hervorruft), und die Ausstattung des Sees mit besonderen Kräften soll von vielen Meistern der Vergangenheit vorausgesagt worden sein.

Yangpa Chöjes «Biographie» des Zweiten Dalai Lama wendet ein halbes Dutzend Seiten für diese Prophezeiungen auf; als Quellen dienen dabei vorwiegend ein Text aus dem 8. Jahrhundert von Guru Padmasambhava mit dem Titel «Ein Führer zu den heiligen Stätten von Yolma» (tib. *Yolmai Neyik*) und ein Text aus dem 11. Jahrhundert von Jowo Atisha, «Juwelenkranz der Bodhisattvas» (tib. *Kadam Lekbam*).

Aus der zweiten Quelle zitiert, schreibt Yangpa Chöje:

Die Dakini sprach wie folgt:
Im Land des Nordens, gesegnet von der Gegenwart sieben
großer Könige *(gyälpo)*
Liegt wie ein Mandala ein Plateau, blau wie Lapislazuli,
Geschmückt mit Mauern aus tausend Perlen,
Ein Ort, geweiht von tausend Buddhas *(gyälwa)*.

Seine Zierde ist ein (wie ein Berg gestalteter)
Türkisfarbener Stupa ohne Fehl und Tadel,
Ein Spielplatz für hunderttausend Dakinis,
Bestens geeignet für die einsgerichtete Meditation ...
Dort wird ein Siegreicher *(gyälwa)* sich niederlassen
Und geheime Werke zum Segen der Welt vollziehen.
Dies wird in nicht allzu ferner Zukunft geschehen ...

Gesegnet von den Buddhas *(gyälwa)* der zehn
Himmelsrichtungen,
Liegt glatt wie Lapislazuli die Hochebene,
Umringt von majestätischen Bergen ...
Geschmückt von mystischen Zeichen in großer Zahl,
Überzogen von einem Netz hell leuchtender Blumen *(metok)*.
An der mystischen Zahl Dreizehn erkennt man sie;
Noch immer weilt Buddha Amitabha dort.

Die Wiederholung der Anfangsilben von *gyälwa* als Epitheton der Buddhas, von *gyälpo* für Könige und *gyälwa* für «Siegreicher» soll auf die Gegend Gyal hindeuten, in der der See sich befindet. Die Erwähnung von Blumen (tib. *metok*) verweist auf Metoktang, wo der Zweite Dalai Lama seine Einsiedelei, Chökhor Gyal von Metoktang, bauen sollte.

Dann zitiert Yangpa Chöje Guru Padmasambhavas «Ein Führer zu den heiligen Stätten von Yolma»:

Östlich der Region Yolma
Liegt ein Ort wie ein Juwelenhügel,
Ein geheimer Ort von großer Tugend ...
Dorthin gingen König Songtsen Gampo und sein Gefolge
Und erbauten eine kleine Einsiedelei ...
Blickt man von da aus nach Westen,
Sieht man ein kleines Plateau -
Wahrlich ein entzückender Anblick! -
Mit Wiesen, Wäldern und Wasser ...
Schweift der Blick nach Südosten,
So sieht man eine Wiese, ein Plateau, und ein Tal,
Sowie einen Ort, dem Mahakala heilig.
Blickt man sodann nach Nordosten ...
(und so weiter, bis ...)
Dort habe ich 108 geheime Schätze vergraben.

So beschrieb Guru Padmasambhava die Beschaffenheit des Ortes, an dem der Zweite Dalai Lama das Kloster Chökhor Gyal erbauen lassen sollte. Später spricht er im selben Text von der Person (dem Zweiten Dalai Lama), die die Region spirituell segnen würde.

Kommt die Zeit, die Tür zu öffnen zu jenem heiligen Ort,
Wird eine Emanation des Avalokiteshvara erscheinen,
Ein junger Mann, der den Segen Vajrasattvas trägt
Und dessen Anblick, Stimme und Wesen zum Glauben
führen.

An anderer Stelle beschreibt Guru Padmasambhava den Ort folgendermaßen:

Eh ma! Dieser Ort, der Freude weckt,
Strahlt heller noch als jeder andere.
Er ist der Wohlsitz von Vajrasattva
Und gesegnet von Avalokiteshvara.
Die Dakas und Dakinis versammeln sich hier,
Und mühelos wird Samadhi erlangt.
Meditierende werfen ihre Sorgen ab.

Die Tätigkeit des Zweiten Dalai Lama in Chökhor Gyal waren also bereits vor langer Zeit vorausgesagt worden.

Als Bedingung für die Erfüllung der Prophezeiungen wurde der Zweite Dalai Lama im Holz-Maus-Jahr (1504) von König Nangso Lhagyari Dzongpa[15] gebeten, in Ehchok zu lehren; von dort aus reiste er ins Kloster Dvakpo weiter. Dieses Kloster war eine feste Station seiner jährlichen Rundreise, denn man hatte ihm dort einen ganzen Gebäudeteil zur Verfügung gestellt, in dem er seine Ölkha-Schüler ausbilden und unterbringen konnte. Diese Abteilung, Dvakpo Tsennyi Dratsang oder «Dvakpo-Akademie für Philosophie» genannt, war innerhalb des Dvakpo-Komplexes eher ein Kloster im Kloster als eine Sektion. Der Zweite kümmerte sich sein Leben lang intensiv um sie.

Zu jener Zeit bedrängten ihn mehrere Häuptlinge, doch eine Einsiedelei und Sommerresidenz in der Gyal-Region zu erbauen. Der Zweite Dalai Lama beschreibt dies in seiner Autobiographie so:

> Zu jener Zeit traten viele Leute mit der dringenden Bitte an mich heran, in Gyal Metoktang ein Kloster zu erbauen. Damals ließen mir meine Reisen keine Zeit dazu, aber es war ein Glück verheißendes Omen (für später, als ich den Bitten nachkam)… Dennoch hielt ich in Gyal ein Reinigungsritual ab, um meine karmischen Verbindungen zu dem Ort zu bestätigen.

Die eigentliche Arbeit am Kloster Chökhor Gyal begann im Holz-Schlange-Jahr (1509). Zunächst ließ er eine kleine Residenz errichten und fügte dann nach und nach die Gebäude hinzu, die den Klosterkomplex ausmachen. Wie der Zweite Dalai Lama in seiner Autobiographie mitteilt, spielte er bei der Entstehung des Klosters eine passive Rolle, und das Projekt schien sich fast ohne sein Zutun zu entwickeln und Gestalt anzunehmen. Er schreibt:

> Das Kloster schien sich wie von selbst zu erheben. Baumaterial wie Steine, Holz und Lehm waren wie auf magische Weise da… Es war, als würden wir Menschen tagsüber etwas bauen, und als kämen nachts, wenn wir uns schlafen legten, die Geister der Göttin leise herbei und arbeiteten die ganze Nacht weiter… Viele erstaunlich positive Vorzeichen ereigneten sich. Jeden Tag fielen Blumen vom Himmel, und Regenbögen wölbten sich über uns. Nachts kamen wir wegen all der günstigen Träume kaum zur Ruhe… Den ganzen Sommer über ging das so weiter.

Die Bauarbeiten setzten sich in den Sommern des Eisen-Pferd-Jahres (1510) und des Eisen-Schaf-Jahres (1511) fort. Wegen der Höhe (fast 5000 Meter über dem Meeresspiegel) konnte die Arbeit nur im Sommer fortgeführt werden. König Lhagyaripa schickte siebzig Arbeiter, und mehrere hundert Schüler kamen freiwillig dazu, viele aus dem nahe gelegenen Kloster Dvakpo. In den Pausen erteilte der Zweite Dalai Lama Belehrungen und Initiationen, und auf diese Weise näherte sich das Projekt seiner Vollendung.

Traditionell misst man die Größe eines tibetischen Gebäudes an der Anzahl der tragenden Säulen; der Abstand zwischen den Säulen beträgt etwa zwei Meter. Gemäß der «Biographie» wurde das Hauptgebäude von siebzig Säulen getragen, mit Seitenflügeln und Eingängen waren es sogar achtundachzig. Um das Hauptgebäude gruppierten sich die Wohngebäude der Mönche, die Gemeinschaftsküche und eine Reihe kleinerer Tempel für interne Zusammenkünfte und Rituale.

Das Kloster war im Prinzip als Einsiedelei für praktische Übungen konzipiert. Deshalb wurden neben den Mönchswohnungen zusätzlich auf dem Berg oberhalb des Klosters zahlreiche Meditationshütten errichtet. Nach dem Wunsch des Zweiten Dalai Lama sollten ständig siebzig Mönche zurückgezogen meditieren und der Rest sich mit Studien, Tempelritualen und den Alltagsgeschäften des Klosters befassen.

Die Statuen und Gemälde für die Haupt- und Nebentempel wurden erst einige Sommer später geschaffen. Yangpa Chöjes «Biographie» berichtet ausführlich über die beteiligten Künstler. Während der Arbeiten besuchte der Zweite Dalai Lama sie täglich, um die Gestaltung der verschiedenen Bildnisse zu überwachen, die teilweise aus purem Gold bestanden. Er war selbst ein hoch talentierter Künstler, und die Ausgestaltung des Klosters Chökhor Gyal hielt seinem kritischen Blick sicherlich stand.

Während des Sommers im Eisen-Schaf-Jahr (1511) fanden sich dreihundert angesehene Lamas in Gyal ein und hielten mit dem Dalai Lama eine zehntägige Gebetswache. Kurz darauf träumte er vom See Lhamoi Latso und erfuhr von dessen mystischem Potenzial als Quelle visionärer Erfahrungen. In seinem Traum erschien ihm eine Frau und sagte:

In unheilsamen Zeiten türmen sich Wellen von Leid
Und viele Hindernisse auf den Wegen zur Wahrheit.
Vom See inspirierte Visionen bieten Führung,
Denn er besitzt die Kraft prophetischer Bilder.

Die außerordentlichen Eigenschaften und Kräfte des Sees der Visionen waren zudem in den oben zitierten Texten von Guru Padmasambhava und Jowo Atisha vorhergesagt worden. Yangpa Chöje führt mehrere dieser Prophezeiungen in der «Biographie» auf.

In den folgenden Wochen träumte der Zweite Dalai Lama wiederholt von dem See und seiner Aufgabe, dessen Kräfte freizusetzen. Mehrfach erschien ihm dabei der Schutzgeist und Dharmapala Pälden Lhamo, die zornvolle tantrische Gottheit, die der Erste Dalai Lama häufig versöhnlich gestimmt und auf die der Zweite Dalai Lama seit seiner Kindheit vertraut hatte. Der See, begriff er nun, war einer der Hauptwohnsitze dieser mächtigen spirituellen Kraft.

Yangpa Chöjes «Biographie» erwähnt hier zwei Elemente: den See selbst und den Schlüssel zum See. Letzterer bezieht sich auf ein heiliges Schwert aus Meteoritenmetall, das während der Bauarbeiten am Kloster Chökhor Gyal ausgegraben worden war. Meteoritenmetall oder *namchak*, wie die Tibeter sagen, gilt allen Zentralasiaten als heiliges Material, und die Entdeckung dieses Gegenstands im Sommer zuvor hatte für eine Sensation gesorgt.

In seiner Autobiographie erzählt der Zweite Dalai Lama eine aufregende Geschichte über dieses Schwert: Ein Schwarzmagier versuchte, es zu stehlen, und man bemühte sich, es zurückzubekommen. Für rituelle Zwecke ließ der Zweite Dalai Lama eine Kopie anfertigen und ging mit zehn Helfern zum Seeufer. Hier vollzogen sie eine ausführliche Anrufung und Ermächtigungszeremonie und warfen die Kopie ins Wasser. Das Schwert sank zu Boden, und plötzlich fand, wie durch göttliches Eingreifen, vor ihren Augen eine außerordentliche Transformation statt. Der Zweite Dalai Lama schreibt in seiner Autobiographie:

> Als wir am See ankamen, erhob sich am Himmel ein großes Getöse, wie bei einem heftigen Hagelschauer. Ich war mit zehn Ritualmeistern gekommen, um die Tore dieser heiligen Stätte zu öffnen. Wir vollzogen einen Opferritus für die Schutzgeister …
>
> Dann traten wir ans Seeufer, vollzogen eine rituelle Anrufung von Pälden Lhamo und warfen das Abbild ins Wasser.
>
> Plötzlich begann sich der See vor unseren Augen zu verändern, und er nahm nacheinander alle Farben des Regenbogens an. Darin erschienen viele Bilder, Mandala-Formen und so weiter. Dann wurde die Oberfläche klar wie der Himmel, und aus dieser Klarheit heraus tauchten zahllose Bilder auf,

unter anderem geometrische Muster. .. Alle möglichen dramatischen Szenen waren zu sehen.
Schließlich schien der See zu kochen und Blasen zu werfen und nahm die Farbe von Milch an. Kein Tropfen sah mehr wie Wasser aus. Während dieser ganzen Zeit erblickten wir alle die Dinge, die darin erschienen, gleichzeitig.
Von jener Zeit an haben hunderte von Menschen den See aufgesucht, um eine Vision zu erhalten... Jenen, die reinen Geistes und reiner Gesinnung sind, scheint dieser mystische Kraftort solche Erfahrungen in einem ununterbrochenen Strom zu schenken.

So erfüllte der Meister zwei wichtige Prophezeiungen: den Bau des Klosters Chökhor Gyal und die Ermächtigung des Sees der Visionen. Dieser See wurde auch in den folgenden Jahrhunderten von den Bewohnern Zentralasiens genutzt; die meisten wollten wenigstens einmal im Leben an seinem Ufer stehen, um Visionen zu erhalten, die ihnen helfen sollten, das Rätsel ihres Leben zu lösen. Bei der Entdeckung reinkarnierter Lamas und vor allem Dalai Lamas spielte er eine große Rolle. Bei der Suche nach der Wiedergeburt eines Lama werden die Zeichen und Hinweise, die der See der Visionen gibt, als besonders zwingend und maßgeblich erachtet. Diese Tradition hielt sich bis in die moderne Zeit. Als beispielsweise der Dreizehnte Dalai Lama 1933 starb und die Suche nach dem Kind begann, in dem er sich reinkarniert hatte, ging der Regent Radeng Rinpoche an den See und meditierte an seinem Ufer. Bald nahm er verschiedene Bilder und Vorzeichen wahr, unter anderem ein Haus und dessen Umgebung sowie Buchstaben des Alphabets. Sie trugen später dazu bei, das Kind zu identifizieren, das der Vierzehnte Dalai Lama wurde.

Diese Macht des Sees der Visionen war von Guru Padmasambhava in seinem «Führer zu den heiligen Stätten von Yolma» in der Mitte des 8. Jahrhunderts vorhergesagt worden:

An diesem heiligen Ort werden die sieben Inkarnationen von Avalokiteshvara vorausgesagt werden. Die erste Inkarnation (der Zweite Dalai Lama) wird den großen heiligen See mit

Macht ausstatten, und dieser wiederum wird seine Kraft an hundertundacht kleinere heilige Seen weitergeben.

Die Visionen spendende Kraft des Lhamoi-Latso-Sees war eines der dauerhaftesten Geschenke des Zweiten Dalai Lama für das tibetische Volk. Einige Zeit nach der Ermächtigung schrieb er ein Lied zu Ehren des Lhamoi-Latso-Sees und seiner mystischen Eigenschaften. Ein Abschnitt lautet:

Für jene, die die tantrischen Grundsätze befolgen,
Erscheinen in seinem Gewässer wie durch Zauberhand
Visionen leerer Erscheinungen und Ereignisse.
Nichts gibt es, das nicht darin erscheinen kann …

Für jene, die Erleuchtung in einem Leben suchen,
Ist es ein großartiger Übungsort;
Alle Phänomene erscheinen darin als leer,
Und ihre konventionelle Natur wird offenbar.
So verweist dieser mystische See den Geist des Yogi
Auf die erhabene Vereinigung der höchsten
Mit der konventionellen Ebene der Wahrheit.

Beilegung des Konflikts mit Tashi Lhünpo

Der Zweite Dalai Lama war erst sechsunddreißig Jahre alt und wurde bereits als einer der größten Heiligen und buddhistischen Gelehrten Tibets verehrt. Doch ein Problem überschattete noch immer sein Leben. Dies hatte mit Tashi Lhünpo zu tun, dem Kloster, das der Erste Dalai Lama erbaut hatte und das ihm daher als Erbresidenz zustand. Als Jugendlicher hatte er neun Jahre lang, von zehn bis neunzehn, in Tashi Lhünpo gelebt, doch Reibereien mit gewissen Verwaltungsbeamten von Abt Pänchen Yeshe Tsemo hatten ihn gezwungen fortzugehen. Über die Jahre hatte er mehrfach um eine Audienz gebeten; seine Bitte war jedes Mal abgelehnt worden. Doch nun sollte sich die Situation ändern.

Im Eisen-Schaf-Jahr (1511), kurz nach der Fertigstellung der Hauptgebäude von Chökhor Gyal, kam ein Brief vom Pänchen. Er begann: «Es scheint, als sei mein Guru, der allwissende Pänchen Gendün Drubpa (der Erste Dalai Lama) tatsächlich wieder geboren als ...», und endete mit der bescheidenen, demutsvollen Unterzeichnung «Der kleine Schüler Yeshe Tsemo». Durch den Ton des Briefes sollte der Zweite Dalai Lama veranlasst werden, nach Tashi Lhünpo zurückzukehren und seinen rechtmäßigen Platz im Kloster wieder einzunehmen.

In seiner Autobiographie schreibt der Zweite Dalai Lama:

> Zuvor waren alle meine Bitten um eine Audienz beim Pänchen abgelehnt worden. Nun lag ein Brief vor mir, in dem er mich bat, zurückzukommen und den Thron des Klosters zu besteigen.
>
> Das war, so spürte ich, das natürliche Ergebnis des *guruyoga*-Tests, dem er mich unterzogen hatte, und zeigte, dass ich die Prüfung offenbar bestanden hatte.
>
> Denn auch in den schwierigsten Momenten hatte ich nie aufgehört, ihn als einen meiner wichtigsten Gurus zu betrach-

> ten, und mir nie gestattet, seinem Handeln andere Motive zu unterstellen als die, mich zu belehren und zu meiner Reifung beizutragen. Der Brief in meiner Hand war das Ergebnis.
> Wenn wir unser Inneres kritisch untersuchen, dann liegen, wie immer wir es auch betrachten mögen, die Vorzüge einer traditionellen Haltung gegenüber dem Guru auf der Hand. Das Ganze kam mir vor wie der vollkommene Beweis dafür, wie wichtig es in diesen verderbten Zeiten ist, jede Handlung des Guru als Belehrung zu verstehen.

Der Zweite Dalai Lama befand sich nun in einem Dilemma, denn es fiel ihm nicht leicht, das Kloster Chökhor Gyal für längere Zeit zu verlassen, da so viele Menschen ihre ganze Energie und Hingabe in den Bau gesteckt hatten. Außerdem war das Projekt immer noch nicht abgeschlossen. Vor allem in den Innenräumen mussten noch heilige Statuen, Gemälde und andere Bildwerke installiert werden.

Dennoch, so glaubte er, wäre es nicht angemessen gewesen, die Einladung aus Tashi Lhünpo zu ignorieren. In seiner Autobiographie drückt er sich so aus: «Man hätte angenommen, dass ich die Bitte ablehnte, um mich an dem Abt zu rächen, und folglich hätten die Leute unnötigerweise viel unheilsames Karma angesammelt, weil sie die Achtung vor dem Sangha verloren hätten.» Also sagte er sein baldmögliches Kommen zu. Er reiste aber erst ein Jahr später, im Herbst des Wasser-Affe-Jahres (1512), und legte unterwegs in den wichtigsten Tempeln und Klöstern Pausen ein.[16]

In Tashi Lhünpo bereitete man ihm einen prächtigen Empfang. Der Pänchen kam ihm zur Begrüßung entgegen und warf sich vor ihm nieder. Der Zweite Dalai Lama hinderte ihn an weiteren Niederwerfungen. In der Autobiographie heißt es: «Ich bat ihn diskret, das in der Öffentlichkeit nicht zu tun, denn er war mein Guru gewesen, und ich zog es vor, dass er das auch blieb. Statt dessen verneigte ich mich vor ihm und empfing seinen Segen.» Dennoch zog der Pänchen aus der Residenz des Ersten Dalai Lama in Tashi Lhünpo aus und übergab sie dem Zweiten.

Dieser blieb vom Herbst bis zum Frühling in Tashi Lhünpo und legte zahlreiche klassische indobuddhistische Schriften aus, unter anderem Acharya Dharmakirtis «Erklärung der Prüfsteine», Acharya Vasubandhus «Schatzhaus des höheren Wissens», Acharya Chandrakirtis «Eintritt in den Mittleren Weg», Maitreya/Asangas «Schmuck der klaren Erkenntnisse» und Gunaprabhas «Abhandlung über die Ordenszucht».[17] Vor Schülern mit höheren tantrischen Initiationen sprach er über Chandrakirtis Kommentar zu dem tantrischen Guhyasamaja-System «Hell leuchtende Lampe» *(Pradipodyotana)* und vor der Bevölkerung der Gegend über Atishas «Juwelenkranz der Bodhisattvas».

Damals waren im Kloster Tashi Lhünpo ungefähr fünfhundert Mönche mit philosophischen Studien beschäftigt, und weitere vierhundert lebten im Kloster, um zu meditieren, Rituale durchzuführen, das Gemeinschaftsleben aufrechtzuhalten, und so fort. Insgesamt befanden sich dort demnach etwa neunhundert Menschen. Eines Nachts jedoch träumte der Zweite Dalai Lama von einer Frau, die ihm sagte: «Nach Pänchen Yeshe Tsemo solltest du dich um Tashi Lhünpo kümmern. Wenn du das tust, wird die Anzahl der Mönche zu deinen Lebzeiten auf neunzehnhundert steigen, und die Berge um Tashi Lhünpo werden sich mit vielen kleineren Klöstern, Einsiedeleien und Tempeln schmücken.»

Während er in Tashi Lhünpo residierte, suchte der Zweite Dalai Lama häufig heilige Orte und Klöster in der Umgebung auf, wo er lehrte und Initiationen gab. Zu ihnen gehörten Lhünpo Tse, Senge Tse Chode, Nartang, Nenying, Zhalu, Palkhor Dechen, Bodong Eh, Sinpori, Tanakpu und Riwo Gepel.

Um ein für alle Mal zu demonstrieren, wie sehr er Pänchen Yeshe Tsemo achtete und bewunderte, verfasste er eine Biographie in Form eines epischen Gedichts (das ich leider nicht auffinden konnte). In Tashi Lhünpo erbat er von dem älteren Pänchen auch eine Reihe von Belehrungen und Initiationen, die er sich Jahre früher, als Teenager, schon gewünscht hatte, aber zu jener Zeit wegen seiner Probleme mit den Verwaltungsbeamten nicht erhalten hatte. Kurz gesagt, der Zweite Dalai Lama scheint mit seinem Guru an dem Punkt wieder angesetzt zu haben, an dem die beiden zwei Jahrzehnte früher abgebrochen hatten, fast als habe es in ihrer Beziehung nie einen Riss gegeben. Die «Biographie» kommentiert, dass er während seines Aufenthalts in Tashi Lhünpo sechs bis sieben Belehrungen pro Tag gegeben habe, in der Regel morgens und nachmittags vor Mönchen und abends vor Laien.

In der Zwischenzeit wurden die Leute in der Region Ölkha, die hart gearbeitet und eine Menge Energie und Geld in den Bau des Klosters Chökhor Gyal investiert hatten, unruhig, weil ihr geistiges Oberhaupt so lange abwesend war. Gegen Frühlingsende kam ein Brief mit den Unterschriften von vierhundert älteren Mönchen und Gönnern, in dem er entschieden aufgefordert wurde, bald zurückzukehren. Sollte er das nicht tun, so deutete man an, könnten sich die Bauarbeiten in Chökhor Gyal drastisch verlangsamen. Im Sommer des Wasser-Vogel-Jahres (1513) machte er sich also auf den Rückweg nach Gyal.

In den folgenden Jahren reiste er immer wieder nach Tashi Lhünpo und beaufsichtigte das Übungsprogramm und die dortigen Entwicklungen. Die Prophezeiung, dass durch seine Anstrengungen die Anzahl der Mönche von Tashi Lhünpo bis auf neunzehnhundert steigen und andere Tempel und Einsiedeleien in der Gegend entstehen würden, bewahrheitete sich rasch.

Meditationen eines Lama

Kapitel 10 der «Biographie» des Zweiten Dalai Lama bietet eine längere Beschreibung der täglichen Meditationen, die der Meister während seiner Reisen und seiner Lehrtätigkeit praktizierte, sowie der monatlichen und jährlichen tantrischen Meditationsrituale, die er leitete. Die Liste ist lang, da seine Tage mit Aktivitäten dieser Art mehr als ausgefüllt waren.

Die meisten dieser Übungen sind *sadhanas* oder tantrische liturgische Texte, die als vorbereitende Übungen vor einer Meditationssitzung rezitiert werden. Bei dieser Art von Meditation werden die Mandalas spezifischer Gottheiten, die eigene Person als tantrische Gottheit (oder Gottheiten) und/oder die Gottheit im Raum vor einem visualisiert. Daneben werden Mantras in großer Zahl rezitiert, die mit den Mandala-Gottheiten in Zusammenhang stehen, schließlich meditiert man über die symbolische Bedeutung des Ganzen. Auf einer höheren Ebene erlangt man bei dieser Sorte tantrischer Übungen die Fähigkeit, das Mandala und die Gottheiten im eigenen Körper zu absorbieren und dann die Kräfte des Mantra zu nutzen, um die subtilen körperlichen Prozesse unter Kontrolle zu bringen, so dass man fähig wird, im Gewahrsein der eigenen ursprünglichen Natur zu verweilen, dem Bewusstsein des klaren Lichtes.

Die «Biographie» erklärt, dass der Zweite schon mit sieben oder acht Jahren täglich über die Mandalas der Dreizehn Vajravarahis oder weibliche Heruka-Buddhas singend meditierte, wie auch über die Dharmapala-Anrufungen von Mahakala und Pälden Lhamo (der Göttin vom See der Visionen). Diese Überlieferungslinien hatte er von seinem Vater erhalten. Die «Biographie» fügt hinzu, dass der Meister von der Zeit an, als er mit siebzehn Tsang verließ und nach Zentraltibet reiste, täglich eintausend Rezitationen des Pälden-Lhamo-Mantra zu seinen Übungen zählte.

Bei seiner Abreise aus dem Kloster Drepung meditierte er darüber hinaus täglich über die Sadhana-Übungen des höchsten Yoga-

Tantra-Systems des Guhyasamaja-Mandala, das «Körper-Mandala» von Heruka-Chakrasamvara in der Überlieferungslinie von Gandhapada, das Vajrabhairava-Mandala, das Kalachakra-Mandala und die Dharmapala-Praktiken von Dharmaraja und Vaishravana. Die meisten dieser Linien hatte er von seinem Vater bekommen, auch wenn er sie erst später in seinen täglichen Übungsablauf einfügte. Wie oben gesehen, erhielt er die vollständigeren Übertragungen erst später: zuerst in Tsang, von den Abten der Klöster Nartang und Tashi Lhünpo, und dann in Drepung vom Guru Jamyang Lekpai Chöjor. Eine noch substanziellere Einführung in das Kalachakra bekam er Jahre später von dem Yogi Khedrub Norzang Gyatso.

Gemäß der «Biographie» begann sein Tag gewöhnlich mit dem Mantra der Weißen Tara *(sitatara)*; dann verrichtete er die traditionellen Gebete an die verschiedenen Gurus seiner Überlieferungslinien. Die oben aufgeführte Liste von Sadhana-Meditationen verteilte er über den Tag. Insgesamt dauerten seine täglichen Meditationen über fünf Stunden. Dazu widmete er ab und an, wenn es der Mondzyklus erforderte, einen ganzen Tag den damit verbundenen Dharmapala-Übungen und rituellen Meditationen. Dies geschah gewöhnlich am achten, zehnten, zwölften, fünfzehnten, neunzehnten, fünfundzwanzigsten und dreißigsten Tag des Monats.[18]

Der vierte und fünfte Monat jedes Jahres erforderten ebenfalls seine besondere Aufmerksamkeit. Yangpa Chöje schreibt: «Während dieser beiden Monate verbrachte er seine Zeit mit Meditationen, Belehrungen, Zeremonien für Novizen und Novizinnen, Segnungen von Gönnern und Laien. Körper, Rede und Geist bewegten sich aktiv in einem ununterbrochenen Dharma-Strom und er ruhte nicht einen Augenblick aus.»

Zur Einstellung des Zweiten Dalai Lama zu den vielen Gaben, die ihm für seine Tätigkeiten dargebracht wurden, erklärt Yangpa Chöje:

> Was immer an materiellen Gaben und Reichtümern ihm gegeben wurde, er behielt nichts davon für sich selbst. Geschenke und Gaben fielen wie Regenschauer, aber er gab alles zu verschiedenen spirituellen Zwecken weiter, wie zum Bau

oder zur Erhaltung von Tempeln und Klöstern, zur Unterstützung von Menschen in Meditationsklausur und älteren Linienhaltern oder an die Armen. Das hörte ich wiederholt von allen, die ihn kannten.

Er sagte selbst oft, sein einziger Besitz seien seine Mönchsgewänder, die Schale und die rituellen Geräte Vajra, Glocke und Handtrommel. Alles andere, was er erhielt, war ihm seiner Meinung nach nur zu höheren Zwecken anvertraut, damit er es in möglichst angemessener Form weiterverteile.

Als neuer Abt in Drepung

Auf dem Rückweg von Tashi Lhünpo nach Gyal nahm der Zweite Dalai Lama Einladungen in die Region Khongpo an. Die Könige Tashi Rabten, Lodrö Wangpo und Pälden Lodrö hatten eine Statue des Buddha Maitreya finanziert, die aus purem Gold bestand und über ein Stockwerk hoch war; sie baten ihn, sie zu weihen. Das tat er, und die Zeremonie wurde von zahlreichen Glück verheißenden Vorzeichen begleitet. Nach den Worten der «Biographie» «... füllte sich der Himmel mit überirdischen Klängen». Der Zweite lehrte unterwegs auch in Ganden und Khar Demo, Kongpo Nyima Drakdrub, Nyangpo, Ratö und anderen Orten.

In den fünfzehn Jahren vom Abschluss seiner Studien im Kloster Drepung Loseling bis zur Fertigstellung des Klosters Chökhor Gyal, als er sechsunddreißig Jahre alt war, hatte der Zweite Dalai Lama nur ein oder zwei Monate pro Jahr in Drepung und Lhasa verbracht; die restliche Zeit war er umhergewandert, hatte an heiligen Stätten meditiert und gelehrt. Das sollte sich nun ändern; die Sommer verbrachte er fortan in Chökhor Gyal und die Winter in Drepung, nur Frühling und Herbst blieben für Pilger- und Lehrreisen.

Im Feuer-Stier-Jahr (1517) bot man ihm die Leitung von Drepung an, des größten Klosters von Tibet, wo er sich nach dem Verlassen von Tashi Lhünpo seine Kenntnisse in Philosophie angeeignet hatte. Am Halbmondtag des vierten tibetischen Monats wurde er als Abt eingesetzt; an diesem Tag wird jedes Jahr Buddhas Geburt, Erleuchtung und Sterben begangen. In jenem Jahr verfasste er auch seinen Kommentar zu dem tantrischen System, das als die «Sechs Yogas von Niguma» bekannt ist.

Als Abt von Drepung, Tibets größtem Kloster, war er nun mit ganz Zentralasien verbunden, denn die Mönchsgemeinschaft von Drepung bestand nicht nur aus Bewohnern der Region um Lhasa, sondern auch aus den begabtesten Studenten und Gelehrten aus hunderten kleinerer Klöster im ganzen Land.

Die Wiedereinführung des Großen Gebetsfestes

Zur Zeit des Zweiten Dalai Lama stand die Gelugpa-Schule, der er sich in erster Linie zugehörig fühlte, unter großem Druck; ausgeübt wurde dieser von einer Anzahl älterer Schulen, vor allem aus der Karma-Kagyü. Das von Lama Tsongkhapa etablierte «Mönlam Chenmo» oder Große Gebetsfest war den Gelugpa genommen worden, und die Mönche durften in der Gegend von Lhasa nicht daran teilnehmen. Das Fest wurde entweder von Sharmapa- oder von Sangpupa-Lamas geleitet.[19]

Weil es ursprünglich ein Gelugpa-Fest war, fühlte sich der Zweite Dalai Lama in gewisser Weise dafür verantwortlich, das Große Gebetsfest zurückzuholen. Eine seiner ersten Handlungen als Abt von Drepung war ein Besuch beim Gongma (König) von Lhasa, mit dem er die Angelegenheit besprach. Der Gongma gab nach, und im folgenden Jahr wurde das Fest wieder an seine rechtmäßigen Ausrichter zurückgegeben. Und so ist es bis heute geblieben.

Dem Leser mag dieser Vorgang nebensächlich erscheinen. Tibeter jedoch sehen darin eine der größten Leistungen (oder, wie sie es ausdrücken würden, eine der «großen Freundlichkeiten») des Zweiten Dalai Lama, denn das Fest wird als Symbol einer außergewöhnlichen spirituellen Transformation betrachtet. Es repräsentiert die aktive Gegenwart der Erleuchtungstradition in der Welt, und die verdienstvolle Energie, die es schafft, gilt als wichtiger Faktor für die Erhaltung von Frieden und Wohlstand in Tibet, aber auch auf dem ganzen Planeten. Als Tsongkhapa das Fest 1409 ins Leben rief, hat er damit nach Ansicht der Tibeter die Welt sachte an ein Zeitalter der Erleuchtung herangerückt. Die Erfindung des Festes, das zwei bis drei Wochen dauert und zu Jahresbeginn stattfindet, gilt als eine seiner «vier großen Taten».

In dieser Hinsicht halten sich die Tibeter für Wohltäter und Friedensstifter der Menschheit, ähnlich wie die Hopi in Neumexiko. Ihre spirituellen Riten werden, auch wenn sie in einem traditionellen Rahmen ausgeführt werden, als Beiträge zum universellen Nutzen gesehen. Wurde das Fest aus sektiererischen oder politischen Gründen verfälscht, war das eine sehr ernste Angelegenheit.

Ich habe den Konflikt um dieses Fest nicht in allen Details untersucht. Das Problem scheint infolge von Intrigen des Vierten Sharmapa Tulku mit Namen Chökyi Drakpa entstanden zu sein, der von 1499 bis 1523 eine Reihe von Sektenrivalitäten auslöste, mit der Absicht, seine eigene Stellung in der tibetischen Aristokratie zu stärken. Dieses Manöver traf die Gelugpa, aber es spaltete auch seine eigene Schule, die Karma Kagyü, in zwei Gruppierungen, seine eigenen Anhänger und die des Achten Karmapa Tulku, Karmapa Mikyö Dorje. Der Zweite Dalai Lama unterhielt, wie die gesamte Gelugpa-Schule, gute Beziehungen zu dem letztgenannten Lama; das Problem war eindeutig der Sharmapa.

Der Zweite Dalai Lama kommentiert in seiner Autobiographie die Kontroverse um das Große Gebetsfest wie folgt:

> Einst hatte Lama Tsongkhapa das Große Gebetsfest eingeführt, und während der frühen Jahre war es von den Lamas aus dem Kloster Drepung geleitet worden. Dann mischte sich der Rinpung von Lhasa ein und nahm es fort (von Drepung). Neunzehn Jahre lang standen ihm abwechselnd Karma-Kagyüpa-Lamas und Sangpupa-Lamas vor. Dies setzte sich fort bis ins Jahr 1517.
>
> In der Mitte jenes Jahres ersuchte ich den Gongma, es in Übereinstimmung mit der ursprünglichen Tradition wieder in die Hände des Klosters Drepung zu legen. Der Gongma hielt meinen Antrag für begründet, und deshalb wurde im Erde-Tiger-Jahr (1518) das Große Gebetsfest von 2 500 Mönchen aus Drepung und 300 aus Sera durchgeführt. Wir verrichteten umfangreiche Gebete im Jokhang in Lhasa zum Wohl aller Lebewesen und für die Festigung und Förderung der Erleuchtungstradition in der Welt.
>
> Wie einst Lama Tsongkhapa las ich bei jeder Sitzung aus den Jatakas von Buddha. Von diesem Zeitpunkt an bis heute (der Zeit der Niederschrift, 1528) habe ich dieses Fest jedes Jahr geleitet.

Yangpa Chöje liefert zusätzliche Informationen, aber er verwendet eine deutlich weniger höfliche Sprache für die Mönche, die das Fest usurpiert hatten. Er schreibt:

> Dieses Fest wurde im Erde-Stier-Jahr (1409) begründet, unter der Schirmherrschaft von Gongma Chenpo Drakpa Gyältsen und des Königs von Neu Dzong mit Namen Namkha Zangpopa. Es setzte sich ununterbrochen einundneunzig Jahre lang fort.
> Dann mischten sich die Machtmenschen von Kyisho ein und veranlassten andere Lamas, es zu übernehmen.
> Plötzlich ließ die Qualität dieser Quelle unerschöpflicher Erleuchtungsenergie, die Tsongkhapa geschaffen hatte, neunzehn Jahre lang nach. Sie wurde von Mönchen auf unreine Art geleitet, und ihr Licht glich dem der Sonne nach dem Sonnenuntergang. Durch ihr falsches Verständnis hatte die Mönchsgemeinschaft, die das Fest durchführte, die Kontinuität seiner verdienstvollen Energie gebrochen. Von dem Fest blieb nur noch ein leerer Name …
> Dann kam der Bodhisattva Avalokiteshvara in Form eines Mönches, um es zu retten. Er ging zum Gongma und erklärte ihm die vielen Gründe für diesen ungünstigen Stand der Dinge. Der gute Mann hörte zu, und antwortete wohlwollend.

Yangpa Chöje kommentiert weiter, diese Tat sei dem Zweiten Dalai Lama vor langer Zeit prophezeit worden. Er zitiert «Die hunderttausend königlichen Unterweisungen» von Guru Padmasambhava:

> Ein Bodhisattva-Mönch wird im Süden geboren
> Ein erhabenes Wesen mit vielen tantrischen Linien.
> Dieses erhabene Wesen wird die Substanz gewahren;
> Es wird die Erscheinungen wandeln und Andacht verrichten.
> Jener Mönch ist wahrlich ein Arya-Bodhisattva.

Yangpa Chöje weist darauf hin, dass sich die Aussage «wird die Erscheinungen wandeln …» auf das Große Gebetsfest bezieht, und zwar auf den Höhepunkt, an dem die beiden heiligsten

Buddha-Statuen Tibets ins Zentrum der Aufmerksamkeit rücken und ihnen fünfzackige Kronen dargeboten werden. Dies symbolisiert die Transformation ihrer Erscheinung von der eines formlosen Dharmakaya zum Aspekt des Samboghakaya, dem Formkörper, der mit der Manifestation des Erleuchtungsgeistes auf einer konventionelleren Ebene assoziiert wird. Anders ausgedrückt: Er zeigt, wie die Erleuchtungsenergie in eine Dimension transformiert wird, die innerhalb der Welt der Formen operieren kann. Die Worte «... und Andacht verrichten ...» beziehen sich auf die Leitung des Großen Gebetsfestes durch den Dalai Lama. «Ein Bodhisattva-Mönch wird im Süden geboren» soll eindeutig auf den Zweiten Dalai Lama hinweisen, der als Emanation von Avalokiteshvara ein Arya-Bodhisattva ist. Sein Geburtsort, Yolkar Dorjeden, liegt im Südwesten Tibets, und Mönch war er schon in jungen Jahren.

So übernahm der Zweite Dalai Lama ab dem Erde-Tiger-Jahr (1518) als oberster Lama die Leitung des Großes Gebetsfestes von Lhasa. Daran änderte sich nichts mehr bis zu seinem Tod vierundzwanzig Jahre später.

Der Gongma war offensichtlich sehr beeindruckt vom Zweiten Dalai Lama und seinem Auftreten beim Großen Gebetsfest. Im Verlauf des Jahres bot er ihm auch noch den Ganden Podrang als Residenz im Kloster Drepung an.[20] Von dieser Zeit an diente der Ganden Podrang dem Zweiten Dalai Lama als Hauptwohnsitz in der Region Lhasa. Er wurde auch von den folgenden Dalai Lamas genutzt, bis der Große Fünfte 1642 zum religiösen und politischen Führer eines geeinten Tibet wurde und kurz darauf den Potala zu seiner Residenz erkor.

Der Zweite Dalai Lama war nun zweiundvierzig Jahre alt. Als Abt von Drepung hatte er zahlreiche Pflichten im Gebiet von Lhasa und blieb dort in der Regel den Winter und Frühling über. Er lehrte nicht nur in Drepung, sondern in allen Klöstern und Einsiedeleien der Umgebung. Im Sommer und Herbst hielt er sich gewöhnlich im Kloster Chökhor Gyal auf und unternahm von dort aus Rundreisen. Auch Tashi Lhünpo besuchte er von Zeit zu Zeit, um sich zu vergewissern, dass sich alles gut entwickelte. Aus ganz Zentralasien strömten Schüler zu ihm, die später mit den Überlieferungslinien, die er ihnen gegeben hatte, in ihre Heimat zurückkehrten. In der

«Biographie» heißt es: «Von Kaschmir im Westen bis nach China im Osten gab es in Tibet keinen Ort, der nicht von seinen Belehrungen berührt wurde.»

Am Ende von Kapitel 11 geht Yangpa Chöje noch einmal auf die Sektenstreitigkeiten in Tibet ein:

> Im Feuer-Hund-Jahr (1526), als die Rotmützen- und die Gelbmützen-Schule sich stritten ..., wurden achtzehn Kadampa-Schulen zwangsweise in Traditionen anderer Schulen überführt ... Der Meister verrichtete viele Gebete zugunsten von Frieden und Harmonie; der Konflikt hörte auf, und das Kadampa-Banner wurde hoch aufgepflanzt (das heißt, es wurde an seine rechtmäßigen Besitzer zurückgegeben) ...
> Er erreichte dies durch rituelle Anrufungen und Mantra-Rezitationen der Dharmapalas, vor allem der Schutzgottheit Dharmaraja. So verbreitete sich sein Ruhm als *mahasiddha* in ganz U-Tsang.

Der Bau einer Maitreya-Statue

Kapitel 12 der «Biographie» von Yangpa Chöje behandelt vorwiegend die vielen wunderbaren Bildwerke, die der Zweite Dalai Lama für das Kloster Chökhor Gyal in Auftrag gab. Hunderte von Statuen und Gemälden gehörten dazu, Altardekorationen und mehr. Die Arbeiten dauerten fast ein Jahrzehnt, und der Zweite Dalai Lama beaufsichtigte ihren Fortgang mit scharfem Blick. Derartige Berichte finden sich in fast allen tibetischen Biographien großer Lamas und sind für Kunsthistoriker von großem Wert. Yangpa Chöje liefert uns die Namen der Künstler, biographische Hintergründe, Details zu den Kunstwerken, die sie schufen und die Mittel, die sie benutzten.

Als ich vor einigen Jahren die Biographie des Ersten Dalai Lama las, staunte ich über die darin enthaltene Fülle von Informationen über die Kunstwerke, die er für das Kloster Tashi Lhünpo in den 1450er Jahren in Auftrag gab. Yangpa Chöje bietet uns ein ähnliches Lesevergnügen mit seiner Schilderung der Aktivitäten des Zweiten in Chökhor Gyal. Leider sprengt vieles davon den Rahmen dieses Buches und ist für die meisten Leser zu speziell.

Auf ein Werk möchte ich jedoch genauer eingehen – auf die lebensgroße Statue des Buddha Maitreya aus reinem Gold. Verschiedene Schüler durchstreiften mehrere Jahre lang (zwischen 1519 und 1522) Tibet, um das Gold für dieses Vorhaben aufzutreiben. Könige leisteten ihren Beitrag, und alle Schüler von Kham im Osten bis Guge im Westen spendeten eine Kleinigkeit. Insgesamt wurden über 3000 *zho* Gold gesammelt.

Der Erste Dalai Lama hatte etwa ein halbes Jahrhundert früher eine ähnliche goldene Statue des Buddha Maitreya im Kloster Tashi Lhünpo aufstellen lassen. Die Statue, die der Zweite Dalai Lama anfertigen ließ, wurde im Holz-Affe-Jahr (1524) beendet.

Yangpa Chöje zitiert Pänchen Yeshe Tsemo, der an der Weihe beider Statuen teilgenommen hatte, mit folgenden Worten: «Als das Maitreya-Standbild des Ersten Dalai Lama geweiht wurde, war der Himmel ständig von Regenbogen überzogen, Blumen fielen aus dem leeren Raum, und die Erde erbebte mehrmals. Ich hatte damals gedacht, ich würde nie mehr etwas so Überwältigendes erleben. Doch die magischen Vorzeichen, die sich während der Weihe der Goldstatue in Chökhor Gyal ereigneten, waren sogar noch erstaunlicher und wunderbarer.»

Wie die «Biographie» betont, waren die beiden goldenen Maitreya-Statuen des Ersten und Zweiten Dalai Lama nicht nur als reine Tempeldekoration gedacht, sondern hatten einen weitaus tieferen spirituellen Zweck. Beide Dalai Lamas hatten darauf bestanden, dass die Statuen nicht unter der Schirmherrschaft eines Einzelnen entstehen, sondern einen kleinen Beitrag von jedem Schüler enthalten sollten. So knüpften die Statuen einen spirituellen Bund zwischen den Schülern, Buddha Maitreya und Maitreyas Reinem Land Tushita. Die Tibeter betrachten heilige Bildwerke als «Kraftgefäße», die die Fähigkeit haben, die Energie und das Karma von Lebewesen zu transformieren, nicht nur in Bezug auf eine bestimmte Gegend und bestimmte Menschen, sondern im Sinne einer Ansammlung von Verdiensten für den Planeten als Ganzen.

Yangpa Chöje, der den Bau der vom Zweiten in Auftrag gegebenen Statue miterlebte, führt als Beweis hierfür einen Traum an, den er eines Nachts während der Weihezeremonie hatte. In diesem Traum erregte die Statue das Interesse von Buddha Maitreya und veranlasste ihn, hunderttausende von Lichtstrahlen in die Welt zu entsenden. Jeder von ihnen wirkte wie ein Seil, an dem zahllose Lebewesen ins Reine Land Tushita emporklettern konnten. Die Lichtstrahlen dienten nicht nur zahlreichen Schülern, sondern leuchteten auch weiterhin und boten kommenden Generationen auf der ganzen Welt die Möglichkeit der Befreiung.

Die «Biographie» zitiert eine Strophe von Meister Jowo Atisha, wie sie im «Juwelenkranz der Bodhisattvas» (11. Jh.) aufgezeichnet wurde; Yangpa Chöje versteht sie als eine prophetische Ankündigung dieser beiden goldenen Maitreya-Statuen und ihrer Kraft:

O Lama Drom Tönpa, manche deiner Reinkarnationen
Werden Bildnisse schaffen als Bindeglied zu Tushita,

Durch das kluge Schüler, die auf reinen Pfaden wandeln,
Leichter den Weg ins Reine Land Tushita finden.

Lama Drom Tönpas «Reinkarnationen» beziehen sich hier auf Avalokiteshvara, der in Form eines Mönches erschien, zunächst als Erster und dann als Zweiter Dalai Lama, und die «Bildnisse ... als Bindeglied zu Tushita» betreffen die beiden goldenen Maitreya-Statuen. Sie, schreibt Yangpa Chöje, werden als Kraftquellen dienen, durch die die Gebete von Buddha Maitreya in die Welt hineinwirken können.

Andere Gebäude, aber auch Figuren und Gemälde zu deren Ausschmückung, entstanden im Laufe der folgenden Jahre in der Umgebung des Klosters Chökhor Gyal. Im Sommer des Feuer-Eber-Jahres (1527) beispielsweise finanzierte Häuptling Sönam Lhundrub die Fresken im Jetsün-Shalrekang-Tempel, auf denen Guru Padmasambhava, Jowo Atisha mit Schülern, Lama Tsongkhapa mit Schülern, einige der früheren Geburten des Zweiten Dalai Lama, der Buddha und die sechzehn Arhats, die acht Medizin-Buddhas und verschiedene tantrische Gottheiten und Dharma-Schutzgötter dargestellt sind.

Im Erde-Stier-Jahr (1529) entstanden eine zweite Versammlungshalle mit achtundvierzig Säulen und ein Wohngebäude mit sechzig Säulen. König Amoghavajra Namgyäl Pälsangpo war der Hauptsponsor.

So entwickelte sich das Kloster Chökhor Gyal kontinuierlich weiter, und die goldene Maitreya-Statue war ihr geistiger Mittelpunkt.

Die späteren Jahre

Im Feuer-Vogel-Jahr (1525) wurde dem Zweiten Dalai Lama von den Ältesten des Klosters Sera sowie von verschiedenen Gönnern aus der Region Lhasa nachdrücklich das Amt des Abtes von Sera angetragen. Er nahm an und war von dieser Zeit an oberster Lama von Drepung und Sera. Gleichzeitig beaufsichtigte er noch die Klöster Chökhor Gyal und Tashi Lhünpo.

Er hatte schon vorher ab und an in Sera gelehrt. Das Kloster liegt ganz in der Nähe von Lhasa, unweit von Drepung, und war, wenn auch kleiner als Drepung, vom Ansehen her eine der wichtigsten Gelugpa-Einrichtungen. Als er Sera im folgenden Jahr besuchte, erlebte er eine Traumvision, in der ihm gesagt wurde: «Vom Zeitpunkt, an dem Sera erbaut wurde, bis jetzt ist es immer recht klein gewesen.» Deshalb beschloss er, mehr Energie auf dieses Kloster zu verwenden und die Zahl der Mönche zu erhöhen. Er ließ für Sera eine Buddha-Statue bauen, die dem Kloster zu Wohlstand verhelfen sollte. In den folgenden Jahren ordinierte er zahlreiche Mönche.

Wie schon erwähnt, starb Yangpa Chöje im Eisen-Tiger-Jahr (1530), als der Zweite Dalai Lama fünfundfünfzig war. Den Lebenslauf des Zweiten schildert von da an ein anderer Mönch namens Könchog Kyab, der jedoch erst im Eisen-Affe-Jahr (1560), achtzehn Jahre nach dem Tod des Zweiten Dalai Lama, die «Biographie» fortführte. Könchog Kyab war kein direkter Schüler des Zweiten Dalai Lama, sondern ein Schüler von dessen Schülern. Folglich ist sein Teil der «Biographie» historisch nicht so präzise wie der von Yangpa Chöje verfasste.

Eine Person, die in Könchog Kyabs Bericht immer häufiger auftaucht, ist Königin Sanggye Paldzomma, die Frau des Gongma (Königs) Tashi Drakpa Gyältsen Pälsangpo von Kyormo Lung. Mitte der 1530er Jahre scheint der Zweite Dalai Lama sie als seine wichtigste Gönnerin und Laienschülerin betrachtet zu haben.

Zweifellos war sie sowohl äußerst wohlhabend als auch eine glühende Anhängerin des Buddhismus. Der Kontakt zwischen ihr und dem Dalai Lama scheint sich im Holz-Affe-Jahr (1524) intensiviert zu haben, als sie ihn zu Belehrungen nach Namse Lhatse einlud. Danach betätigten sie und ihr Mann sich als einflussreiche Gönner in den Gebieten Lhasa und Tolung. Die «Biographie» konstatiert: «Jedes Jahr ließen sie (von da an) in Zentraltibet ein spirituelles Licht erstrahlen, das jenem Indiens zu den Zeiten des Buddha glich.»

Kurz nach dem Bau des Klosters Chökhor Gyal ernannte anscheinend der Zweite Dalai Lama einen seiner Schüler, einen erfahrenen Mönch namens Lopön Losel Sheynyen, zum Verwalter und amtierenden Abt. Später, vermutlich nachdem Losel Sheynyen zu alt geworden war, wurde die Position an einen anderen Schüler, Lobpön Sherab Pelwa, vergeben. Dieser wurde zu einem der wichtigsten Vertrauten des Zweiten Dalai Lama, sorgte für Chökhor Gyal in dessen Abwesenheit und überwachte die Entwicklung des Klosters. Er führte die Aufsicht über die siebzig Mönche, die zurückgezogen meditierten, und war verantwortlich für die Verpflegung der gesamten Ordensgemeinschaft.

Der Zweite Dalai Lama hatte nun zahlreiche Verpflichtungen, denen er in einem jährlichen Turnus nachkam. Gegen Ende des Jahres leitete er in Lhasa das Maitreya-Fest und die verschiedenen Neujahrszeremonien, wie die *torgya*-Riten zur Ausmerzung alles Negativen vom vergangenen Jahr (sie wurden am letzten Tag des Jahres abgehalten). Zu den Neujahrsritualen gehörten weiterhin religiöse Zeremonien für einen günstigen Beginn des Jahres, Wohlstand und Harmonie in den kommenden Monaten. Danach kam das große Gebetsfest, das tausende von Mönchen im Jokhang in Lhasa feierten. Im ersten Monat des Jahres war er zwei bis drei Wochen mit dessen Leitung beschäftigt. Dann lehrte er gewöhnlich etwa zwei Wochen in Sera und entweder in Drepung oder Ganden. Seine Aufgaben hielten ihn vom Spätherbst bis zum ersten Frühlingsmonat in der Region Lhasa fest. Anschließend unternahm er Pilger- und Lehrreisen in verschiedene Gebiete, die von Lhasa aus erreichbar waren, wie Tashi Lhünpo in Tsang oder die Tolung-Region. In den meisten Jahren kehrte er im Spätfrühling nach Chökhor Gyal zurück und verbrachte dort den Sommer in Klausur. Auch von hier aus unternahm er jedes Jahr Pilgerreisen in entlegene Gegenden wie Kongpo oder das südliche Ölkha.

Doch sein Leben verlief nicht ohne Schwierigkeiten. Im Herbst des Feuer-Vogel-Jahres (1537) drohten feindliche Armeen mit einem Angriff auf sein Kloster in Gyal. Könchog Kyab schreibt: «Böse Dämonen hatten in den Herzen gewisser Sektenanhänger Eifersucht auf die Werke des großen Meisters entstehen lassen. Zahlreiche Armeen bewegten sich von Osten aus auf Gyal zu ... Viele ungünstige Vorzeichen erschienen im See der Visionen.»

Der Zweite Dalai Lama reagierte mit yogischen Mitteln. Er zog sich an den See der Visionen zurück und verrichtete Anrufungen und Gebete an die Dharmapala-Göttin Pälden Lhamo; er bat sie, ihre spirituelle Kraft einzusetzen und Frieden und Harmonie wieder herzustellen. Ein großer Sturm erhob sich, und am Himmel ertönte ein schreckliches Getöse. Pälden Lhamo hatte ihnen ein Zeichen gegeben; alles würde gut werden. Als äußere Bedingung für die Erfüllung der magischen Werke von Pälden Lhamo, fährt die «Biographie» fort, fegte König Nangso Donyopa von Droda wie aus dem Nichts über die feindlichen Armeen hinweg und rieb sie auf. Könchog Kyab schließt seinen Bericht wie folgt: «Viele der besiegten Soldaten starben auf der Flucht. Andere starben unterwegs im Kampf ... Von jenen, die ihre Heimat erreichten, trugen viele ansteckende Krankheiten in sich und verbreiteten sie unter der Bevölkerung ihres Landes. ..Seitdem hat niemand mehr gewagt, Gyal anzugreifen.»

In diesem Bericht achtet Könchog Kyab genau darauf, die Identität der «angreifenden Armeen» und ihrer Anführer nicht preiszugeben. Das ist typisch für tibetische Biographen, die es für das Beste halten, boshafte und gewalttätige Menschen dem Vergessen anheim zu geben, anstatt sie zu verewigen, indem man ihre Namen nennt. Dieser Vorfall wurde nur in die «Biographie» aufgenommen, um zu verdeutlichen, wie der Zweite Dalai Lama tantrische Rituale einsetzte, um die Kräfte des Bösen zu besänftigen. Die Bezeichnungen der Befriedungsrituale, die er durchführte, werden genau aufgeführt, doch nie werden die Namen derjenigen erwähnt, gegen die sich diese «Befriedung» richtete.

Im Erde-Hund-Jahr (1538) scheint sich ein Teil der Lamas in eine heftige philosophische Debatte verstrickt zu haben. Der Kagyüpa-Lama Karmapa Mikyö Dorje (der Achte Karmapa) hatte einen Kommentar zum *Prajñaparamita-Sutra* geschrieben, den die älteren Mönche von Sera für eine komplette Fehlinterpretation und Verdrehung hielten. Sie sprachen den Zweiten Dalai Lama darauf an und baten ihn, eine Gegendarstellung zu verfassen.[21] Er willigte ein, schrieb aber nur eine einzige Strophe:

> Die Buddhas lehren auf verschiedene Art;
> Manchmal ist, was sie sagen, buchstäblich wahr,
> Und manchmal lehren sie in Metaphern,
> Wenn dies dem Geist der Zuhörer besser bekommt.
> Sie sprechen indirekt, wenn direktes Sprechen
> Das Verständnis der Schüler behindern würde.

So ließ er erkennen, dass er den Text des Karmapa gern las und sich über die leidenschaftliche Debatte, die er in Sera ausgelöst hatte, amüsierte.

Die Schüler werden auf den Tod des Zweiten Dalai Lama vorbereitet

Im Erde-Eber-Jahr (1539) lud König Nangso Donyopa von Droda, der Gyal zwei Jahre zuvor vor Angriff und Plünderung bewahrt hatte, den Zweiten nach Zhekar Dzong ein. Die Häuptlinge hatten den Bau des neuen Klosters beendet, und er bat den Zweiten Dalai Lama, ihm einen Namen zu geben und die geistliche Leitung zu übernehmen. Der Dalai Lama nannte das Kloster Kadam Lhünpo.

Am Ende seines Vortrags sang der Zweite Dalai Lama seinen Schülern ein Lied:

O hört. Alle, die wir Freunde sind,
Werden von schwachen Banden zusammengehalten,
Wie Wolken an einem windigen Himmel.
Das Unbeständige kennt keine Festigkeit,
Es ist wie ein flüchtiges Trugbild.
Verlasst euch deshalb auf die geistige Übung,
Die einzige Konstante in einer wandelbaren Welt.
Dies ist mein Rat für euch; ihr solltet
Versuchen, ihn stets zu befolgen.

Nach diesem Lied wurde es sehr still im Saal. Er saß schweigend da, sein Gesicht war blass, und er hatte die Augen geschlossen. Sein Kopf fiel zur Seite, und er stieß einen tiefen Seufzer aus. Sung-rabpa, sein Sekretär, fragte sich besorgt, ob sein Meister krank sei, womöglich einen Schlaganfall oder eine Herzattacke erlitten habe. Er berührte ihn sanft am Arm, um sich nach seinem Befinden zu erkundigen.

«Sei still», sagte der Lama zu ihm. «Es geht hier nicht um meine Gesundheit, sondern um die Frage, ob ihr Schüler auf den geistigen Pfad gebracht wurdet… Ihr, die ihr euch meine Schüler nennt, solltet euch nicht um mich sorgen, sondern um eure eigenen Dharma-Übungen. Nur aus diesem Grund kam ich vor vielen Jahren als

Lehrer in diese Region.» Nach diesen Worten brach er zum Tigerberg in Ölkha auf.

Das Eisen-Stier-Jahr (1541) begann wie üblich mit den Festlichkeiten, die der Dalai Lama leitete. Wieder führte er den Vorsitz beim Großen Gebetsfest in Lhasa. Viele der Anwesenden waren während der Belehrungen über Jatakas von seiner Eindringlichkeit bewegt und fürchteten, er signalisiere ihnen damit seinen nahen Tod.

Er blieb das Frühjahr über in Drepung und legte regelmäßig die klassischen indischen Schriften aus; daneben las er vor den Schülern alles, was er je selbst geschrieben hatte. Zu Beginn der besagten Sitzung sagte er: «Diejenigen unter euch, die meine Schüler sind, sollten genau zuhören, denn dies könnte das letzte Mal sein, dass ich in der Lage bin, so ausführlich zu lehren.» So hatte er noch nie gesprochen, und die Zuhörer waren entsprechend beunruhigt. Während der Belehrungen bebte die Erde mehrmals, der Wind in den Bergen klang wie Weinen, und eine Sonnenfinsternis trat ein. Viele hohe Lamas hatten in der Nacht Alpträume.

Könchog Kyab schreibt in der «Biographie», dass die obersten Lamas sich berieten, um zu entscheiden, was zu tun sei. Der Meister schien nicht krank zu sein, und doch machte er immer wieder Anspielungen auf seinen Tod. Sie beschlossen, in allen großen Klöstern Zentraltibets Langlebigkeitsgebete für ihn sprechen zu lassen. Außerdem baten sie ihn persönlich, seine Meditationskräfte einzusetzen, um sein Leben zu verlängern.

Ein Kontingent von Lamas aus Tashi Lhünpo eilte nach Lhasa und beschwor ihn, in der Welt zu bleiben und zu lehren. Der König von Gandenpa, Sönam Gyälpo, und seine Königin schlossen sich dieser Bitte an, ebenso Königin Butri Gyälmo von Gongkar. Aus allen Richtungen strömten Schüler herbei, die sich um sein Wohlergehen sorgten.

Könchog Kyab deutet an, dass der Meister sicherlich noch im Sommer gestorben wäre, hätte man sich nicht so sehr um ihn bemüht. Er schreibt: «Auf diese Weise sammelten die Schüler verdienstvolle Energie, damit der Meister noch ein Jahr unter ihnen weilen konnte.»

Im Sommer unternahm der Zweite Dalai Lama eine lange Lehrreise durch alle Regionen, in denen er viele Schüler hatte. Zuerst ging er nach Ganden Tse, dann nach Chennga und Chushul Lhünpo Tse. Überall erteilte er ausführliche öffentliche Belehrungen. Danach reiste er weiter zum Kloster Samye, wo er eine ausführliche Anrufung aller Dharmapalas, die von Guru Padmasambhava eidgebunden worden waren, leitete. Die nächsten Stationen war Taktse, Pudrukda und Mondrong. Nach dieser Rundreise kehrte er nach Chökhor Gyal zurück.

Hier nahm er seine umfangreiche Lehrtätigkeit wieder auf. Während der Sitzungen wirkte er verjüngt, doch auch jetzt schloss er, wie bei früheren Gelegenheiten, mit mysteriösen Worten. Könchog Kyab zitiert:

> Meine Freunde, hört gut zu. Ihr kennt mich alle persönlich und habt mich oft über spirituelle Dinge sprechen hören. Wichtig ist, dass ihr euch die Essenz dessen, was ich gesagt habe, zu Herzen nehmt und die Übungen so sorgsam hütet wie die Pupillen eurer Augen.
>
> Wenn ihr die Quintessenz meiner Botschaft, über die ich so lange mit euch gesprochen habe, nicht in die Praxis umsetzt, war unsere gemeinsame Zeit bedeutungslos. Dann ist es, als wären wir uns nie begegnet und als hättet ihr mir nie zugehört. Sollte das der Fall sein, werdet ihr aus unserer Begegnung nicht den geringsten Nutzen ziehen.
>
> Ich bitte euch: Bemüht euch, die Zügel eurer Übungen fest in der Hand zu behalten. Haltet euch an das Wesentliche. Dann sind wir uns wirklich begegnet, und ihr habt wirklich zugehört. So werdet ihr den Nutzen eurer eigenen geistigen Befreiung erlangen.
>
> Wenn zum Beispiel ein Kranker zum Arzt geht und die Medizin für seine Krankheit bekommt, jedoch die Medizin nicht einnimmt und den Rat des Arztes nicht befolgt, nutzt ihm sein Besuch nichts. Einen Arzt zu konsultieren und Medizin und Rat zu erhalten ist nicht genug.
>
> Deshalb bitte ich euch: Gebt euch Mühe, die Übungen auch tatsächlich durchzuführen.

Er sprach lange auf diese Weise und hinterließ bei den Mönchen den Eindruck, dies könne ihr letzter Sommer mit ihm sein.

Im Herbst schickten ihm der König von Guge, Jigten Wangchuk Pedkarde, und dessen Premierminister Ngawang Namgyäl einen Brief, in dem sie ihn baten, in Guge ein Kloster zu gründen, wie er es in Gyal getan hatte. Er schickte an seiner statt den Meister Je Tenpa Darzangpa, der Ngari Dratsang erbauen ließ.

Nach den Lehrsitzungen in Chökhor Gyal reiste er nach Dvakpo Dratsang und lehrte seine dortigen Schüler. Eines Nachts träumte er von seinem Guru Khedrup Norzang Gyatso, der zu ihm sagte: «Du hast Gyal sehr gut erbaut. Wirklich sehr gut.» Er nahm das als Zeichen dafür, dass sein Guru sein Lebenswerk als vollendet erachtete. Am nächsten Tag ereignete sich ein Erdbeben, und ein starker Wind erhob sich. «Wir müssen sofort nach Gyal zurückkehren», verlangte er.

Nach seiner Rückkehr ins Kloster Chökhor Gyal hielt er eine Gebetszeremonie für Frieden und Harmonie ab und sagte dann zu seinen Schülern: «Meine Freunde, bald muss ich gehen, um mit den Völkern im Norden zu arbeiten. Wenn ich gegangen bin, vertieft euch in die Essenz der Übungen. Wenn ihr das tut, werde ich binnen kurzem zurückkehren.»

Am nächsten Tag brach er zum Tigerberg in Ölkha auf. König Amoghavajra Namgyäl Pälsangpo aus dem Osten finanzierte eine große Zeremonie mit Belehrungen. Am Ende wiederholte der Meister: «Meine Freunde, alle, die einander begegnen, müssen sich eines Tages trennen. Bald muss ich gehen und den Völkern im Norden helfen.» Zum König sagte er: «Du solltest auch weiterhin den Dharma unterstützen und für deine Untertanen sorgen, als seien sie deine Kinder. Tu dies, und wir werden uns bald wiedersehen.»

Könchog Kyab fährt fort: «Danach brach er in Richtung des Tals von Lhasa auf, zeigte seinen alten Körper den Schülern an den verschiedenen Orten und gab ihnen letzte Belehrungen und Ratschläge.»

Im Kloster Samye betete er vor der Figur des Guru Padmasambhava und den frommen Königen der alten Zeit. Könchog Kyab schreibt: «Der Himmel verwandelte sich auf wundersame Weise, und ein süßer Duft durchzog die Gegend. Regenbogen erschienen am Himmel über dem Tempel, und Blumen fielen wie Regentropfen.»

Schließlich gelangte er nach Drepung. Hier erläuterte er die «Leuchte der fünf tantrischen Stufen» und das Kapitel über Achtsamkeit in Acharya Shantidevas *Eintritt in das Leben zur Erleuchtung (Bodhicharyavatara)*. Dann leitete er das Maitreya-Fest und die Zeremonien zur Beendigung des alten Jahres.

Am ersten Tag des Wasser-Tiger-Jahres (1542) vollzog er das jährliche *torma*-Ritual. Am Schluss sagte er zu seinen Schülern: «Nun ist mein Leben vollendet … Es ist nicht mehr nötig, dass ich länger bleibe.» Dennoch stand er dem Großen Gebetsfest wie üblich vor, lehrte morgens vor großen Menschenmengen und leitete nachmittags die Rezitationen.

Laut Könchog Kyab sagte er eines Tages zu den Versammelten:

> Lama Tsongkhapa hat viel über zwei wesentliche Fragen nachgedacht: Wie man den sechs Arten von Lebewesen von Nutzen sein und den Buddha-Dharma zur Blüte bringen kann; und vor allem, wie man den Menschen im Land des Schnees geistigen Segen zu bringen vermag.
> Seine Antwort war das Große Gebetsfest, bei dem zehntausende von Mönchen und Laien in Gegenwart der beiden Jowo-Statuen ein geistliches Fest feiern.
> Dies ist eine Quelle großer spiritueller Energie für die Welt, und wir müssen sie in Übereinstimmung mit der Tradition fortsetzen … Durch diese außergewöhnliche Methode können wir für uns selbst ein besonderes Schicksal erwirken.

Zum Abschied gab der Dalai Lama seinen Schülern noch einmal einen Rat und bereitete sie so darauf vor, dass sein Leben sich dem Ende näherte.

Vorbereitungen auf die zukünftige Inkarnation

Am nächsten Tag erschien ein Bote aus Kyormo Lung mit einem Brief von Königin Sangye Paldzom, der Frau von Gongma Ngawang Tashi Drakpa Gyältsen. Darin wurde er in ihren Palast eingeladen. Seine Diener rieten ihm, die Reise zu verschieben, da er von den vielen Neujahrszeremonien und dem Gebetsfest erschöpft wirkte.

Er wollte nichts davon hören. «Ich habe keine Krankheit», erwiderte er. «Es gibt keine Gönnerin des Buddha-Dharma, die Königin Sangye Paldzom gleicht. Das Treffen mit ihr ist sehr wichtig. Ich möchte sofort aufbrechen, da ich nicht weiß, ob ich später noch die Kraft dazu haben werde.»

Könchog Kyab erklärt in der «Biographie», der Dalai Lama habe deshalb so auf der Reise bestanden, weil nach seinem Plan seine nächste Inkarnation in der Region Tolung geboren werden sollte, deren Mittelpunkt Kyormo Lung bildete, und er verschiedene Rituale abhalten wollte, um eine günstige Atmosphäre zu schaffen und alle möglichen Hindernisse beiseite zu räumen.

Er erreichte den Palast am 26. des Monats und verbrachte einen Großteil seines Besuchs mit tantrischen Ritualen. Am letzten Tag des Monats leitete er ein großes *gu-tor*-Ritual und sagte am Ende der Zeremonie zu König und Königin: «Bald muss ich diesen alten Körper verlassen. Aber seid nicht traurig. Wir werden uns bald wiedersehen.» Insgesamt blieb er neun oder zehn Tage im Gebiet von Kyormo Lung. Dies war der symbolische Ausdruck dafür, dass seine Reinkarnation neun bis zehn Monate nach seinem Tod in dieser Gegend geboren werden würde.

Nach seiner Abreise aus Kyormo Lung erhielt er eine Einladung von König Namgyäl Drakpa und Königin Paldzom Butri zu einem Besuch in Kangsar Gong in Tolungda. Sie kamen ihm bis ans Ufer des Tolung-Flusses entgegen. «Mein Körper ist zurzeit nicht sehr stark», sagte er zu ihnen. «Aber seid nicht traurig. Ich werde bald zu euch kommen.» So deutete er an, dass seine nächste Geburt in dieser Gegend stattfinden würde.

Als die Gruppe das Tolung-Tal durchquerte, kam sie an einem alten Stupa, Kyerwa genannt, vorüber. Hier stolperte das Pferd des Meisters und verletzte sich am Bein, und sie mussten eine Weile rasten, bis ein neues Pferd gebracht wurde. Er sagte zu Sung-rabpa: «Merk dir das.»

Könchog Kyab schließt diesen Teil der «Biographie» mit dem Kommentar: «So bereitete der Bodhisattva Avalokiteshvara, manifestiert als gewöhnlicher Mensch im Gewand eines buddhistischen Mönchs, den Weg für sein zukünftiges Leben und hinterließ klare Zeichen, die bei der Entdeckung seiner Reinkarnation helfen würden.»

Man muss sich jedoch in Erinnerung rufen, dass Könchog Kyab dies im Nachhinein schrieb, da er diesen Teil der «Biographie» erst 1560, achtzehn Jahre nach dem Tod des Zweiten Dalai Lama, verfasste. Zu diesem Zeitpunkt war der Dritte Dalai Lama schon entdeckt worden und fast siebzehn Jahre alt. Dennoch besteht kein Zweifel daran, dass der Zweite Dalai Lama mit seinen Bemerkungen auf der Reise nach Kyormo Lung und Khangsar Gong in Tolungda die Suchkommission, die mit der Auffindung der Reinkarnation beauftragt war, auf die Region Tolung aufmerksam machte.

Der Tod eines Lama

Der Zweite Dalai Lama kehrte unversehrt nach Drepung zurück und ließ sich wieder im Ganden Podrang nieder. Obwohl er unter keiner spezifischen Krankheit litt, sah er abgemagert und schwach aus. Sein Sekretär Sung-rabpa wollte Ärzte rufen, aber der Meister tat dieses Bemühen mit einem Achselzucken ab: «Wozu braucht man Ärzte und Medizin?», lachte er. «Ich habe keine Krankheit.» Bei anderen Gelegenheiten, wenn sich seine Schüler wieder einmal Sorgen machten, rief er ihnen zu: «Alle Phänomene, die aus den Skandhas* zusammengesetzt sind, sind unbeständig. Vielleicht seid ihr Schüler euch dieser Wahrheit nicht bewusst und braucht eine Lektion darin.»

Auch das Staatsorakel wurde gerufen, um die Situation zu deuten. Der Meister empfing den Mann freundlich, und die beiden unterhielten sich lange, aber wieder bestand der Dalai Lama darauf, dass er keine körperlichen Probleme habe. Das Orakel empfahl den Schülern nur, darum zu beten, dass der Meister bei ihnen bleiben möge.

Eines Tages war Sung-rabpa besonders besorgt wegen der geschwächten Verfassung des Meisters. Dieser lachte ihn aus und fragte: «Sag mir, was ist besser – sich um einen alten Lama wie mich zu kümmern oder um eine junge Reinkarnation?» In diesem Ton sprach er täglich mit seinen Schülern und bereitete sie so auf seinen Tod vor. An manchen Tagen wirkte er alt und müde, an anderen jung und energiegeladen.

Am 18. des Monats rief er seine Hauptschüler zusammen und bat sie, einen Altar für Gebete und Meditationen herzurichten. Er sagte: «Heute hatte ich eine Vision. Am Himmel erschienen Jowo

* Den fünf Anhäufungen, d.h. die fünf Komponenten der Person in der buddhistischen Philosophie: Form *(rupa)*, Empfindung *(vedana)*, Wahrnehmung *(samjña)*, Impuls *(samskara)*, Bewusstsein *(vijñana)*.

Atisha mit seinen Schülern, Lama Tsongkhapa mit seinen Schülern und zahllose Buddhas und Bodhisattvas. Dann lösten sie sich auf und gingen in meine drei Orte ein (Scheitel-Chakra, Kehlkopf-Chakra und Herz-Chakra). Viele junge männliche und weibliche Tantra-Gottheiten erschienen und forderten mich auf, mit ihnen zu gehen. Bitte seid nicht traurig, wenn ich gehe. Ich werde in zukünftigen Leben für euch sorgen.»

Die Schüler flehten ihn hundertmal an, nicht zu sterben. Er lachte und sagte: «Ich kann mein Leben um ein paar Tage oder sogar Wochen verlängern, aber mehr nicht.» Auf diese Weise, so die «Biographie», ging er spielerisch mit den Schülern um und benutzte seinen eigenen Tod als Mittel, ihnen das Wesen der Unbeständigkeit eindringlich vor Augen zu führen.

In dieser Zeit sang er ihnen häufig tantrische Gesänge vor und sprach Prophezeiungen aus, die sein künftiges Leben betrafen. Zwei dieser Prophezeiungen sollen hier angeführt werden. Eines Tages sagte er zu Sung-rabpa: «Letzte Nacht träumte ich, dass ich aus vier Trompetenschnecken die Melodie des Dharma erklingen hörte. Notiere dir diesen Traum.» Bei einer anderen Gelegenheit sagte er: «Während der Morgendämmerung träumte ich von vier goldenen Siegesbannern. Sie kamen aus Neudong Tse zu mir (dem Ort, an dem der Fünfte Dalai Lama später den Potala erbauen ließ) und wurden über meiner Residenz in Drepung befestigt.» Beide Traumprophezeiungen besagten, dass von ihm bis zum Fünften Dalai Lama alle Inkarnationen im Ganden Podrang im Kloster Drepung wohnen und von dort aus für den Buddha-Dharma und die Lebewesen wirken würden. Der zweite Traum verwies darauf, dass der Fünfte Dalai Lama seine Residenz in den Potala verlegen würde.

Der Zweite Dalai Lama empfing weiterhin Schüler in seinem Zimmer und lehrte jeden Tag auf ungezwungene Weise; das ging so fort bis zum zweiten Monat des Jahres. Eines Tages hielt er im Haupttempel eine Teezeremonie ab. Danach sagte er zu seinen Schülern: «Dieser alte Körper ist an die Grenze dessen gelangt, womit er der Welt noch von Nutzen sein kann. Seid nicht traurig, wenn ich fortgehe. Ich werde in vielen zukünftigen Leben über euch wachen.» Dann trug er für sie als spirituelle Hinterlassenschaft noch zahlreiche tantrische Gesänge vor. Einer hatte folgenden Wortlaut:

Lauscht dem Lied eines glücklichen Mannes!
Bald wird diese trügerische Krankheit,
Die in meinem Leben so viel Aufruhr verursacht hat,
Von selbst vergehen.
Kein Bedauern. Zusammen haben wir viel erreicht,
Und nur noch wenig bleibt zu tun.
Um meinen Leichnam macht kein Aufhebens.
Der beste Begräbnisritus ist, wenn ihr
Durch Zuhören, Kontemplation und Meditation
Der Essenz meiner Lehren entsprecht.

Am dritten Tag des dritten Monats rief er seine wichtigsten Schüler noch einmal zu sich: «Es wäre günstig, wenn wir zusammen meditieren würden», sagte er. Sie setzten sich zur gemeinsamen Meditation zusammen. Sie dauerte vier Tage. Der Meister schlief während dieser Zeit nicht. Sung-rabpa hatte Angst, er könnte sich überanstrengen, und bat ihn, sich auszuruhen. «Warum sollte ich schlafen?», rief der Meister aus. «Statt zu schlafen, versenke ich meinen Geist in *mahamudra*, die wahre Natur der Wirklichkeit. Ich brauche keine Meditationen mehr. Ich kenne keinen Schlaf, keine Träume, keine Krankheiten. Ich bin frei von solchen Konventionen.»

Am Ende des vierten Tages füllte sich der Himmel mit Regenbogen, und Blumen fielen wie Regen von Himmel. Der Meister blickte auf und sagte:

> Gewöhnlich ist Trennung das letzte Ergebnis des Zusammenkommens. Vor allem die Buddhas der drei Zeiten, ebenso wie Jowo Atisha und Lama Tsongkhapa, arbeiten weiter auf ungezählte, geheimnisvolle Arten für die Welt …
> Mein alter Körper hat seine Arbeit für die, die von mir ausgebildet werden sollten, beendet. Deshalb werde ich ihn jetzt verlassen. Aber euch werde ich nicht verlassen. Bald wird eine junge Reinkarnation meinen Platz einnehmen und meine Arbeit fortführen …
> Verlasst euch bis dahin auf euer Geistestraining und auf die Meditation über die tantrischen Gottheiten. Betrachtet sie

> als meine Regenten. Seid nicht halbherzig bei euren geistigen Bemühungen. Wenn ihr ausruhen müsst, dann versenkt euren Geist in Meditation …

Nach diesen Worten nahm er die Halb-Vajra-Haltung ein, wobei der rechte Fuß leicht gestreckt ist, die beiden Hände in Meditationshaltung im Schoss liegen und der Blick in meditativer Starre ruht. Es war der sechste Tag des dritten Monats. In der Abenddämmerung begann er die tantrische Meditation, die als Vajra-Rezitation bekannt ist, zog seine subtilen Energien langsam aus dem Körper zurück und richtete sie auf das Herz. Dies setzte sich die Nacht über fort.

Bei Tagesanbruch hatte er die Absorption der Energie beendet und brachte seinen Atem und sein Herz zum Stillstand. Dann löste er seinen Formkörper in dem klaren Licht des *dharmadhatu* auf und veranlasste damit das Erscheinungsbild aller Phänomene, von einem Geschmack mit der Leerheit zu werden. Könchog Kyab schließt den Bericht über seinen Tod wie folgt:

> So ging er in den Dharmakaya ein und stieg von da aus zu jener anderen Ebene auf in der Form des Samboghakaya als der tantrische Buddha Heruka-Chakrasamvara, Millionen von Nirmanakaya-Emanationen aussendend zum Wohle der Welt, während er selbst im Erleuchtungszustand der großen Einheit verharrte, der von gleichzeitiger Weisheit und Glückseligkeit gekennzeichnet ist … So zeigte er allen Schülern, dass er den Zustand der vollständigen und vollkommenen Erleuchtung erlangt hatte.

Kurz darauf wurde er eingeäschert. Als der Scheiterhaufen später geöffnet wurde, gab er zahlreiche Reliquienpillen und andere Glück verheißende Zeichen frei. Das Herz war nicht von den Flammen verzehrt worden, sondern hatte sich kristallisiert zur Gestalt eines Buddha in der Form der tantrischen Gottheit Heruka-Chakrasamvara.

Sein Reliquienschrein wurde in Kyormo Lung hergestellt. Er bestand aus Silber und Gold und war mit unzähligen Edelsteinen bestückt; er hatte die Form eines Siegesstupa und war dreizehn *tou* hoch.

Könchog Kyab schließt seinen Bericht mit den Worten:

> So stellte unser Guru Tamche Khyenpa («Der Allwissende»), der in Wirklichkeit vor langer Zeit die Erleuchtung erlangt hatte, das Drama von Leben, Erleuchtung und Sterben für uns dar. Seine Taten konnten nur von einem vollkommen erleuchteten Wesen verstanden werden; selbst ein Bodhisattva der zehnten Stufe wäre nicht imstande zu begreifen, auf wie vielen Ebenen er für uns wirkte …
>
> Zum Nutzen zukünftiger Generationen habe ich hier versucht, einige seiner sichtbarsten Handlungen zu schildern. Doch was ich in Worten niederschreiben kann, verhält sich zu dem, was er wirklich tat, wie ein Tropfen Wasser an der Spitze eines Grashalms zur Wassermenge im Ozean.

Wie Seine Heiligkeit in seinem Geleitwort zu diesem Buch schreibt, war der Zweite Dalai Lama in vieler Hinsicht die größte der Dalai-Lama-Inkarnationen. Sicher bereitete er den Weg für den Enthusiasmus, mit dem alle zukünftigen Inkarnationen von den Tibetern aufgenommen wurden. Man könnte sogar behaupten, dass der Erfolg zukünftiger Geburten ganz wesentlich auf die Grundlagen zurückzuführen ist, die er gelegt hat. Ohne die vielen Traditionen, die er eingeführt hat, wäre das Amt des Dalai Lama womöglich nicht entstanden. Er übernahm nicht nur das Erbe des Ersten Dalai Lama und führte es fort, sondern erhob es auch zu einem Status, der jenseits aller Erwartungen lag, und legte für die folgenden Inkarnationen ein klar umrissenes Aufgabenfeld fest.

Yangpa Chöje drückt es in der «Biographie» so aus: Als der Zweite Dalai Lama starb, gab es in ganz Zentraltibet nicht eine Person von Bedeutung – ob Mönch, Haushaltsvorstand, Häuptling oder einfacher Nomade –, die nicht direkt durch Belehrungen und Initiationen oder indirekt durch Studien bei seinen engsten Schülern mit ihm in Berührung gekommen wäre.

Wie versprochen, kam nicht lange nach seinem Tod ein Kind zur Welt, das alle Anzeichen einer hohen Geburt aufwies. Dieser

Junge, den man schließlich aufgrund der Hinweise, die der Zweite Dalai Lama bei seinem letzten Besuch in Kyormo Lung gegeben hatte, in der Region Tolung entdeckte, wurde als Reinkarnation des Zweiten in den Ganden Podrang gebracht. Der Junge erwies sich als brillanter Student und erfüllte rasch alle Erwartungen, indem er seine spirituelle Ausbildung mühelos durchlief.

In seinen letzten Jahren hatte der Zweite Dalai Lama immer wieder betont: «Bald muss ich mit den Völkern des Nordens arbeiten.» Diese Voraussage erfüllte sich, als seine Reinkarnation, der Dritte Dalai Lama, 1578 in die Mongolei reiste, die wilden mongolischen Stämme besänftigte und damit eine Ära des Friedens und der Harmonie einleitete. Dies wirkte sich nicht nur auf Zentralasien, sondern auf einen Großteil der bekannten Welt aus, denn die Mongolei war zu jener Zeit eine der aggressivsten und militärisch mächtigsten Nationen der Erde.

Seine Freundlichkeit kam also nicht nur den Asiaten zugute, sondern auch den Völkern Europas. Hätte es damals einen internationalen Friedenspreis gegeben, so hätte er ihn zweifellos allein hierfür verdient. Als der gegenwärtige Dalai Lama 1989 den Nobelpreis erhielt, konnte man darin auch eine postume Würdigung der großen Taten des Dritten Dalai Lama sehen, die der Zweite, wie er mehrfach erklärt hatte, in seiner nächsten Inkarnation ausführen wollte.

Schlussbemerkung

Wie ich zu Beginn erwähnte, habe ich für meine Schilderung des Lebenslaufs des Zweiten Dalai Lama ausgiebig dessen Autobiographie herangezogen, vor allem im Hinblick auf die Beziehung zu seinen Eltern und Großeltern sowie auf die frühen Reisen. Doch wie es die Konvention wollte, gab er sich bescheiden, und deshalb ist die «Biographie» von Yangpa Chöje und Könchog Kyab eine lebendigere Lektüre. Außerdem stellt sie ihn so dar, wie er in der Öffentlichkeit wahrgenommen wurde, und bietet somit ein etwas anderes Bild. Daher habe ich mich bei der Beschreibung seines Erwachsenenlebens mehr auf sie gestützt. Als dritte Quelle habe ich einen Text aus dem 18. Jahrhundert von Tsechokling Kachen Yeshe Gyältsen aus dem Werk «Leben der Lehrer» verwendet, eine knappe und ausgewogene Skizze. Für meine Darstellung der vierzehn Dalai Lamas bin ich hauptsächlich dem Bild gefolgt, das Purchokpa Rinpoche in seinem «Überblick über die Leben der Dalai Lamas» gezeichnet hat, der als Vorwort zu der Potala-Ausgabe des *Kangyur* aus den 1930er Jahren erschienen ist.

Ich habe die Ereignisse im Leben des Zweiten Dalai Lama keiner kritischen Prüfung unterzogen, sondern versucht, die Geschichte so zu erzählen, wie sie innerhalb der Tradition wahrgenommen wurde. Meine Absicht war es, die Person und Lebensweise des Autors der «Mystischen Verse und Visionen» zu umreißen und das Tibet des späten 15. und frühen 16. Jahrhunderts vor den Augen der Leser erstehen zu lassen.

Die Lieder und Gedichte im dritten Teil des Buches habe ich in der Regel mit einer Einführung versehen. Darin habe ich, wo das möglich war, erklärt, wo und wann der Text entstanden ist, für wen er gedacht war, und so weiter. Die Entstehungszeit lässt sich bei manchen Gedichten durch Hinweise in der Autobiographie oder der «Biographie» erschließen; die Entstehungsorte und Personen finden sich manchmal im Kolophon zu den einzelnen Werken.

In tibetischen Texten steht der Kolophon immer am Ende des jeweiligen Schriftstücks. Ich habe mich entschieden, ihn hier und da in meine Präambel aufzunehmen, da er als Einführung dienen kann. Weder in der Autobiographie noch in der «Biographie» wird erwähnt, wer die Sammlung von Gedichten und Gesängen des Zweiten Dalai Lama zusammengestellt hat oder nach welchen Kriterien dabei vorgegangen wurde. Das tibetische Original enthält keinen Hinweis darauf. Vermutlich wurde das Werk von einer Gruppe, die sich aus Schülern des Zweiten Dalai Lama zusammensetzte, herausgegeben. Leider waren seine «Gesammelten Werke» *(Sungbum)* weder in Indien noch anderswo in einer öffentlich zugänglichen Bibliothek aufzufinden. Möglicherweise würde eine darin enthaltene Einleitung die entsprechenden Informationen liefern.

TEIL III

Mystische Verse und Visionen

Übersetzungen und Kommentare

1
Gesang eines jungen Tulku

Der erste Eintrag in der Gedichtsammlung des Zweiten Dalai Lama ist ein Lied, das er als Kind sang. Es wird sowohl in der Autobiographie als auch in der «Biographie» als sein erstes bedeutendes poetisches Werk bezeichnet. Die vielen tantrischen Lieder, die er vorher schon gesungen hatte, waren wesentlich kürzer.

Der Hintergrund ergibt sich aus dem Kolophon: «Eines Abends, in seinem (Gendün Gyatsos) sechsten Jahr (d.h. im Eisen-Maus-Jahr [1480], als er entweder vier oder fünf war) schalten ihn seine Eltern. Er antwortete ihnen spontan mit diesem Lied. Doch während die Worte aufgeschrieben wurden, erschien unerwartet ein Besucher an der Tür, und der Text wurde beiseite gelegt und nie beendet.»

Die meisten tibetischen Strophen bestehen aus vier Zeilen. Hier jedoch umfassen manche Strophen nur zwei oder drei Zeilen, andere wiederum sechs oder neun. Wahrscheinlich entstand eine einheitliche Gesamtwirkung durch rhythmische und melodische Variationen, die dem Liedcharakter des Stückes entsprechen. Ich habe den Text der Übersichtlichkeit wegen nach thematischen Gesichtspunkten in fünf Abschnitte gegliedert und mit Zwischentiteln versehen.

WIDMUNG

Verehrung dem ruhmreichen Meister aus dem Osten,
Berühmt wie Sonne und Mond,
Lama Tsongkhapa, Lobsang Drakpa, buddhistischer Mönch.

Ich grüße Pänchen Gendün Drubpa,
Schatzhaus von Sutra und Tantra,
Wunscherfüllendes Juwel an der Spitze des Siegesbanners,
Der jedes spirituelle Streben erfüllt.

Meister der zehn Stufen in Gestalt eines gewöhnlichen Menschen,
Der im Schneeland das Licht des Dharma entzündet,
Mit Körper, Rede und Geist werfe ich mich vor dir nieder.

Treten die Lebewesen aus den sechs Samsara-Bereichen
Vor Karmayama, den Richter karmischer Taten,
Sind sie von Furcht und Sorge erfüllt.
Möge Lokeshvara, der Bodhisattva des Mitgefühls,
Voll Anteilnahme seinen Blick auf sie richten.

Aus dem Reinen Land der Freude kommend, zeigtest du dich in gewöhnlicher Form,
Um die Lebewesen auf den Pfad der Befreiung zu führen.
Erleuchteter, der Weisheit und Mitgefühl vollendete,
Sieh auf die Lebewesen, von Leiden gequält,
Und beraube sie nicht deiner Führung.

Haben die Lebewesen den Weg vollendet,
Entsteht die Erfahrung des Elends nicht mehr.
Blicke erbarmungsvoll auf die Wesen, die sich abwenden
Vom Glück und sich selbst nur Kummer bereiten.

Die starrsinnigen Wesen dieses entarteten Zeitalters
Wurden nicht gezähmt von den mächtigen Buddhas von einst.
Blicke auf sie mit deinem großen Mitgefühl.

Eine menschliche Geburt mit Freiheiten und günstigen
Umständen
Ist so selten wie die Udumbara-Blume
Und wird nicht oft, nicht leicht erlangt.
Wir müssen sie richtig nutzen.

Die unzähligen Erleuchteten dieser Welt
Sorgen für uns wie unsere eigenen Eltern;
Wir jedoch erzeugen durch unsere Unreife
Im Umgang mit ihnen meist unheilsames Karma
Und sammeln Ursachen für eine Wiedergeburt im Elend.
So ward es vom Buddha selbst gesagt.

Aber heute achten sie nicht mehr der Buddhas,
Und dadurch verlieren die Buddhas die Macht,
Ihnen den Weg zur Erleuchtung zu weisen.

Wie Motten, die sich in die Flamme stürzen,
Verfangen sie sich im Käfig der Enttäuschung
Und knüpfen kein Band zu spirituellen Lehrern.
Führt sie am Haken eures Mitgefühls.

So viele von diesen Lebewesen,
Meine Eltern in zahllosen früheren Leben,
Erhielten ein reiches Maß an Dharma-Belehrung,
Und doch bleiben sie ungesättigt und missbrauchen
ihr Wissen,
Öffnen sich selbst die Tür zu niederem Reich.

Mögen die Drei Kostbarkeiten ihnen zu Hilfe kommen,
Da sie unfähig sind, das große Leiden zu ertragen;
Und wo auch immer sie geboren werden,
Mögen sie frei bleiben von Kummer und Leid
Und schnell der Erleuchtungsfreude entgegenreifen.

Inmitten der versammelten Lehrer des Wegs,
Geschickt in der Bewahrung der Erleuchtungstradition,
Singe ich, der unvergleichliche Sangyä Päl,
Großartig wie der König der Berge, diese Worte.

ERMAHNUNG DER ELTERN

Die Lebewesen, von karmischen Prägungen verwirrt,
Missachten und missbrauchen die erleuchteten Wesen.
So fallen sie in die niederen Bereiche von Samsara.
Sie (meine Eltern) schelten mich in scheinbar guter Absicht,
Doch sie ernten nur unheilsames Karma der Rede;
Besser wäre es, sie betrachteten mich als ihr Kronjuwel,
Dann würden erfüllte Wünsche auf sie rieseln wie Regen.

(Als Sohn) ein heiliges Wesen wie den Pänchen zu bekommen,
Ist so selten wie ein wunscherfüllendes Juwel.
Sie sollten (über mich) als Buddha Vajradhara meditieren.

PROPHEZEIUNGEN

Obwohl er (der Erste Dalai Lama) diese Welt überflutete
Mit sublimem Dharma-Nektar,
Verwirklicht er nicht all seine Pläne.
Daher wird er noch siebenmal kommen,
Um für die Wesen dieser Welt zu wirken,
Bevor er in den makellosen Dharmadhatu eingeht.
Die Glücklichen, die unter ihm üben,
Werden gewiss im Reinen Land der Freude wiedergeboren.

Möge ich in diesem Leben allen Lebewesen nützen
Und das Wahrheitsbanner in allen zehn Richtungen aufpflanzen.
Möge die Flagge meiner Taten in allen drei Welten flattern,
Und das Kronjuwel der Weisheit für immer befestigt werden.

(O Gendün Drubpa,) Quelle der Hoffnung, wunscherfüllendes Juwel,
Der du die Vollkommenheit des Nicht-mehr-Lernens erlangt hast,
Gib Segen, damit die Lebewesen auf dieser Erde
Wachsen im Zuhören, Nachdenken und Meditieren;
Setze frei einen stetigen Strom von erleuchteter Energie.

Mit der Hilfe der Schützerin Pälden Lhamo
Habe ich (im früheren Leben) meine Lehren fest gegründet
Im ruhmreichen Kloster Tashi Lhünpo.
Alle, die sich an dieses segensreiche Werk erinnern,
Sollten mich jetzt ohne Zaudern willkommen heißen.

Ein Pänchen (wie Gendün Drubpa) ist höchst selten;
Ruft mich an vor meinem Tode,
Habt ihr von meiner Wiedergeburt erfahren.

Obwohl ihr gelobtet, mich zu besuchen …

2
Ein Tanz, der die Welt erfreut

Gemäß der «Biographie» entstand dieser Gesang im zweiten Jahr des dreijährigen Studienaufenthalts von Gendün Gyatso im Kloster Drepung, das heißt im Jahre 1495, als er zwanzig Jahre alt war. Yangpa Chöje sieht darin in erster Linie eine prophetische Aussage über den späteren Bau des Klosters Chökhor Gyal (Tibetern besser bekannt als Gyal). Dies ist jedoch nur ein Aspekt; hinzu kommt, wie er im Kolophon erklärt, «eine Ansammlung persönlicher Gedanken».

Der Ort für das künftige Kloster hieß, wie bereits erwähnt, Metoktang, «Blumenweide», und lag in der Nähe des Sees der Visionen, Lhamoi Latso. Die vielen Wiederholungen des Wortes *metok* (Blumen) weisen auf den prophetischen Charakter des Werkes hin, ebenso die Beschreibung des Ausblicks vom «Platz der Meditation». Als das Lied entstand, kannte Gendün Gyatso die Region Gyal noch nicht.

WIDMUNG

Verehrung den heiligen Gurus.
Mit Hingabe neige ich mich vor den spirituellen Lehrern,
Die untrennbar eins sind mit Buddha Vajradhara.
Im weiten Raum ihrer wunderbaren Erleuchtung
Scheint ungehindert die Sonne von Weisheit und Liebe,
Lässt die Lotosschüler wachsen und blühen.
Hört nun meinen Gesang!

GEDANKEN ÜBER DEN ZUSTAND DES BUDDHISMUS IN TIBET

In unserer Zeit ist der sonnengleiche Dharma
Mit seinen tausend Strahlen von Wissen und Mitgefühl
Hinabgesunken zu den Gipfeln der westlichen Berge.
Der Lotosgarten der Erleuchtungslehren
Wird täglich von immer strengerem Frost befallen.

Die heute sich zu Linienhaltern erklären,
Sind wie Bienen auf der Jagd nach dem Honig des Reichtums.
Von Verblendung genährt, ist das, was sie Belehrung nennen,
Nicht viel besser als Eulengekrächz;
Doch sie stolzieren dreist einher unter den Weisen.

Die überwiegende Mehrheit der heutigen Menschen
Scheint wahrlich den Verstand verloren zu haben.
Ihnen fehlt der Blick, Richtig von Falsch zu unterscheiden,
Sie taumeln über die Klippe, verfallen in Extreme.

Manche, vom Wasser der Eifersucht vergiftet,
Sind besessen davon, immer die Ersten zu sein;
Während andere, vergiftet von Hass und Heuchelei,
In einem Zustand schieren Wahnsinns umherirren.
Und beide behaupten, den spirituellen Pfad zu bewahren!

Kyehu! Es scheint, dass heutigentags
In diesem von Schneebergen umgebenen Land
Das Quieken der Füchse und Schakale
Lauter tönt als selbst der Ruf des Löwen.

Wir leben in einer Zeit, in der gewöhnliche Steine
Mehr wert sind als wunscherfüllende Juwelen,
In der das Glühen winziger Leuchtkäfer
Gar dem Licht der Sonne vorgezogen wird.

Hier, fast am Boden des entarteten Zeitalters,
Herrschen die Kräfte der Negativität und Dunkelheit;
Selbst Buddhas, Bodhisattvas und Weise scheuen zurück
Und gehen schweigend fort in die Sphäre des Friedens.

Wie kann eine einfache, kleine Butterlampe,
Aufgestellt im Angesicht eines furchtbaren Sturms,
Jemals hoffen, das Dunkel der Nacht zu vertreiben?
Ebenso leicht können die aufrichtig Praktizierenden,
Die heute die Erleuchtungstradition bewahren wollen,
Sich an dieser Anstrengung erschöpfen.

Ist es daher in dieser Zeit der Gewalt und des Konflikts
Nicht weiser, sich von der Welt zurückzuziehen
Und an einen Ort einsamer Meditation zu entkommen? –
Einen Ort, an dem man wieder und wieder
Trinken kann die nektargleichen Lehren von Lama
Tsongkhapa,
Dem allwissenden, buddhagleichen Meister!

DIE MENSCHLICHE LAGE

Wir haben diese wahrlich seltene Geburt verwirklicht
Als menschliche Wesen, fähig, volle Erleuchtung zu erlangen,
Eine Wiedergeburt, gebildet aus tausend weißen Taten;
Aber wie leicht geht sie verloren
An die Sorge um weltliche Belange!
Wie sinnlos, solch einen Verlust zuzulassen!

Selbst die Stellung eines Weltenherrschers,
Dessen Macht sich in alle vier Richtungen erstreckt,
Ist wesenlos wie ein Pisangbaum,
Der nur einmal Frucht trägt und dann verwelkt.
Der größte weltliche Erfolg ist nutzlos
Für jene, die nicht innerlich überwinden
Die karmischen Instinkte und Verblendungen.

Kleines Sichgehenlassen erzeugt nach und nach Sucht,
Und bewirkt bald mehr Enttäuschung als Freude.
Welcher Weise würde sich angezogen fühlen
Von weltlichem Sichgehenlassen, der Quelle hunderter Fehler?

Wie viel weiser, einfach den Rücken zu kehren
Allen Situationen, die Verblendung und Schmerz erzeugen,
Und in die Berge zu gehen,
Um einsgerichtet zu meditieren.
Dort fördert die ganze Natur
Die unmittelbare Erfahrung geistigen Friedens.

DIE PROPHEZEIUNG

In sanft wogenden Blumenfeldern
Singen junge Bienen glückliche Lieder
Und Fasane vollführen den Freudentanz.
Auch der Kuckuck läutet die Glocke der Melodie,
Und der Kalavinka-Vogel tschilpt fröhlich einher.

Wahrlich, hier ist die Erd-Maid schön:
Ihre jungfräulichen Ströme halten Blasengirlanden,
Wenn sie lachend über Felsen und Klippen tanzen;
Ihre Gärten sind mit allerlei Bäumen bestückt,
Beladen mit Obst, mit Blumen und Blättern;
Dahinter erheben sich schneeige Bergketten,
Deren Gipfel sich in weißseidene Wolken hüllen,
Kristallgletscher sind ihre Quasten
Und blaue Wälder ihr erlesener Rock.

Lapislazuliwiesen breiten sich aus darunter
Wie die Schwingen eines fliegenden Papageis,
Netze von Lotosblumen verschönern sie,
Und wilde Tiere grasen ruhig auf ihren Hängen.
Dahinter erhebt sich ein Zaun von Bäumen,
Um den Dieb der Zerstreuung auszuschließen.

Dies ist das Wunder meines einsamen Platzes,
Ein von oben gesandter Garten, für innere Freude geschaffen,
Wo man leicht die acht weltlichen Sorgen vergisst.
Welches Glück, hier zu meditieren
Und die Freuden des köstlichen Geschmacks
Fehlerfreier, einsgerichteter Konzentration zu schmecken!
Welche Lust, nur hier zu sitzen,
Sutras und tantrische Sadhanas zu singen;
Die Weisheitsfeuer von Leerheit und Glückseligkeit zu entzünden
Und das Holz scheinbarer Dualität zu verbrennen;
Den Yoga des Illusionskörpers zu üben, untrennbar verbunden
Mit der Schau von Leerheit und klarem Licht;
Und mit dem Haken geschickter Mittel der Emanation
Das Rad dieser unreinen Welt zu stoßen
In die große Sphäre der höchsten todlosen Freude.
Ach, welch ein glückliches Los, diese Yogas zu üben.

DER KONTEXT

Dies ist das Lied von Yangchen Shepai Dorje,
Dem Yogi und Dichter «Melodiös lachender Vajra»,
Der den alten Weisen nacheifern will,
Indem er die Verderbtheit der Welt zurücklässt
Und in wundervoller Einsamkeit meditiert.
Dies ist auch das Lied eines Mannes, den das Gebaren
Der meisten Praktizierenden von heute betrübt;
Eines Mannes, der etwas hochmütig ist, da er beharrlich
Seinen Geist in der Weisheits-Tradition geübt hat.

Die Wolken meiner Gedanken waren schwer von Regen,
Und wenn der Drache in ihnen sich unruhig regte,
Schien es unmöglich, den Donner zurückzuhalten.
Wie hätte ich es zufrieden sein können,
Den Tag zu verbringen, ohne dieses Lied zu dichten?

Mit scheint die Neigung angeboren,
Die Glocke der Verse spontan zu läuten;
Aber ich tue dies nur, wenn mein Herz spricht,
Ich, der «Melodiös lachende Vajra».

3
Zwei Alphabet-Gedichte

Die nächsten beiden Einträge in Gendün Gyatsos Gedichtsammlung sind «Alphabet-Gedichte», eine einzigartige Form tibetischer Dichtkunst, in der die Zeilen der Reihe nach mit den Buchstaben des Alphabets beginnen. Das tibetische Alphabet enthält dreißig Konsonanten bzw. siebeneinhalb Gruppen zu vier. Gedichte dieser Art haben also gewöhnlich sechs Strophen von je vier Zeilen und eine siebte Strophe mit sechs Zeilen. Am Ende folgen dann noch einige Strophen, die sich nicht an das alphabetische Schema halten.

Im Englischen oder Deutschen lässt sich dieses Schema natürlich nicht übernehmen. Legt man das deutsche Alphabet zugrunde und folgt dem Grundgedanken, so wirkt die Übertragung zwar etwas forciert, aber das gilt schließlich auch für das tibetische Original.

Die beiden Gedichte unterscheiden sich deutlich im Ton. Im ersten wird der Leerheitsgedanke dargelegt, wie er in den Weisheitslehren des Buddha enthalten ist und von dem indischen Weisen Nagarjuna, dem Begründer der Madhyamika-Schule aus dem 2./3. Jahrhundert, erläutert wird.

Das zweite Alphabet-Gedicht ist ein verspieltes und leicht frivoles Stück, mehr eine Clownerie als ernsthafte Lyrik. Dennoch hat es einen ganz eigenen Charme. Hier verwendet Gendün Gyatso seinen poetisches Pseudonym Yangchen Shepai Dorje, «Melodiös lachender Vajra».

Gesang der Leerheit

Ach, Freunde, die ihr im anfanglosen Samsara umherwandert,
Beginnt jetzt die Dharma-Praxis, wenn Weisheit euer Ziel;
Contempliert über das Ich, unser Selbstgefühl, und
Denkt darüber nach, wie es erscheint.

Ersetzt weltliche Aktivität durch einsame Meditation,
Fasst den Gedanken genauer Analyse, um zu
Generieren ein Bild dieses Ich-Gefühls, und
Haltet es wie einen Fisch an der Angel.

Ich meine, untersucht einen Baum,
Just wie «Baum» ein bloßes geistiges Etikett ist, das
Keineswegs eins ist, doch auch nicht getrennt von den
Teilen,
Laub, Äste, Zweige, ebenso sind alle Dinge
Mentale Beifügungen nur von Namen und Benennungen.
Nagarjuna und seine Schüler lehrten es so.

Offener Himmel, Wälder, Holzwagen, Großes und Kleines,
Partiell oder total: Nichts ist wahrhaft un-bedingt.
Quintessenz: Untersuche, was dem Geist erscheint, und
Realisiere, wie die unwissenden Wesen, gläubig wie Ochsen,
Sehen jedes Ding durch ihr verzerrtes Bewusstsein,
Toll die Dinge als unabhängig erfassen.

Unzählige Wesen erscheinen in den sechs Bereichen –
Viele Tiere; Höllenwesen, gequält von Hitze und Kälte;
Welten gieriger Geister voll Hunger, Durst und
Xenophobie; auch Menschen, Götter, Halbgötter,
Yogi, keiner hat das wahre, objektive Dasein.
Zielstrebig übt diese außergewöhnliche Ansicht.

Merkt auf! Verfallt nicht dem greifenden Geist,
Der vom falschen Glauben an wahres Sein getrieben wird,
Besser ist's, dem Geist zu vertrauen, der zufrieden ist
Mit mäßigem leiblichem Labsal
Und sich stattdessen um Meditation bemüht
Über die tiefgründige Leerheit, die wahre Natur der Dinge.

Ein Esel kann keine Hörner haben;
Ebenso: Wie kann irgendetwas wahres Dasein haben?
Vom Atom bis zum Allwissen der Erleuchtung

Fehlt allen Dingen ein letztgültiges Wesen.
Dies ist die Hauptbotschaft des Buddha.

Ha ha! Ohne komplizierten Argumenten zu trauen,
Versteht man die Bedeutung des todlosen Ah*,
Des Wesens-Klangs der Weisheit,
Und weiß: Dinge sind bloße geistige Beilegungen.
Dies ist der Gesang von Namkhai Näljor, dem Raum-Yogi,
Gesungen in Tibet, dem Land der Heilkräuter.

Ein spaßhaftes Lied

Auf Tee freut sich ein Weiser wie ich,
Beim safranfarbenen Nektar fühl ich mich wohl,
Campfer allein duftet gleich süß,
Delikates Porzellan ist sein bestes Gefäß,
Dem Weisheitssucher ist Tee ein Freund.

Ein jeder, der wünscht, Gesänge zu singen,
Fabelhafte Verse in alle vier Richtungen,
Getränk der Weisen nehm' er zu sich;
Hol dir rasch Tee, und du wirst alsdann
Hohe Siddhis erringen wie Luhipa.**

Immer nach Vollendung der Weisheitstradition strebend,
Ja, wie vom Buddha selbst einst gelehrt,
Kein besserer Führer ist innere Schauung,
Lasse dich ein auf die Leerheitsbetrachtung,
Lenke den Sinn auf Nagarjunas Vermächtnis.

* Die Silbe AH gilt als «Prajñaparamita in einem Buchstaben», weil der Vokal A in der tibetischen Silbenschrift jedem Konsonanten von Natur aus innewohnt und im Sanskrit das A eine ähnliche Funktion hat wie das *alpha privativum* im Griechischen, so heißt z. B. *samskrita* «zusammengesetzt», *a-samskrita* bedeutet «un-zusammengesetzt». Da die Leerheit eine bloße Negation ist, ist das negative A ihr bestes Symbol.

** Siddhis: die magischen Fähigkeiten der tantrischen Mahasiddhas, zu denen der Inder Luhipa gehört.

Meisternd den Kern der tiefgründigen Schriften –
Niemand kennt ihre Zahl –, schöpf aus den
Ozean der Übungen, die sechs Paramitas,
Platziere alle Wesen, als blind wie Vieh, auf den
Pfad zu Freude und Freiheit und Wissen.

Quälender Durst der Begierde, still ihn,
Rechne nicht, welche Opfer es kostet.
Strebe, den nötigen Glauben zu wecken,
So dass du mit Weisheit allen Herausforderungen begegnest,
Tand und Zerstreuung der Narren besiege.

Und wenn du stabil in der Praxis geworden,
Verachte nicht ein schlichtes, zufriedenes Leben.
Wähle als Schmuck nur Juwelen des Lernens und
Meditierens,
Wünsche, ein Edelstein dieser Welt zu werden,
Wunderbar werden die Ergebnisse sein.

Wertlos sind alle vergänglichen Dinge, doch
Weltlich Gesinnte halten sie für das Höchste wie
Xanthisches Erz oder Gold.
Yogischen Frieden suchen sie vergeblich darin,
Zu packen versuchen sie stets, was entrinnt.

Merk auf! So lautet mein Alphabet-Sang,
Und wenn du dich wirklich selber liebst,
Solltest du sein wie ich, unvergleichlich.
Ha ha! Das sieht mir ähnlich: Schon lärme ich wieder!
Aber es ist nur ein Lied zum Spaß,
Ein paar eitle Verse aus der Feder des Dichters
Yangchen Shepai Dorje, «Melodiös lachender Vajra».

4
Lied vom Yarlung-Tal

Das Yarlung-Tal liegt im Südosten von Lhasa. Der Yarlung Chu oder «Fluss, der durchs Tal fließt» mündet in den Tsangpo. In alter Zeit war Yarlung eines der fruchtbarsten und wohlhabendsten Täler Zentralasiens. Es brachte die früheste Dynastie tibetischer Könige und Herrscher hervor. Tatsächlich ist Yarlung und nicht die Gegend um Lhasa die Wiege der tibetischen Kultur, wie wir sie heute kennen. Lhasa gelangte erst Mitte des 8. Jahrhunderts zu einiger Bedeutung.

Die tibetische Mythologie berichtet, dass sich vor Urzeiten ein Affe in einer Höhle am Sodang Gangpo von Yarlung mit einer Schneefrau aus den Bergen paarte und die ersten sechs Tibeter zeugte. Diese bildeten das Fundament der sechs alten tibetischen Stämme. Der Affe war eine Emanation von Avalokiteshvara, dem Bodhisattva des Mitgefühls; seine Gefährtin war eine Emanation von Tara, der weiblichen Emanation von Avalokiteshvara und Symbol der erleuchteten Aktivität der Buddhas.

Verehrung dem Weisheits-Bodhisattva Mañjushri.
Ein strahlender Mond an wolkenlosem Himmel,
Eine Gänseschar, die sich im Wasser tummelt,
Und Vertrauen in Sarasvati, Göttin der Weisheit:
Mögen diese natürlichen Verbindungen stets vorherrschen.

Das mitleidvolle Licht Lokeshvaras, des Bodhisattva des
Mitgefühls,
Hat das Antlitz der Erde lang erleuchtet.
Sein Licht war stark vor allem hier
In Tibet, dem Land der Schneeberge,
Streute weit und breit Blumen unseres Ruhms.

Das Yarlung-Tal, ein Juwel dieser Welt,
Ist ein Stückchen Himmel auf Erden.
Ein wahres Symbol unseres alten Wegs,
Trägt seine Pfeiljungfrau die Mär unseres Ruhms
Nach Akanishta, dem Himmel auf dem Gipfel der
Welt.

Großartiger Yarlung, wundersames Bild,
Das vom Pinsel himmlischer Künstler entworfen ward;
Mit Wäldern, die rauschen im kühlenden Wind,
Sanft fließenden Linien wie die einer Hand;
Schöne Städte, Dörfer und Tempel,
Wie Perlen anmutig ausgelegt;
Seine Felder ausgebreitet wie die Schwingen des Sittichs,
Beladen mit Juwelen reifen Getreides:
Kyehu, es ist, als hätte das Königreich der Unsterblichkeit
Den Weg in dieses nördliche Land gefunden.

Hier, am Hang des Truzin-Berges
Nehmen alle guten Dinge der Welt und darüber
hinaus
Die Form eines herrlichen geistigen Gartens an,
Mit Tempeln und Klöstern von einem Glanz,
Wie man ihn nur aus Indien kennt.

Am Hang dieses heiligsten Berges
Erhebt sich die prächtige Yarlung-Burg,
Ihre Mauern erstrahlen in gleißendem Licht
Wie eine Stadt, von himmlischen Baumeistern erbaut,
Aus Juwelenstaub und kostbaren Steinen;
Und vor ihr ragt auf der Dradruk-Tempel,
Magisch manifestiert aus der Weisheit
Von Lokeshvara, dem Bodhisattva des Mitgefühls.

Westlich des Tempels, in der Richtung des Feuers,
Liegt Tashi Gang, die blühende Stadt der Freude,
Eine Gabe der Götter, sorgsam gesammelt

Und hergerichtet zur Freude der Welt;
Ihre Häuser sind aus Juwelen erbaut,
Und ihre Parks gleichen himmlischen Promenaden;
Die Erde ist ein Teppich aus lapislazuliblauem Gras,
Geschmückt mit einem Netz buntfarbiger Blumen;
Und Regenbogen tanzen im Himmel droben,
Wie um dem Glanz des Himmels zu trotzen.

Lotosbetten mit berückenden Düften
Liegen verstreut wie Seidentücher,
Und schöne Mädchen mit Antilopenaugen
Ergehen sich unter Bäumen voll süßer Früchte,
Deren Äste sich dehnen, als wollten sie laden
Den Weisen zu einem Freudenfest.

Und hier nun sitze ich, der Mönch Gendün Gyatso,
Um eine Versammlung ernster Wahrheitssucher
Den tiefen und ausgedehnten Dharma zu lehren;
Mein Dharma-Thron steht elegant inmitten der Pracht,
In einem Feld kunstvoll geordneter flacher Kristalle.

Welche Umgebung, um mitzuwirken
Am Drehen des heiligen Dharma-Rads!
Die Nagas selbst eilen geschäftig herbei,
Ihre Juwelenkronen zittern vor Erwartung und Freude.

Das Verdienst verströmt eine Welle von Güte,
Die die ernteschweren Obstgärten liebkost,
Sie reifen lässt mit allen köstlichen Düften,
Bis die Frucht zur Erde fällt wie Regen,
Und ambrosisches Glück für alle bringt.

Möge durch die verdienstvolle Energie der Versammlung
Eine Zeit der Güte und Harmonie anbrechen.
Mögen die Schatzhäuser sich füllen mit Frieden und
Glück,
Zu geistigem und weltlichem Wohlstand.

Mögen wir nie getrennt sein von unseren Erleuchtungs-
Lehrern,
Und mögen wir alle in die Stadt der Freude gelangen,
In den Dharmakaya-Zustand der vollkommenen Weisheit.

5
Lied von der Wanderbiene

Was folgt, ist ein erzählendes Gedicht über eine Pilgerfahrt, die der Zweite Dalai Lama nach Tsari unternahm, einem heiligen Berg im Süden Tibets. In den alten Tagen des buddhistischen Indien galt Tsari als einer der 24 Kraftorte, die im Heruka-Chakrasamvara-Tantra aufgezählt sind. Einige (einschließlich des Kailash sowie der Quellen von Ganges, Indus, Sutlej und Tsangpo [Brahmaputra]) liegen im Himalaya innerhalb Tibets.

Der Kolophon zu diesem Gedicht liefert den Hintergrund zu seiner Abfassung: «Diese Ballade von der Wanderbiene wurde von Nangpa Sönam Lekpa und Norzang Soljawa erbeten, zwei Schülern aus Druda mit weit geöffneten Augen des Glaubens und der Einsicht. Sie baten, dass ich ein Dharma-Lied über unsere Reise nach Osten durch Dvakpo ins Tsari-Gebiet und über die segensreichen Aktivitäten schreiben sollte, die dort stattfanden. Es wurde von dem Dichter Gendün Gyatso Pälzangpo spontan verfasst, als er sich im ruhmreichen Kloster Ganden Chöling aufhielt.»

Die Tatsache, dass es in Ganden Chöling geschrieben wurde, hilft uns bei der Datierung. Im Frühling des Holz-Maus-Jahres (1504) residierte der Zweite Dalai Lama in Eh, um die dortige Gemeinde zu unterweisen, als eine Delegation aus Druda mit der dringenden Bitte eintraf, dass er Dvakpo einen Besuch abstatten und auch eine Lehr- und Pilgerfahrt nach Tsari unternehmen möge. Er willigte ein und bekam unterwegs ein neues Kloster angeboten, das gerade fertig gestellt worden war. Er nannte es Ganden Chöling und hielt sich dort einige Tage auf. Auf der Rückreise von Tsari machte er ebenfalls dort Station, und während dieses zweiten Aufenthaltes in Ganden Chöling im Spätsommer verfasste er das Gedicht.

Das Lied gibt einen ausgezeichneten Einblick in den Lebensstil des Zweiten Dalai Lama zu jener Zeit. Er war ständig unterwegs und erteilte Unterweisungen, er war zufrieden mit sich und der Welt, voller Selbstvertrauen und ganz im Einklang mit der zentralen

Rolle, die von ihm erwartet wurde. Gleichzeitig lernen wir das Tibet vom Anfang des 16. Jahrhunderts kennen, in dem der Besuch eines berühmten Lama weniger ein feierlicher Akt als ein Anlass zu einem überschwänglichen Fest war, bei dem ihm, wie er selbst schrieb, «der Tanz junger Pfauen und der Sang wilder Kuckucke» geboten wurde. Ähnliches kann man heute noch in Zentralasien erleben. Wann immer der Dalai Lama ein Land wie Ladakh, die Mongolei oder Kinnaur besucht, um Unterweisungen oder Einweihungen zu geben, strömen tausende von begeisterten Anhängern von den Bergen herab und lagern ein oder zwei Wochen in seiner Nähe. Nachts bilden sie oft einen Kreis, singen für ihn und tanzen bis in den Morgen.

Verehrung der Sarasvati, dem weiblichen Weisheits-
Bodhisattva,
Kronjuwel aller Erleuchtungsucher,
Deren mystische Tanzformen, dem Vollmond gleich,
Lichtstrahlen in alle Richtungen senden.
Mögen die Zeichen ihrer Güte siegen.

Dort war ich, lebte unweit von Eh,
In Meditation versunken,
Am Shambo-Berg, einem heiligen Ort,
Ruhmreich wie der Kailash.

Da traf ein kraftvoller Einladungspfeil,
Bat mich, zu kommen und lehren.
Und ich, junger Mönch, im Dharma geübt,
Sprang in den Wagen der Wunschgewährung.

Ostwärts ins berühmte Dvakpo gingen wir zuerst,
Ein Stückchen Himmel, das zur Erde fiel,
Ein Seidenschal der immergrüne Wald,
Der sacht im kühlen Bergwind wogt.

Wir durchwateten den Lohita-Fluss,
Und die Nacht zog zauberhaft um uns herauf,
Mond und Sterne ein Halsband am Himmel,
Als wir uns Dvakpo Gongdegye näherten,
Dem himmlischen Garten, gebadet in Juwelenlicht.

Hier waren versammelt Gläubige in großer Zahl,
In der Absicht, ein spirituelles Fest zu begehen,
Wie ein großer Bienenschwarm in einer Honigwabe;
Und ich sollte ihnen den Honiggeschmack
Der Herzensunterweisungen des ruhmreichen Atisha
reichen,
Des großartigsten aller Lehrer,
Eine Dharma-Melodie, die ihre Weisheit erblühen lässt,
Eine Rede, die dringt bis zum Gipfel der Welt.

Wie Entenschwärme sich auf einem See niederlassen,
So erschienen von überall her unzählige Weise,
Sie trugen die Girlande jahrelanger Meditation
Und strahlten vor Wissen um die geistigen Wege.
Sie fanden sich wieder in einem Park voller Nagas,
Männer und Frauen, gekrönt mit den magischen Juwelen
Des Glaubens und der Liebe zu den geistigen Wegen.

Erst zögerte ich, der Bitte zu folgen,
Eine so glänzende Versammlung zu belehren;
Doch ich erinnerte mich, dass Furcht und Zögern
Das Nahen des dunklen Zeitalters verkünden,
Und machte mich voller Freude ans Werk.

Dann reisten wir ostwärts, in die Richtung der Kraft,
Bis wir schließlich nach Chenyil kamen,
Wo das weiße Ruhmesbanner hoch flattert,
Eine Stadt wie ein wunderbares Buddha-Feld,
Mit Bewohnern, deren fabelhafter Reichtum
Den eines Reichtumsgotts überstrahlten.

Dort ward ich höchst glänzend empfangen,
Wie die größten Spender den Buddha empfingen.
Ich gab mir Mühe, ihnen zu weisen
Den Pfad, der zu Heil führt und Glück,
Und sie mit dem Heilöl der Wahrheit zu salben.

Wir pilgerten sodann zum Gampoda-Berg,
Einem heiligen Ort, an dem der kühlende Segen
Des Yogi Daod Shönnu überall glänzt
Wie Mondschein am wolkenlosen Himmel;
Ein Kraftort, an dem zahllose Meditierende
Intensiv praktiziert und Verwirklichung erreicht
hatten.

Hier, in dieser erstaunlichen Gegend,
An diesem Ort, der selbst mit Oddiyana wetteifert,
Steht ein legendäres Bild von Gampopa,
Das ihn in Vollkommenheit wiedergibt;
Seine Schönheit überwältigt das Auge, und ich
Konnte den Blick nicht abwenden von ihm.
Kyehu! Die Erleuchtungsenergie schien so hell
Wie ein greifbarer Gegenstand vor unsren Augen.

Uns wendend in die Richtung Saturns,
Kamen wir über den Fluss nach Tsaritra,
Einem Ort, der dem Reinen Dakini-Land ähnelt;
In seiner Mitte liegt die Stadt Druda
Wie ein Juwel, das der Schöpfer Brahma
Einst aus seiner eigenen Himmelswelt nahm
Und sorgsam hienieden auf Erden platzierte.
Diese herrliche Aussicht zu genießen
War wie eine Liebkosung durch Götternektar.

Wir sahen erstaunliche Schönheit, sonst
Im Paradies nur zu finden;
Uns schien's, als wär eine vollkommene Welt
Geheimnisvoll herabgestiegen hier auf die Erde

Und wäre ein goldenes Zeitalter eingeläutet,
Mit Gleichgewicht von Körper und Geist.

Wir kamen zur Zeit eines heiligen Festes,
Der jährlichen Feier des mystischen Geschehens,
Als der Buddha *Prajñaparamita* lehrte und sich
Zugleich in tantrischer Form manifestierte
Und unter dem Dhanayakotaka-Stupa erschien,
Um Kalachakra zu lehren, den König der Tantras.
Der Ort war zu Indras Garten geworden,
Junge Leute tanzten wie Blitze*,
Ihre Lieder übertrafen selbst die der Götter.

Mönche, Nonnen und Laien in großer Zahl
Waren gekommen und bedeckten das Antlitz der Erde
Wie kühlender Balsam den Körper salbt.
Unzählige Könige und Häuptlinge waren auch dort,
Um das Banner ihres Entschlusses zu hissen,
Eine Welt zu erschaffen, die Körper und Geist inspiriert.

Für diejenigen, denen es vom Schicksal bestimmt war,
Ertönte der klangreiche Gong des Großen Weges,
Und geistige Diskussionen begannen zu fließen
In begierige Ohren wie heilende Arznei.

Die Stadt selbst ist wie das Spiegelbild
Eines prächtigen Gemäldes aus Götterhand:
Blumenparks in Juwelenfarbe
Erheben sich wie Jungmädchenbrüste;
Beladen mit Früchten reihen sich Obstbäume
Elegant wie Edelsteine auf einer Schnur;
Und überall in der Ferne
Das lächelnde Gesicht des unberührten Walds.

* Indra ist ein Donner- und Regengott, ähnlich dem griechischen Zeus, daher ist er auch der Herr der Blitze.

Schließlich zogen wir, Tsari verlassend,
Um die große Wildnis zu sehen und zu erleben
Und den Tanz junger Pfauen und Kuckucksgesang,
Auf dem Rückweg mit vom Glück begünstigten Freunden
Nach Metoktang, dem unvergleichlichen Ort,
Dessen Erdreich ein buntes Blumenkleid umhüllt.
Wir schauten und erfreuten uns
Am spielerischen Ausdruck von Güte und Freude.

Auch Ode Gungyäl, Kronjuwel des Himalaya, bemalten wir
Mit dem Staub unserer Pilgerschaftsstapfen
Und wandten uns heimwärts dann nach Yarlung,
Dem Nabel und Herzland von Tibet, der Blume,
Deren Ruhm einem schimmernden Schmuckstück gleicht,
Das das Ohr einer Schönen ziert.

Und so schließt das Lied unsrer Pilgerfahrt
Nach Tsari, heilig seit alter Zeit.
Ich beende es mit diesem Gebet:
Möge die Tradition, die von Atisha stammt,
Der eins ist mit allen Buddhas und Bodhisattvas,
Mit dem Glanz von tausend Sonnen erstrahlen
In diesem Land dichter Wälder bis ans Ende der Zeit.

6
Aus einer Vision von Lama Tsongkhapa

Im Kolophon heißt es: «Dieser Gesang wurde von Gendün Gyatso Pälzanpo geschrieben, nachdem ihm in einer Vision Lama Tsongkhapa erschienen war, während er in Dradruk in Klausur lebte.» Wie schon erwähnt, ist Dradruk der Tempel, den König Songtsen Gampo Mitte des 8. Jahrhunderts nahe dem Yangbu-Lhakhang-Palast im Yarlung-Tal erbauen ließ, der Burg des ersten tibetischen Königs Nyatri Tsenpo.

Die Vision von Lama Tsongkhapa, die der junge Mönch Gendün Gyatso in Dradruk erlebte und die ihn zur Abfassung dieses Dharma-Liedes inspirierte, wird in der «Biographie» auf das Feuer-Schlange-Jahr (1497) datiert.

Jede der zentralen Strophen schließt mit dem Refrain: «O Lama Tsongkhapa, Guru von unvergleichlicher Güte, inspiriere Wahrheits-Gedanken in diesem gottlosen Bettler.» Das Wort «Bettler» spielt mit der tibetischen Bezeichnung für einen buddhistischen Mönch, *gelong*, was «Bettler im Geist» bedeutet. Im alten Indien erwartete man von Mönchen, dass sie selbst für ihren Lebensunterhalt sorgten, indem sie jeden Morgen mit ihrer Schale im Dorf die Runde machten und sich die eine Mahlzeit erbettelten, die sie pro Tag zu sich nehmen durften. Dies ist auch heute noch in vielen buddhistischen Ländern üblich (vor allem in Birma und Thailand). Tibet und die anderen zentralasiatischen Länder folgten dieser Tradition nicht, wahrscheinlich, weil die Bevölkerung so weit verstreut lebte und die klimatischen Bedingungen so extrem sind.

Dass sich der Autor selbst als verrückten Bettelmönch bezeichnet, ist im Kontext seiner Meditationen über die Leerheit zu verstehen: Er ist ein Mann, den die mystische Ekstase ver-rückt hat.

Verehrung den heiligen Gurus, den Verkörperungen
Des Wissens und Mitgefühls aller Buddhas.

O Lama Tsongkhapa, unvergleichlich gütiger Guru,
Dessen Geist untrennbar ist von dem aller Buddhas,
Dessen Körper sich in zahllosen Formen manifestiert,
Und dessen Rede einen ständigen Regen von Lehren
verströmt,
Tritt ein in das Herz dieses verzagten Mönchs;
Inspiriere Wahrheits-Gedanken in diesem gottlosen Bettler.
Gütiger Meister, blicke mit Mitleid auf mich;
Hort der Güte, ich setze meine Hoffnung auf dich.

Da ich nicht wusste, dass du die wahre Quelle
Allen geistigen Fortschritts für mich bist, hier und fortan,
Suchte ich früher anderswo, aber umsonst.
Ich konnte deinen Lehren kein Vertrauen schenken;
Doch nun sehe ich, wie töricht meine Zweifel waren.
Rückblickend wird mir klar, dies war ein Zeichen,
Dass mein Geist noch fern war vom Pfad.
O Lama Tsongkhapa, Guru von unvergleichlicher Güte,
Inspiriere Wahrheits-Gedanken in diesem gottlosen Bettler.

Wenn der Geist zerstreut wird durch starke Anhaftung
An die Dinge dieses kurzen, vergänglichen Lebens,
Dann, obwohl man äußerlich geübt scheint
Im Durchlaufen der Stufen geistiger Praxis,
Ist der Geist doch nicht mit der Wahrheit verbunden;
Ein Blick nach innen ist eher enttäuschend.
Das Nicht-Gewahren der Unbeständigkeit ist ein Zeichen,
Dass der Geist fern ist vom Pfad.
O Lama Tsongkhapa, Guru von unvergleichlicher Güte,
Inspiriere Wahrheits-Gedanken in diesem gottlosen Bettler.

Mit Anhaftung an Reichtum und Ansehen werden wir
Beständig absorbiert von geistlosem Tun
Und lassen unser kostbares Menschenleben verrinnen.

Äußeres Gehabe ist bloßer Schein,
Unser kluges Gerede ein Mittel der Täuschung;
Wir sind so schlau, dass wir uns selbst betrügen
Und unsere geistige Übung zur Imitation verkommt.
Dies ist ein Zeichen, dass der Geist fern ist vom Pfad.
O Lama Tsongkhapa, Guru von unvergleichlicher Güte,
Inspiriere Wahrheits-Gedanken in diesem gottlosen Bettler.

Obwohl wir die karmischen Gesetze kennen
Und das unerträgliche Leiden der niederen Bereiche,
Bemühen wir uns nicht, unser Leben zu meistern,
Und lehnen uns stattdessen träge zurück.
Wir sind wie Schafe vor dem Schlachthaus,
Sehen unsere Freunde rings um uns sterben,
Erkennen unsere wirkliche Lage nicht,
Bis wir selbst unter das Beil kommen.
Du, der du dich für so schlau und gerissen hältst,
Bist du nicht wie von einem Dämon besessen?
Dies nicht zu sehen, unsere missliche Lage,
Ist ein Zeichen, dass der Geist fern ist vom Pfad.
O Lama Tsongkhapa, Guru von unvergleichlicher Güte,
Inspiriere Wahrheits-Gedanken in diesem gottlosen Bettler.

Selbst die Götter in den höchsten Himmeln,
Begabt mit Freude und Reichtum in Fülle,
Müssen eines Tages alles zurücklassen
Und allein durch das Tor des Todes schreiten.
O Gierschlund, du denkst nicht an den Tod, du verbringst
Deine Zeit damit, Verwandte und Freunde zu unterhalten,
Und mit dem Streben nach Reichtum, Besitz und Macht,
Ganz gleich, ob du sie brauchst oder nicht.
Niemals zufrieden, wird unser Haften an weltlichem Glück
Eine Kette, die uns an Enttäuschung bindet.
Dies ist ein Zeichen, dass der Geist fern ist vom Pfad.
O Lama Tsongkhapa, Guru von unvergleichlicher Güte,
Inspiriere Wahrheits-Gedanken in diesem gottlosen Bettler.

Um jene von uns, die ihr Leben unweise verbrachten
Und nicht zur geistigen Reife gelangten,
Werden, wenn der Herr des Todes schließlich kommt,
Um uns zu verschlingen, sich heftig erheben
Die heulenden Winde des schwarzen Karma,
Uns über die Klippe stoßen in schreckliche Reiche;
Das schwarze Karma, das wir auf dem Rücken tragen,
Gesammelt in Leben seit anfangloser Zeit,
Ist so schwer wie der gewaltige König der Berge;
So wär auch ein Sesamkorn Zuversicht zu viel,
Dass uns nicht eine niedere Wiedergeburt droht.
Wir mögen uns klammern an Reichtum und Besitz,
Und nach hundert Geliebten und Freunden rufen;
Aber wir werden allein und mit leeren Händen
In den Tunnel der großen Zukunft gehen.
Nicht jeden Augenblick in dieser Gewissheit zu leben
Ist ein Zeichen, dass der Geist fern ist vom Pfad.
O Lama Tsongkhapa, Guru von unvergleichlicher Güte,
Inspiriere Wahrheits-Gedanken in diesem gottlosen Bettler.

Jedes Lebewesen, das die drei Bereiche durchwandert,
War mir eine gütige Mutter in einem vergangenen Leben;
Doch das Leiden, das sie alle beständig bedrückt,
Scheint mich überhaupt nicht zu kümmern.
Dies ist ein Zeichen, dass der Geist fern ist vom Pfad.
O Lama Tsongkhapa, Guru von unvergleichlicher Güte,
Inspiriere Wahrheits-Gedanken in diesem gottlosen Bettler.

Heiliger geistiger Lehrer, welches Schicksal auch immer
Befällt diesen gottlosen, kranken Bettelmönch,
Ich setze meine ganze Hoffnung auf dich.
Lass mich nicht fallen aus deinem Mitgefühl;
Flöße meinem Geist weltliche und höchste Kräfte ein.

Unvergleichlicher geistiger Führer, deine einzige Aufgabe
Ist es nun, Lebewesen zur Erleuchtung zu führen;
Und ich hege keinen Zweifel, dass du auch mich

Schließlich zum höchsten Ziel führen wirst.
Aber bis ich dort anlange, wache über mich,
Denn sollte ich in Orte des Elends fallen,
Bin ich nicht sicher, dass ich standhalten kann.
So zeige mir nun deine strahlende Miene
Und weise diesem verrückten, gottlosen Bettelmönch
Den Weg nach Tushita, dem Reinen Land der Freude.
Lass herabregnen den ausgedehnten und tiefgründigen
Dharma,
Schneide in mir ab die Wurzel des Greifens nach einem «Ich»,
Inspiriere mich, deinen Erleuchtungszustand zu vollenden.

Deine Güte, o Meister,
Hat mich bewogen, diese Verse zu singen;
Gefühle wallen auf in mir, denk ich an dich,
Und ich kann nicht umhin, im Sang auszurufen:
Ich, ein gottloser Einsiedler aus Ober-Tsang,
Der verrückte Bettelmönch Gendün Gyatso.

Durch dein barmherziges Wirken, o heiliger Meister,
Möge das Wissen alles Seienden* vollendet werden;
Und mögen tausend Sonnenstrahlen erleuchteten
Handelns nun
Erstrahlen, um Weisheitslicht zu inspirieren.

* Fachbegriff aus dem *Prajñaparamita-Sutra: Yathavad vyavasthanaparijñana*, tibetisch *ji-snyed-pa mkhyen-pa'i ye-shes*, ist die Allwissenheit eines Buddha, die die relative Wirklichkeit in ihren mannigfaltigen Aspekten irrtumsfrei erkennt.

7
Meditationen zur Vorbereitung auf den Tod

In der letzten Strophe des folgenden Gedichts nennt der Zweite Dalai Lama selbst den Ort, an dem er es schrieb sowie die Gründe hierfür: «Ein ergebener Schüler aus weiter Ferne/ Erbat ein Lied mit geistiger Unterweisung,/ Geschrieben in leicht fasslichen Worten,/ Um ihm zur Zeit des Todes zu helfen./ Und da er so inständig bat,/Konnte ich, der verrückte Bettelmönch Gendün Gyatso,/ Ein Wanderer aus Obertsang, mich nicht weigern,/ Und schrieb diese Verse in Yerpa Lhari Nyingpo.»

Der Mönch, für den das Lied verfasst wurde, taucht in der «Biographie» auf; dort heißt es, kurz nach der Inthronisierung des Zweiten Dalai Lama in Tashi Lhünpo sei «...ein Mönch aus Ehden zu ihm gekommen, habe ihm ein Geschenk gebracht und um eine Unterweisung gebeten.» Damals war der Zweite Dalai Lama zwölf Jahre alt.

Den Ort Yerpa Lhari Nyingpo, an dem das Gedicht entstand, besuchte er jedoch erst mit fünfundzwanzig, im Eisen-Affe-Jahr (1500). In jenem Frühling hatte er beschlossen, an den Orten zu meditieren, die Atisha und seine Schüler häufig aufgesucht hatten. Die «Meditationen zur Vorbereitung auf den Tod» sind vermutlich während dieses Meditationsklausur entstanden.

Der Tod ist für den spirituellen Pfad des indotibetischen Buddhismus ein Thema von grundlegender Bedeutung. Dabei handelt es sich keineswegs um eine Neigung zum Morbiden, sondern um das Bemühen, den Sinn für den Wert des Lebens zu intensivieren. Ein altes Kadampa-Sprichwort besagt: «Wenn man beim Erwachen nicht gleich über den Tod meditiert, riskiert man es, den Vormittag zu verlieren. Dies zur Mittagszeit nicht zu tun, bedeutet, möglicherweise den Nachmittag zu verlieren. Und wenn man es am Abend vergisst, läuft man Gefahr, die Nacht zu vergeuden.»

Als Beispiel wird ein Mensch angeführt, der während des Tages die Nacht vergisst; dadurch gerät die Perspektive aus dem Gleichgewicht.

Verehrung dem väterlichen Guru Lama Tsongkhapa,
Der aus der Sphäre der großen Leerheit
Sich mit seiner magischen Kraft emaniert
Und erscheint in den zahllosen Welten des Universums,
In Formen, die den Bedürfnissen der Welt entsprechen.

Die Wurzel aller Freude in diesem und dem nächsten Leben
Ist der geistige Meister, der den Großen Weg enthüllt.*
Näherst du dich ihm mit aufrichtigem Herzen,
Werden gewöhnliche und höchste Kräfte von selbst
entstehen.

Da du eine kostbare menschliche Geburt gefunden hast,
Die so schwer zu erlangen und so leicht verloren ist,
Lass dich nicht ablenken von fruchtlosem Bemühen,
Richte dein Streben stattdessen auf den Pfad zur Erleuchtung.

Das einzig Vertrauenswürdige in dieser Welt
Sind die Drei Kostbarkeiten der Zuflucht:
Der Buddha, der Dharma und der Sangha.
Meditiere ununterbrochen Tag und Nacht über sie
Aus der tiefsten Tiefe deines Herzens.

Selbst eine scheinbar geringfügige unheilsame Handlung
Kann in der Zukunft großes Leiden erzeugen;
Strenge dich nun an aus der tiefsten Tiefe deines Herzens,
Unheilsames zu überwinden und Heilsames zu pflegen.

* Anspielung auf den Beginn von Tsongkhapas Gedicht «Die Basis aller Qualitäten» *(Yon-tan sZhir-gyur-ma)*: «Gütiger Meister, du bist die Basis aller Qualitäten, sich richtig auf dich zu stützen ist die Wurzel des Weges.»

Wurzel und Grundlage des Großen Weges ist, wie es heißt,
Der Wille, höchste Erleuchtung zu erlangen,
Um den zahllosen Lebewesen helfen zu können.
Bemühe dich, diesen Gedanken zu erzeugen und
Sein Gegenteil zu überwinden, die Selbstsucht.

Da alle Dinge in Abhängigkeit existieren,
Sind alle Dinge von Natur aus leer.
Pflege diese Ansicht, und betrachte die Welt
Als Illusion, wie ein Zauberer sie erschafft.

Wie viel Reichtum und Besitz wir auch haben –
Sie verstärken nur die Ketten des Anhaftens.
Pflege daher den Geist der Großzügigkeit,
Der helfen will, ohne Belohnung zu erwarten.

Am Ende kann uns kein weltlicher Gewinn
Schützen vor der Klippe, die ins Elend abfällt.
Gedenke dessen, und dass der gierige Herr des Todes
Beständig alle Lebewesen verschlingt.

Wenn der Tod naht, mögest du im Besitz sein
Der Geistesgegenwart, um dich selbst zu retten
Nach Tushita, ins Reine Land der Freude.
Mögest du dort vor Buddha Maitreya sitzen,
Dem Meister der zehn Wissensstufen,
Umgeben von zahllosen Bodhisattvas,
Und hören, wie er die transzendente Weisheit lehrt.

Welche verdienstvolle Energie du auch erzeugst
Durch spirituelle Bemühung von Körper, Rede und Geist,
Widme sie diesem erhabenen Ziel.
Für Zaudern bleibt dir keine Zeit,
Verfalle nicht in Faulheit oder Apathie.

Ein ergebener Schüler aus weiter Ferne
Erbat ein Lied mit geistiger Unterweisung,

Geschrieben in leicht fasslichen Worten,
Um ihm zur Zeit des Todes zu helfen.
Und da er so inständig bat,
Konnte ich, der verrückte Bettelmönch Gendün Gyatso,
Ein Wanderer aus Obert-Tsang, mich nicht weigern,
Und schrieb diese Verse in Yerpa Lhari Nyingpo.
Mögen Schüler voll Eifer für die geistige Praxis
Inspiration finden, um Erleuchtung und Freude zu erlangen.

8
Lied vom Pfad zur Erleuchtung

Der Kolophon des folgenden Gedichts stellt einfach nur fest: «Geistige Grundsätze für Jampal Drakpa, einen engen Schüler.» Weder Ort noch Datum der Abfassung werden genannt.

Jampal Drakpa, der Mönch, für den das Lied geschrieben wurde, wird in der Autobiographie als ein Schüler beschrieben, der mit dem jugendlichen Dalai Lama sympathisierte, als dieser aus Tashi Lhünpo ausgeschlossen wurde, und der ihn bat, mit ihm ins Kloster Drepung reisen zu dürfen. Er wird als *solpon* bezeichnet; dies ist ein Ehrentitel für einen Sekretär. Er war kein Diener im gewöhnlichen Sinn, sondern eher ein älterer Aufseher.

Der Text ist sehr persönlich gehalten und typisch für die Struktur und die Atmosphäre von Lamrim-Lehrtexten, wie sie von Kadampa- und Gelugpa-Lamas geschrieben wurden; dabei wurde Wert darauf gelegt, dass die Worte des Buddhismus nicht nur gelernt, sondern in der Meditationsklausur auch in die Praxis umgesetzt wurden.

Der Stil der tibetischen Verse ist melodiös und rhythmisch, was darauf schließen lässt, dass der Verfasser sie seinem Schüler zum Zwecke der täglichen Rezitation übergaben.

Verehrung dem Guru, dem wunscherfüllenden Juwel,
Das die weltlichen und höchsten Siddhis gewährt.

Schöpfend aus dem Schatz der Sutras und Tantras,
Will ich ein Lied singen vom Weg zur Erleuchtung.
Du, der du wünschst, den geistigen Pfad zu beschreiten,
Gib Acht eine Weile, und leih mir dein Ohr.

Alle inneren Verwirklichungen, ob groß oder klein,
Erfordern Vertrauen zu einem qualifizierten Lehrer.
Dies hat Buddha Vajradhara selbst gesagt,
So nimm es dir zu Herzen, Jampal Drak.

Mit seinen Freiheiten und günstigen Umständen
Ist der Körper das höchste Gefäß für geistige Übung.
Denk nach über die kostbare Gelegenheit, die dir zuteil ward,
Und zieh Nutzen aus ihr, Jampal Drak.

Wir können in alle Ewigkeit nach weltlichen Werken streben
Und werden nie an ein Ende kommen damit;
Lass nicht zu, dass du nur mit Bedauern bewaffnet bist,
Wenn der Herr des Todes zuschlägt, Jampal Drak.

Befiele dich das Elend der niederen Daseinsbereiche,
Fändest du sie schier unerträglich.
Da du nicht sicher sein kannst, dort nicht geboren zu werden,
Vermeide ihre karmischen Ursachen, Jampal Drak.

Der Schatz, der alle Arten von Freude erzeugt,
Sind die Drei Kostbarkeiten: Buddha, Dharma und Sangha.
Sei ihrer gewahr, und strebe nach einem schöpferischen Leben,
Das wäre weise in der Tat, Jampal Drak.

Geknechtet von Karma und Verblendung,
Bleibt keine Zeit für inneren Frieden und Freude,
Ganz gleich, wohin in der Welt wir auch gehen,
Überwinde Karma und Verblendung, Jampal Drak.

Verkrüppelt vom Krebsgeschwür der Selbstliebe,
Bringen wir uns selbst nur Kummer und Leid.

Benutze die Weisheit, die Ich-Losigkeit schätzt,
Und überwinde die Selbstliebe, Jampal Drak.

Die Quelle allen Unbehagens und Schadens ist
Samsara:
Eine Feuergrube, in der hoch auflodern die Leiden
Von Geburt, Krankheit, Alter und Tod.
Scheu keine Mühe herauszuklettern, Jampal Drak.

Wenn du jetzt nicht einspitzig nach dem Pfad strebst
Und zulässt, dass der Geist der Verführung verfällt
Durch weltliche Belange, diesen ewigen Gleisner,
Dann gibst du dich selbst einer Illusion hin, Jampal
Drak.

Wie viel besser ist es doch, in die Berge zu gehen
Und Tag und Nacht zu meditieren,
Zufrieden mit jedem Essen, das kommt.
Tu dies, oder bereue später vielleicht, Jampal Drak.

Mit weltlichen Freunden verschwendest du deine Zeit,
Das Leben ist wie ein Blitz am Himmel,
Und materielle Dinge schwimmen wie Blasen im Fluss;
Häng nicht an ihnen, Jampal Drak.

In früheren Leben kannten wir jeglichen Ruhm
Und erfuhren jede weltliche Macht und Lust.
Glaubst du nicht, dass die Zeit endlich reif ist,
Den Erleuchtungspfad zu vollenden, Jampal Drak?

Früher konnten wir, da die Weisheit Zeit braucht,
Vielleicht nicht alle geistigen Methoden meistern;
Doch ist es weise, nun zu üben, was wir kennen.
Bedenke, der Tod kommt schnell, Jampal Drak.

Alle Buddhas und großen Bodhisattvas
Waren einst gewöhnliche Wesen wie ich und du;

Aber dann widmeten sie sich der Übung
Und meditierten eifrig über den Pfad zur Erleuchtung.
So übend, überwanden sie Karma und Verblendung
Und vollendeten den Zustand der drei vollkommenen *kayas*.
Folg ihrem Beispiel, Jampal Drak.

9
Drei Lieder an Sung-rab Gyatso

Eine faszinierende Gestalt in den späteren Jahren des Zweiten Dalai Lama ist Sung-rab Gyatso, sein Sekretär. Die «Biographie» informiert uns darüber, dass der Zweite Dalai Lama vierundzwanzig Jahre alt war, als er für zweieinhalb Monate in Yerpa in Klausur ging. Den Winter verbrachte er in Klausur in Drakdong, und im darauf folgenden Frühjahr pilgerte er in den Südwesten, bis er schließlich Chökyi Gyaltsen Tse erreichte. Dort traf er zum ersten Mal auf Sung-rab Gyatso. Die Begegnung muss für beide bedeutsam gewesen sein, denn sie führte zu einer lebenslangen väterlichen Fürsorge seitens des Zweiten Dalai Lama und zu einem hingebungsvollen Dienst seitens Sung-rab Gyatsos.

Schon bald stieg der junge Schüler zum *nyerne chenpo* auf, einer Art rechter Hand. Diese Position ist eine Mischung aus Manager, Schatzmeister und Chefsekretär. Als der Meister immer gefragter wurde und immer mehr Menschen seine Aufmerksamkeit beanspruchten, wurde die Arbeit des Assistenten zunehmend anspruchsvoll und heikel.

Als der Zweite Dalai Lama vierzig war, musste Sung-rab eine Vielzahl von Aufgaben bewältigen: Sämtliche Geldangelegenheiten regeln, den Terminplan des Meisters im Auge haben, seine Reisen und Lehraktivitäten planen, die Aufnahme an den verschiedenen Orten, an die er eingeladen wurde, vorbereiten, die laufenden Projekte überwachen (wie den Bau von Klöstern und die Vergabe von Aufträgen für Kunstwerke), die Oberaufsicht über so profane Dinge wie die Nahrungsbeschaffung und das Protokoll führen, die vielen Bitten um Gespräche und Treffen koordinieren, sich um alle Angelegenheiten kümmern, wenn sich der Meister in Klausur befand, ihn bei wichtigen politischen Entscheidungen beraten.

Aufgrund seiner überaus verantwortungsvollen Position musste der *nyerne chenpo* eines hoch gestellten Lama im klassischen Tibet, das aus über hundert winzigen Königreichen und Stämmen bestand, unbedingt eine integre und intelligente Person sein. Der Dalai Lama wurde im Lauf seines Lebens von hunderten von Königen, Königinnen, Häuptlingen und Stammesfürsten empfangen, die alle mit Würde und Achtung behandelt werden mussten, damit sie nicht den Eindruck erhielten, die einen würden bevorzugt und die anderen ignoriert. Hunderttausende gewöhnlicher Menschen, dazu zehntausende Mönche und Nonnen betrachteten den Meister als ihr geistiges Oberhaupt und es war wichtig, dafür zu sorgen, dass das Amt nicht so weit politisiert wurde, dass es diese Beziehungen störte.

Doch das Aufgabenfeld eines Sekretärs war durchaus keine streng weltliche Angelegenheit. Sung-rab war in erster Linie Mönch und Schüler des Zweiten Dalai Lama und erst in zweiter Linie seine rechte Hand. Die Lieder, die der Zweite Dalai Lama für ihn schrieb, behandeln vorrangig den spirituellen Aspekt seines Lebens. Als solche sind sie von universeller Bedeutung in ihrer Aussage, soweit sich ein geistiger Rat in der Tantra-Tradition überhaupt übertragen lässt.

Erstes Lied an Sung-rab Gyatso

Om! Mögen Freude und Güte siegen!

O Guru Atisha, Kronjuwel der indischen Meister,
Und deine wundervollen geistigen Erben
Sowie Lama Tsongkhapa, der Zweite Buddha,
Und all die unvergleichlichen gütigen Wurzellamas:
Blickt auf mich, euren ergebenen Anhänger
Mit gnädigen Augen voll Mitgefühl.

Mein Schüler Sung-rab Gyatso, Hingebungsvoller:
Durch die Kraft des Strebens und ein starkes karmisches Band
Warst du mit mir seit frühester Kindheit,
Widmetest dich mir in jeder erdenklichen Weise;
Mir war es eine Freude, für dich zu sorgen.

Dem Guru zu dienen ist nicht leicht,
Und die meisten, die es versuchen, gehen bald in die Irre.
Manche, durch tägliche Vertrautheit,
Sehen Fehler in seinen Erleuchtungsmethoden;
Andere missbrauchen ihre Stellung
Und schikanieren Mitschüler.
Wieder anderen fehlt der wahre Respekt,
Sie verfallen in Trägheit und Albernheit.
So verkehren sie das Verdienstfeld,
Sammeln wieder nur negatives Karma
Und zerstören so die Basis ihres inneren Friedens.

Doch du, Sung-rab Gyatso, hast keinen dieser Fehler,
Und wahrst stets reine Wahrnehmung und Methoden.
Deine geistige Überzeugung beruht nicht auf bloßen
Worten,
du hegst nicht einen selbstsüchtigen Gedanken.
Du missachtest nie meinen geistlichen Rat
Und strengst dich stets an, meinen Geist nicht zu stören.
Du gabst mir nie Anlass zur Sorge
Hinsichtlich deiner Integrität, deiner Selbst-Disziplin
Oder deiner Hingabe an den geistigen Pfad
Und benachteiligst andere nicht,
Siehst nicht auf Reichtum, Macht oder Stand.
Magst du vielleicht auch kein großer Gelehrter sein:
Praktizierst du weiter wie bisher,
So wirst du sicherlich dein geistiges Ziel erreichen.

Der Große Buddha Vajradhara hat gelehrt,
Dass der Lehrer ein größeres Verdienstfeld ist
Als die Hingabe an die Myriaden von Buddhas,
Die in allen Zeiten und Richtungen existieren.
Viele große Bodhisattvas haben diese Wahrheit bewiesen,
Wie Sudhana und Sataprarudita,
Die Zustände geistiger Erleuchtung erlangten,
Durch Hingabe an den Mahayana-Guru

Berühmte Beispiele aus der Vergangenheit
Sind auch Naropa, Schmuckstück der indischen Adepten,
Drom Tönpa, ein wahrer Dharma-Meister,
Milarepa, der wunderbare große Yogi,
Und Tulku Shönnu Öd, eine wundersame Emanation.
Jedes dieser heiligen Wesen hat vollkommen enthüllt
Die Methode, die zwei Erleuchtungs-Siddhis zu erlangen,
Durch Hingabe an den Guru in Gedanken und Tat.

Wir sollten uns als Vorbild beim Üben
Diese heiligen Wesen nehmen, die Realisierung erlangten,
Ihnen nacheifern und ihrer Annäherung an den Pfad.
Dann, selbst wenn uns jetzt die geistige Kraft fehlt,
Wird sie zweifellos bald in unsere Hand fallen.
Bete darum, niemals getrennt zu sein
Vom Guru und ihn in die Erleuchtung zu begleiten.

Die menschliche Geburt ist wie ein wunscherfüllendes Juwel,
Verschwende die kostbaren Chancen nicht, die sie bietet.
Greif nicht nach dem Leben als beständig, sondern meditiere,
Wie der Tod zu jedem Zeitpunkt eintreten kann.

Denk an die schrecklichen Leiden,
Die die niederen Daseinsbereiche durchdringen,
Und vermeide ihre Ursache, verletzendes Verhalten.
Überwinde die Anhaftung an oberflächliche Ziele,
Und kultiviere stattdessen Güte und innere Freude.
Da die Drei Kostbarkeiten der Zuflucht Quellen der Freude sind,
Denk an sie zu jeder Zeit, an jedem Ort.

Jedes Lebewesen war ein Verwandter von uns
Im Lauf unzähliger früherer Leben;
Meditiere darüber, und erzeuge
Liebe und Mitgefühl für alle von ihnen.

Die Wurzel des Großen Wegs zur Erleuchtung
Ist Meditation über die zwei Arten von Bodhichitta:
Das altruistische Streben nach Buddhaschaft,
Als höchstes Mittel, der Welt zu nützen,
Und Weisheit, die unmittelbar wahrnimmt
Das Absolute, die Leerheits-Natur der Dinge.
Achte diese beiden wie dein Bein und dein Auge.

Um die Basis deines Lebens zu stärken,
Praktiziere die Langlebens-Yogas des Tara-Tantra,
Und entferne alle Hindernisse, die der Vollendung
Des Pfades entgegenstehn, der dem Leben Bedeutung
verleiht.
Unternimm die tantrische Praxis von Pälden Lhamo,
Des Dharmapala, der alle geistigen Kräfte verleiht.

Dies ist mein Herzens-Rat an dich, Sung-rab Gyatso,
Dargeboten mit dem aufrichtigen Wunsch, dir zu helfen.
Und mit ihm biete ich dar meine Gebete für dich,
Dass dein geistiges Streben erfüllt werden möge
Und, bis die erhabene Erleuchtung erlangt wird,
du nie getrennt seist von den Meistern des Großen Weges.

Zweites Lied an Sung-rab Gyatso

Verehrung den heiligen Gurus.

Buddha Vajradhara, in dieser Zeit am Ende der Zeit,
Spielte das Drama seines mystischen Tanzes,
Manifestiert als buddhistischer Mönch,
Als unvergleichlicher Lama Tsongkhapa, verkörperte
Weisheit,
Mit ungeteiltem Glauben verneige ich mich vor ihm.

Sung-rab Gyatso, mein Schüler, höre auf dieses Lied.
In einem früheren Leben erzeugtest du viel heilsames Karma

Und hast nun eine seltene menschliche Geburt erlangt,
Die mit jeder geistigen Gnade versehen ist.
Du hast das Tor des Großen Weges durchschritten,
Hast die Übung unter einem Linien-Guru aufgenommen
Und kannst ihn als voll erwachten Buddha sehen,
Fähig, zu inspirieren und dich durch Wissen zu führen.
Dies ist ein Zeichen für eine frühere karmische Verbindung.

Es wird gelehrt, es gebe keine stärkere Methode,
Den Geist zu reinigen und Weisheit entstehen zu lassen,
Als die, einem Guru zu folgen, den man als Buddha sieht:
Geistig hält man ihn in der Sphäre des reinen Geistes,
Körperlich wartet man ihm auf und beachtet seinen Rat,
Mit der Stimme singt man ihm Bittgebete,
Damit er Segenswellen gewähren möge.

Eine Gefahr jedoch besteht auf dem Pfad:
Auf die Unterstützung des Guru zu bauen und
zu leben
Von dem, was ihm die Gläubigen spenden,
Während es einem an innerer Reinheit mangelt
Und man mit anderen Schülern streitet,
Ist wie der Sprung von einer schrecklichen Klippe,
Die abfällt zur Geburt in Welten des Leids.

In unzähligen früheren Leben bist du
Wieder und wieder durch Orte des Elends gewandert,
Aber nun hast du eine menschliche Geburt gefunden,
Die fähig ist, den Erleuchtungspfad zu vollenden.
Wie traurig wäre es, wenn du sie verschwendetest!

Wir sitzen hier und halten unser Leben für ewig,
Während ringsum der schreckliche Herr des Todes
Lebewesen zerstört, ohne sich darum zu kümmern,
Ob sie schwach oder stark, jung oder alt sind.
Haben wir den Realitätssinn völlig verloren?

Die materiellen Dinge in dieser Welt
Sind schwer anzuhäufen, aber leicht zu verlieren;
Und am Ende lässt man doch alles zurück.
Ist es nicht weiser, das, was wir haben, zu nutzen,
So dass es beiträgt zum Wohle der Welt?

In dieser dunklen Zeit sind Freunde und Gönner
Schwer zu erfreuen und leicht zu verärgern;
Freundlichkeit erntet Täuschung, und zuletzt
Geht jeder seinen eigenen Weg.
Ist es nicht eine traurige Welt, in der wir leben?

Die Menschen dieses negativen Zeitalters
Betreiben ihr Streben nach Reichtum, Macht und
Besitz
Mit Doppelzüngigkeit und Schlauheit.
Würden sie diese Energie den geistigen Zielen widmen,
Wären sie glücklicher in diesem und im nächsten Leben.

Zeit zu vergeuden mit oberflächlichen Leuten
Ist bar jeder Hoffnung und Bedeutung,
Schadet uns hier und späterhin.
Doch widmen wir uns dem Guru und den Drei
Kostbarkeiten,
Sind alle Hoffnungen für jetzt und für immer erfüllt.

Samsara gleicht einer Feuergrube, und die Leiden
Von Geburt, Alter, Krankheit und Tod fallen wie Regen.
Dies zu sehen und nicht nach Befreiung zu streben:
Wirklich, was könnte törichter sein?

Wenn uns Krankheit befällt, wird es uns schwer,
Den Schmerz auch nur ein paar Tage zu dulden;
Was, wenn wir in den Höllen geboren würden?
Wichtig ist es, Negativität zu vermeiden
Und die Wege der Güte zu üben.

Die Wesen der sechs Bereiche sind unzählig,
Doch kein Einziges von ihnen war nicht
In einem früheren Leben eine Mutter für uns.
Überwinde den unterscheidenden Geist, der fühlt
Anhaftung an die einen und Abneigung gegen die
anderen;
Meditiere über den Geist, der alle gleich liebt
Und der andere mehr schätzt als sich selbst.

Alle Dinge, die im Geist erscheinen,
Sind Bilder nur von Namen und Gedanken;
Nicht einmal ein Staubkörnchen existiert
Auf der Seite der Objekte an sich.
Meditiere wieder und wieder über diese Einsicht
Der Leerheit, die absolute Seinsweise.

In diesem Zeitalter der fünf großen Hindernisse
Hemmen uns zahllose Widerstände,
Erfolgreich den geistigen Pfad zu vollenden.
Angebracht sind darum kraftvolle tantrische Methoden
Von Meditationsgottheiten und Dharma-Schützern,
Beständig und gleichmäßig wie eines Flusses Strömen.

Dies also ist mein Ratschlag an dich;
Praktizierst du ihn mit festem Geist,
Winkt dir Frieden in diesem und im nächsten Leben,
Und sicherlich wird der erhabene Zustand
Der drei Buddha-Körper erzeugt.

Drittes Lied an Sung-rab Gyatso

Verehrung den Gurus und den Drei kostbaren Juwelen.

Um die Lebewesen in diesem dunklen Zeitalter zu zähmen,
Hat Buddha Vajradhara, Herr der fünf Buddha-Familien,
Sich als unvergleichlich gütiger, buddhagleicher

geistiger Lehrer Lama Tsongkhapa manifestiert.
Zu seinen Füßen werfe ich mich nieder.

Sung-rab Gyatso, lausche diesem Ratschlags-Lied.
In zahllosen Leben seit anfangloser Zeit
Hast du endlose Ketten von Geburten und Toden gekannt.
Es gibt keine Welt, in der du nicht geboren wurdest,
Und keine Lebensform, die du nicht annahmst.
Auch gibt es kein einziges Lebewesen,
Das dir nicht Vater oder Mutter war
Und dir mit großer Güte diente.

Aber auch die Kraft der drei Geistesgifte
Hat dich manches Mal auf schlechte Wege geführt,
Zur Wiedergeburt in den unteren Samsara-Bereichen,
Wo du unzählige Leiden erduldet hast.

Doch nun, durch den Segen der Drei kostbaren Juwele
Und deine Verbindung mit den heiligen Lehrern,
Hast du eine kostbare menschliche Geburt erlangt
Und trotz deiner Jugend den Mönchspfad eingeschlagen
Auf der Suche nach der grenzenlosen Freiheit.

Durch die Kraft des Gebets und des guten Karma
Hast du das Glück gehabt, Gurus zu treffen,
Die in allen Sutras und Tantras gepriesen werden,
Einmütig, von den Buddhas aller Zeiten und Orte,
Als Wurzel allen Wissens und jeglicher Kraft.

Der Guru, Stellvertreter aller Buddhas,
Ist ein wunscherfüllendes magisches Juwel.
Er bringt diesem Leben und dem nächsten Nutzen
Und führt zu allgemeiner wie höchster Verwirklichung.

Lass dich nicht behindern von negativem Denken.
Überwinde den Geist der weltlichen Wahrnehmung,
Und sieh den Guru als lebenden Buddha.

Für den Schüler, der so sich üben kann,
Fallen die Siddhis bald wie Regen herab.

Wer in dieser Art übt, gewinnt den beständigen Segen
Der Drei kostbaren Zufluchts-Juwele;
Die Yidams, Dakinis und Dharmapalas
Wachen über ihn wie über ihr einziges Kind,
Erfüllen alle Hoffnungen für dieses und das nächste Leben.

Erfüllt von ungeteiltem Vertrauen,
Meditiere über die Wohltaten des Guru.
Singe ihm melodische Gebete Tag und Nacht,
Und widme ihm dein Tun zu jeder Zeit.

Dies ist der Weg, den Segen des Guru zu erwerben
Und Nutzen aus seiner Gegenwart zu ziehen.
So eifert man den großen Yogis der Vergangenheit nach.
Du wirst nicht getrennt sein von den heiligen Lehrern
In diesem und künftigen Leben, und sie werden dich weiter
Führen, bis die Erleuchtung erlangt ist.

Sieh auf die Leben derer, die Wissen erlangten
Wie Naropa, Drom Tönpa und Milarepa.
Würden wir praktizieren wie sie,
Durch Hingabe an den Meister in Gedanken und Taten,
Dann wären alle Gurus, Buddhas und Bodhisattvas fähig,
Für uns zu sorgen wie eine Mutter für ihr einziges Kind.

Angeleitet von einem fähigen Lehrer,
Saug ein den Nektar des weiten und tiefgründigen Dharma.
Erhalte die grundlegende Reinheit der Übung,
Kultiviere das Gute, und überwinde das Böse;
Praktiziere den Großen Weg Tag und Nacht ungehindert.

Viele Hindernisse entstehen für den, der dem Pfad
Zur Erleuchtung in diesem konfliktreichen Zeitalter folgt.
Der Guru verkörpert alle geistigen Kräfte –

Yidams, Dakas, Dakinis und Dharmapalas –,
Meditiere über ihn, um Hindernisse zu entfernen.

O du mein Schüler Sung-rab Gyatso, ich dränge dich:
Zieh vollen Nutzen aus deinem kostbaren menschlichen
Leben,
Indem du die drei Prinzipien des Weges vereinst:
Den freien Geist der Entsagung, der nicht mehr haftet
An den wesenlosen Dingen der sichtbaren Welt,
Bodhichitta, das frei bleibt von Selbstliebe,
Und Weisheit, die die Leerheit erkennt, die absolute Natur
des Seins.

In diesem besonderen Jahr der Eisen-Schlange,
Am besonderen zwanzigsten Tag des heiligen Sagadawa-
Monats*,
An einem besonderen Ort, dem wundersamen Ganden
Podrang,
Singe ich, Gendün Gyatso, dieses besondere Lied.

* Im Mai und Juni.

10
Lied vom tantrischen Pfad

Der nächste Text aus der Sammlung mystischer Gesänge des Zweiten Dalai Lama ist ein Lehrgedicht über die Natur der tantrischen Praxis. Es wurde für seinen Schüler Chomdze Senge Gyatso geschrieben, als sich der Meister im Kloster Drepung aufhielt.

Obwohl das folgende Werk aus nur sieben Strophen besteht, ist es eines der tiefgründigsten der gesamten Sammlung, da es alle Kernpunkte der Tantra-Praxis aufzeigt.

Die buddhistischen Tantras werden im Allgemeinen in vier Klassen unterteilt: Kriya-, Charya-, Yoga- und Mahaanuttarayoga-Tantra. Die vierte Klasse gilt als kraftvollste und tiefste, und diese Ebene tantrischer Praxis spricht der Zweite Dalai Lama hier an.

Er beginnt mit dem Hinweis darauf, wie wichtig die korrekte Übung unter einem qualifizierten Lehrer ist. Der esoterische tantrische Pfad ist ein gefährlicher Weg zur schnellen Erleuchtung, und deshalb ist der Guru hier noch wichtiger als in der exoterischen Tradition.

Die zweite Strophe erläutert die Notwendigkeit, durch die allgemeine buddhistische Praxis ein solides Fundament zu legen, bevor man sich an die rigorosen tantrischen Yogas wagt.

Die «drei Stufen des exoterischen Pfades», auf die sich der Dalai Lama hier bezieht, sind Bestandteil des Sutrayana-Stufenweges (Lamrim), der 1042 in Tibet von Jowo Atisha eingeführt und von den frühen Kadampa-Lamas überliefert wurde. Das Wort, das hier für «exoterisch» verwendet wird, ist *tunmong*, was die Bedeutung «gemeinsam sein, geteilt werden» hat. Gemeint ist, dass es sich um Gemeinsamkeiten der Sutra- und der Tantra-Praxis handelt. Tatsächlich sind dies Sutrayana-Methoden, die als Vorbereitung auf den tantrischen Pfad benutzt werden.

Im Wesentlichen umfassen diese «drei Stufen» Methoden zur Entwicklung der so genannten «kleinen, mittleren und großen» Motivation. Diese einfachen Begriffe beziehen sich auf ein breites

Spektrum von Meditationen, mit denen man drei psychophysische Wirkungen erzielen kann: Den Geist vom instinkthaften Verhalten abwenden und ihn auf den Weg ausrichten, der zu einem höheren Sein führt, ihn von Samsara ab- und dem Nirvana zuwenden und ihn von eigennützigem Verhalten ab- und zu universeller Verantwortung hinwenden, die zum Streben nach höchster Erleuchtung führt.

Die Hauptthemen der Meditation auf der ersten dieser drei Stufen sind die Gesetzmäßigkeit von Karma, Tod und Unbeständigkeit sowie die unbefriedigende Natur von Samsara. Auf der zweiten Stufe geht es um die Entstehung von Abhängigkeit, die Unbeständigkeit von höherer meditativer Verzückung, usw. Die dritte Stufe schließlich befasst sich mit Mitgefühl, Bodhichitta (Erleuchtungsgeist), Leerheit und Ähnlichem.

Die nächsten Verse sprechen von den vier tantrischen Einweihungen, auf die sich der Dalai Lama als «das Eingangstor zum tantrischen Pfad» bezieht. Diese vier heißen Vaseneinweihung, geheime Einweihung, Weisheitseinweihung und Worteinweihung.

Die erste Einweihung verdankt ihren Namen der Tatsache, dass jede ihrer fünf Teileinweihungen mit dem Sprenkeln von Wasser aus der Einweihungsvase schließt. Diese fünf Stufen sind verbunden mit den fünf Elementen, den fünf psychophysischen Anhäufungen *(skandhas)*, den fünf Verblendungen, den fünf Weisheiten und den fünf Buddha-Familien. Der Gedanke dabei ist, dass dem Schüler auf diesen fünf Stufen nach und nach ein strahlendes Weisheitslicht gezeigt wird, das der speziellen Verblendung innewohnt, die mit der Einweihungsphase verbunden ist, und die fünf Elemente und Anhäufungen sukzessive in die Natur der fünf Buddhas transformiert werden. Das Absolvieren aller Phasen der Vaseneinweihung reinigt das negative Karma, das zuvor durch Handlungen des Körpers angesammelt wurde, und autorisiert den Schüler, über die Yogas der Erzeugungsstufe zu meditieren sowie das passende Mantra zu rezitieren. Außerdem werden die Samen für die Aktualisierung des Nirmanakaya oder Emanationskörper-Aspekts der Erleuchtung gelegt.

Die geheime Einweihung umfasst den Verzehr geheimer Substanzen und führt auch den Ausgleich der männlich-weiblichen Energien des Körpers mit sich. Sie ermächtigt den Schüler, sich in den esoterischen Illusionskörper-Yoga-Methoden der Vollendungsstufe zu üben (bei der man Meditation über die subtilen Energien, Energiezentren und -kanäle sowie die geheimen Tropfen verwendet). Dadurch wird negatives Karma, das zuvor vermittels der Sprache angesammelt wurde, gereinigt, und die Samen des Samboghakaya oder Genuss-Körpers werden in den Bewusstseinsstrom gelegt.

Die dritte Einweihung ist die Weisheitsermächtigung, in der der Schüler bei einer «Weisheitsgefährtin» eingeführt und die große Glückseligkeit hervorgerufen wird, die gleichzeitig mit der Weisheit entsteht. Dies reinigt alles negative Karma, das vom Geist geschaffen wurde, autorisiert den Schüler, über die Yogas des klaren Lichts zu meditieren, und legt die Samen für den Dharmakaya oder Wahrheitskörper eines erleuchteten Wesens.

Schließlich empfangen die Schüler die Worteinweihung. Die subtilen Tendenzen allen negativen Karmas von Körper, Sprache und Geist werden gleichzeitig gereinigt, man wird autorisiert, über die Yogas der großen Vereinigung zu meditieren, und die Samen des Svabhavakaya oder Wesenskörpers werden gelegt.

Wenn er diese vier tantrischen Einweihungen erhalten hat (gewöhnlich in einer rituellen Zeremonie, die zwei bis drei Tage dauert), ist der Schüler berechtigt, sich an die eigentliche tantrische Praxis zu wagen.

Wie schon erwähnt, wird das höchste Yoga-Tantra in zwei Stufen praktiziert, die als Erzeugungs- und Vollendungsstufe bezeichnet werden *(kye-rim* und *dzog-rim)*. Die vierte Strophe im Gedicht des Zweiten Dalai Lama bezieht sich auf Erstere, die fünfte auf die zweite. Wie er erklärt, liegt das Wesen der Erzeugungsstufen-Yogas darin, die weltliche Erscheinungsweise der Dinge hinter sich zu lassen und alle Wesen als Buddhas und tantrische Gottheiten zu sehen. Mit anderen Worten, wir wollen das normale Funktionieren des Ego überwinden und ein alternatives Gefühl für uns selbst und die Welt, in der wir leben, erzeugen. Um dies zu erreichen, visualisieren wir die Welt als Mandala oder reine Umgebung und uns selbst als Mandala-Gottheiten.

Die fünfte Strophe konzentriert sich auf die Yogas der Vollendungsstufe. Es gibt verschiedene Methoden, sie zu unterteilen, aber die beiden Hauptaspekte dieses Pfads sind die Yogas des klaren

Lichts und des Illusionskörpers, verbunden mit ihrer Endstufe, dem Yoga der großen Vereinigung (Koinzidenz). Im Yoga des Illusionskörpers werden alle gröberen Energien des Körpers zurückgezogen und die subtilen Energien zum Eintritt in den Zentralkanal gebracht, wo sie in das Herz-Chakra gelenkt und dort aufgelöst werden. Dadurch wird ein paranormaler psychophysischer Zustand herbeigeführt, jenseits der Grenzen von Leben und Tod. Der Yogi meditiert dann im Rahmen einer außerkörperlichen Erfahrung. Das subtile Bewusstsein, das auf der Basis dieses subtilen Körpers entsteht, wird in die Meditation über das klare Licht überführt. So erlangt der Yogi auf dem tantrischen Pfad mit Leichtigkeit Erleuchtung innerhalb eines Lebens.

Der Zweite Dalai Lama fasst diesen spirituellen Ansatz dann in Strophe sechs dahin gehend zusammen, dass wir uns an die drei Hauptsäulen der buddhistischen Praxis halten sollten: Entwicklung des Bodhisattva-Geistes von Liebe und Mitgefühl, Integration der Leerheits-Sichtweise und Anwendung der beiden Stufen des tantrischen Yoga.

Der Guru ist die Quelle aller tantrischen Macht,
Der Praktizierende, der ihn als Buddha sieht,
Hält alle Verwirklichungen in seiner Hand.
So widme dich voller Hingabe
Dem Guru in Gedanken und Taten.

Wurde der Geist nicht schon gut geübt
Auf den drei Stufen des allgemeinen Pfads,
Dann ist jeder Anspruch auf tiefgründige tantrische Yogas
Leere Prahlerei, und es besteht die große Gefahr,
Vom rechten Weg abzukommen.

Das Eingangstor zum unvergleichlichen Vajrayana
Sind nichts anderes als die vier Einweihungen.
Daher ist es wichtig, sie vollständig zu erhalten

Und so die Samen der vier Buddha-Körper zu legen.

Man muss lernen, die Gewohnheit des Greifens
Nach weltlicher Wahrnehmungsweise zu lassen
Und alle Erscheinungen in diese Sicht zu überführen:
Die Welt als Mandala und alle Wesen als tantrische Formen.
Dies ist die Übung für die Erzeugungsstufe,
Die die zu reinigende Basis läutert und verfeinert.

Sodann stimuliert man die Punkte des Vajra-Körpers
Und lässt die Energien, die in den Seitenkanälen fließen,
In *dhuti* eintreten, den mystischen Zentralkanal.
So gewinnt man den Anblick des klaren Lichtes
Und lässt Weisheit entstehen zugleich mit Glückseligkeit.
Pflege die Meditation über die Yogas der Vollendungsstufe.

Der wirkliche Körper des endgültigen Pfads zur Befreiung
Ist die Entwicklung der vollkommenen Leerheitsansicht;
Das Tor, das zum Großen Erleuchtungsweg führt,
Ist Bodhichitta, das Streben nach Erleuchtung,
Und fürs Erlangen der Buddhaschaft ist die höchste Methode
Die Meditation über die beiden tiefgründigen tantrischen Stufen.
Halte diese drei Aspekte der Praxis untrennbar vereint.

Die Kernpunkte des Tantra erläutert dieses Gedicht,
Es wurde verfasst von dem Mönch Gendün Gyatso
Für seinen Schüler Chomdze Senge Gyatso,
Während er in Drepung weilte, dem großen Dharma-Zentrum.

11
Gebet des reinen Strebens

Der nächste Eintrag der Sammlung ist ein Gebet und kein *nyamgur* oder mystischer Gesang. Im Wesentlichen handelt es sich um einen liturgischer Text, der als Vorspann zu einer formalen Meditation und als Guru-Yoga-Praxis gesungen werden soll. Der Übersichtlichkeit wegen habe ich ihn in vier Abschnitte unterteilt.

Im Ersten wird der Guru angerufen, der «immer verweilt/ Auf Sonne und Mond über meinem Kopf». Dies ist eine Bitte an den Guru, einem sein allwissendes Ohr zu leihen, dem Gebet zu lauschen und eine mystische Emanation auszusenden, die das reine Streben bezeugt.

Sonne und Mond symbolisieren die Harmonie des männlichen und weiblichen Wesensaspekts bei der Erleuchtung. In der tantrischen Tradition meditiert man, dass der Guru auf zwei scheibenähnlichen Kissen sitzt, eines die Sonne, das andere den Mond repräsentierend, um darzustellen, wie der Guru im Zustand der Erleuchtung die männlichen Energien (Mond) und die weiblichen Energien (Sonne) von Körper und Geist in eine perfekte Ausgewogenheit bringt. Die Sonne ist unten, der Mond oben; das bedeutet, dass der weibliche Weisheitsaspekt die Basis der Erleuchtung ist, aus der sich der männliche Aspekt als erleuchtetes Handeln erhebt.

Der nächste Abschnitt ist eine Anrufung des «Verdienstfeldes» bzw. der Heerscharen transzendenter Wesen, die als inspirierende und segnende Kräfte wirken. Zu ihren gehören der oder die eigenen Lehrer oder Lehrerinnen, die Myriaden von Buddhas und Bodhisattvas sowie die tantrischen Gottheiten, in die man initiiert wurde.

Die sieben sind die Folgenden: Die Visualisierung der eigenen Person beim Niederwerfen; die Visualisierung der Darbringung von Opfergaben an die erleuchteten Wesen; das Eingeständnis der eigenen Schwächen und karmischen Mängel; die Freude über das Gute in sich selbst, in anderen und in der Welt; die Bitte an die erleuchteten Wesen, das Dharma-Rad zu drehen; die Bitte an sie, in Samsara zu bleiben, bis alle Wesen die Erleuchtung erlangt haben; die Weihe des Verdienstes. In dem von mir gekennzeichneten Gedichtteil führt der Dalai Lama nur die ersten sechs «Glieder» an. Der Rest der Liturgie fungiert als siebtes.

Der dritte Teil besteht aus einem siebengliedrigen Gebet. Die Tradition dieser sieben Glieder stammt aus dem buddhistischen Indien; der Prototyp ist der «König der Mahayana-Gebete». Es gehört zur Standardprozedur bei Tibetern, zu Beginn jeder Meditationssitzung und jedes Tantra-Rituals ein siebengliedriges Gebet zu rezitieren.

Der vierte Teil, das eigentliche Gebet des reinen Strebens, gibt im Wesentlichen einen Überblick über die Hauptthemen der buddhistischen Praxis.

TEIL EINS

Gütigster Wurzellama, der immer verweilt
Auf Sonne und Mond über meinem Kopf,
Ich, ein demütiger Schüler, rufe nach dir
Aus der Tiefe meines Herzens.

Wo auch immer du körperlich sein magst in dieser Welt,
Sende aus eine mystische Emanation, die auf mich achtet.
Enthülle mir dein strahlendes Gesicht,
Mögen wir niemals getrennt werden.

ANRUFUNG DES VERDIENSTFELDES

Gegenwärtige Meister, Linienhalter, Drei Kostbarkeiten,
Friedvolle und zornvolle Meditationsgottheiten,
Und alle Dharma-Schützer und Wächter der Wahrheit,
Euch rufe ich an mit diesem Gebet.

Kommt herbei wie eine wogende Wolke
Tiefer Weisheit und großen Mitgefühls.
Erhebt das Drachengebrüll der Dharma-Lehren,
Den feurigen Rauch eurer Umwandlungskraft
Und einen Schauer mystischer Verwirklichungen.
Inspiriert meinen Geist mit euren Segnungen,
Damit ich geistige Reife und Freiheit erlange.

DAS SIEBENGLIEDRIGE GEBET

Verkörperung der Drei Kostbarkeiten der Zuflucht,
Wo immer du in dieser Welt sein magst,
Vor dir werfe ich mich nieder mit Körper, Rede und
Geist,
Mit Formen so zahllos wie die Atome der Welt.

Ohne Zögern sende ich zu dir aus
Große Wolken schön anzusehender Opfergaben
Sowie alles, was mit diesem Leben verbunden,
Und alle guten Eigenschaften einst, jetzt und künftig.

In deiner Gegenwart bekenne ich alle Fehler;
Denn unter dem Einfluss der drei Geistesgifte
Habe ich einen Berg unheilsamen Karmas geschaffen,
Wobei ich selbst die Buddhas und Bodhisattvas verletzte.

Ihr, die ihr die beiden Ziele erreicht habt –
Ich freue mich über eure Erleuchtungstaten.
Dreht das kostbare Rad der Wahrheit
In Einklang mit den Bedürfnissen der Lebewesen.

Ich bitte euch, in dieser Welt zu verweilen
Und nicht ins Parinirvana einzugehen,
Solange der Raum existiert,
Um allen lebenden Wesen zu helfen.

Obwohl ich geistige Meister traf,
Die Mitgefühl, Wissen und Macht besitzen,
Sah ich in ihnen nicht die Wurzel aller Siddhis,
Schätzte sie nicht als vollkommene Buddhas.
Der negative Geist weltlicher Wahrnehmung,
Der stets Fehler findet an andern, überwältigte mich;
Im Rückblick auf so viele verpasste Gelegenheiten
Füllt sich mein Herz mit Trauer und Reue.

O edler und heiliger Wurzellama, ich rufe nach dir:
Halte mich in der Sphäre deines Mitgefühls,
Bis die Erleuchtung selbst erlangt ist;
Wache über mich mit herzlicher Sorge,
Wie ich danach strebe, den Erleuchtungsweg zu gehen.

Diese kostbare und seltene menschliche Geburt:
Vergeudet bisher meist für weltliche Werke,
Die wenig schufen von bleibendem Wert.
Ich erzeuge in mir dies reine Streben:
Möge der Rest meines kurzen Lebens
Den Erleuchtungsübungen gewidmet sein,
Damit ich geistige Reife erlange.

Der Herr des Todes verschlingt ohne Unterschied
Menschen von starker, mittlerer und schwacher Verfassung,
Doch wir werden getäuscht vom Dämon, der greift
Nach dem Gefühl unserer Unsterblichkeit.
Ich erzeuge in mir dies reine Streben:
Möge ich mir stets des Todes bewusst sein
Und erkennen, dass ich jeden Moment sterben kann,
Dass ich den materialistischen Geist zu überwinden
Und meine Tage und Nächte auf geistigen Wegen zu
verbringen vermag.

Die Chance ist groß, dass ich, wenn der Atem aufhört,
In eine niedere Wiedergeburt falle,
Denn wenig achtsam und zu Verblendung neigend,
Habe ich viel unheilsames Karma gesammelt.
Ich erzeuge in mir dies reine Streben:
Möge ich die Verwirrung vermeiden, die entsteht
Durch falsche Lehrer und zeitraubende Freunde,
Und stets die Inspiration im Dharma finden,
Dadurch das Gute in mir stärken
Und die Kräfte der Unvollkommenheit untergraben.

Alle Erlangungen in der materiellen Welt
Sind unzuverlässig und werden leicht davongeweht.
Wir sehen all dies ringsum, und doch
Bleibt unser Streben nach geistiger Freiheit schwach.
Ich erzeuge in mir dies reine Streben:
Möge der freie Geist der Entsagung
Stets spontan in mir entstehen.

Und ich erzeuge das reine Streben,
Dass ich die negative Gewohnheit überwinde,
Zwischen den Lebewesen zu unterscheiden,
Einige mit Anhaftung und andere mit Abneigung betrachte,
Und dass ich stattdessen lerne, sie alle zu halten
In der Meditation über Liebe und Mitgefühl,
Die andere mehr wertschätzt als sich selbst.

Ich erzeuge auch in mir das reine Streben,
Dass ich die klare Einsicht erlange,
Die die Leerheits-Natur alles Seienden wahrnimmt:
Wie alle erscheinenden und sich wandelnden Phänomene
Keinerlei wahrhafte Existenz haben und nichts sind
Als bloße Beilegungen des begrifflichen Denkens.

Ich erzeuge in mir das reine Streben,
Dass ich nach der Einsicht beim Meditieren
Diese Sichtweise in den Alltag tragen kann

Und alle Dinge, die erscheinen, beobachte,
Ohne nach ihnen als realen zu greifen,
Als sähe ich eines Zauberers täuschenden Trick.

Ich erzeuge in mir das reine Streben,
Dass ich mir stets bewusst sein möge,
Dass all diese Dinge bloße Benennungen sind,
Und dennoch gemäß den Gesetzen der Relativität
Und der fehlerlosen Ursache und Wirkung funktionieren;
Und möge ich so die beiden Ansammlungen vollenden
Von gemeinsamem Verdienst und Weisheit.

Ich erzeuge in mir das reine Streben,
Dass ich die yogischen Meditationen vollende
Der beiden tiefgründigen Ebenen der tantrischen Praxis –
Der Erzeugungs- und Vollendungsstufe; sie nehmen
Die verwirrten Erscheinungen von Tod, Bardo, Geburt
Und wandeln sie um in die drei vollkommenen Kayas.

Ich erzeuge in mir das reine Streben,
Dass der Zustand der vier vollkommenen Kayas
Schnell und vollständig erlangt werden möge
Und dass ich sodann meinen Wunsch erfülle, der Welt
Beständig und endgültig von Nutzen zu sein.

Schließlich biete ich dar das Wunschgebet:
Möge ich übend auf den Wegen zur Erleuchtung
Allen hilfreichen Umständen begegnen
Und mein Pfad frei sein von Hindernissen.

12
Eine Juwelenkette

Der folgende Eintrag enthält keinen Kolophon, deshalb können wir den Kontext nur aus der letzten Strophe erschließen, der zu entnehmen ist, dass das Gedicht spontan entstand und nicht auf Bitten eines der Schüler des Meisters.

Der Zweite Dalai Lama überreicht uns hier die Essenz seiner Lehre als «Halskette geistiger Lehren». Die Bilder, die er verwendet, wie auch der Stil des Textes insgesamt sind sehr stark von den poetischen Werken des frühen indischen buddhistischen Meisters Nagarjuna inspiriert, den der Zweite Dalai Lama als Autor, Mystiker und Heiligen besonders schätzte.

Om. Mögen Güte und Freude herrschen.
Verehrung dem freundlichen, väterlichen Guru,
Aus dessen glückseligem Geistpalast sich manifestiert
Eine himmlische Form mit allen Zeichen der Vollkommenheit
Und Klängen, aus denen der Nektar der Wahrheit strömt.

Als Dank an dich schenke ich dieses Lied
Den Schülern, die mit Glauben und Begeisterung
den essenzlosen menschlichen Körper als Gefäß
zum Extrahieren der Wahrheitsessenz nutzen wollen.

Jeder Buddha der Zehn Richtungen meditierte
Über die Güte eines Guru und weihte sich dem,
Der ihm den Weg zur Erleuchtung zeigen konnte.
Sollten wir einfachen Leute es ihnen nicht gleichtun?

Die Quelle aller Segnungen in diesem Leben und im nächsten
Erschließt sich durch die Praxis unter einem geeigneten
Guru.
Wenn es weise ist, unser Leben so zu verbringen,
Was wollen wir dann noch mit weltlichen Belangen?

Diese kostbare Menschengeburt, die wir fanden,
Dauert nicht lange und ist so leicht zerstört.
Bisher wurde sie vorwiegend nutzlos verbracht;
Nütze sie von nun an, und ziehe heraus die Essenz.

Ignorieren sollten wir die Ablenkungen der Welt
Und uns ohne Zaudern den Methoden zuwenden,
Die geistiges Wissen und Glück vermitteln.
Da wir nie wissen, wann unser Leben endet,
Sollten wir unsere Anstrengungen sogleich
verdoppeln.

Körper und Geist, so lange eng verbunden,
Werden auseinander gerissen, wenn der Herr des Todes
zuschlägt,
Und sind dann gezwungen, getrennte Wege zu gehen.
Und was bleibt erst von Wohlstand, Familie, Freunden?

Sich abzuwenden von höheren geistigen Zielen
Und kostbare Energie und Zeit zu vergeuden
Mit dem Streben nach den Nichtigkeiten des Lebens
Ist, am Maßstab des inneren Friedens gemessen,
Nur ein Grund mehr für Sorge und Leid.

Das Elend in den niederen Bereichen
Gleicht dem Sitzen in einer Feuergrube
Für unausdenkliche Zeit.
Wollen wir wirklich die karmischen Voraussetzungen
schaffen
Für eine Wiedergeburt in solch einer Welt?

Unheilsames Karma zu erzeugen in der Hoffnung,
Gegenwärtige oder zukünftige Freuden zu schaffen,
Ist, als schluckten wir heut süßes Gift,
Um hundert Jahre alt zu werden.

Akzeptieren wir nicht diese einfache Wahrheit,
Können wir die schönsten Juwelen und Gewänder tragen
Und noch so vornehme Reden führen
Und sind dennoch nicht viel klüger als Ziegen.

Der Leib ist eine Stadt voller Unrat,
Wie Eiter, Blut, Urin und Kot.
Verbindet sich der Geist nicht mit höheren Werten,
Ist die billigste Kleidung zu gut für ihn.

Doch schmückt man sich mit geistigem Wissen,
Wird man, selbst in die schäbigsten Fetzen gehüllt,
Für alle Lebewesen, auch Menschen und Götter,
Zum verehrungswürdigen Gegenstand,
Selbst aus Urin und Kot wird Ambrosia.

Wende darum deine Aufmerksamkeit
Sogleich ab von essenzlosen weltlichen Dingen;
Und ohne geistigen Ablenkungen anheim zu fallen,
Strebe nach der Vollendung des Erleuchtungspfads.

Sich mit Freunden und Bewunderern zu umgeben
Verleiht nur ein falsches Gefühl von Stärke.
Wende solch hohlen Methoden den Rücken zu,
Und vertrau stattdessen auf den Weg der Erleuchtung.

Dieser Rummelplatz von Gut und Geld um uns her
Ist doch nur ein Köder des mächtigen Herrn des Todes;
Der Vergnügungspark eines jugendlichen Körpers
Ist wie ein Regenbogen am klaren Himmel;
Auch Wohlstand, Besitz und dergleichen
Sind wie täuschende Zaubertricks.

Wende dich ab von solch weltlichen Dingen,
Und strebe nach der Vollendung des Erleuchtungspfads.

Die Schlinge der Selbstliebe hält uns nieder
Und hindert uns daran, andere mehr zu lieben.
Lass emporsteigen den Gedanken an Erleuchtung,
Der die Selbstliebe durch universelle Liebe ersetzt.

Alles, was existiert, ist abhängige Beilegung,
Und so existiert nichts aus sich heraus.
Ruf an den Samadhi der Leerheitsmeditation,
Die tiefgründige Natur aller Existenz,
Und schneide die Verblendung ab an der Wurzel.

Wie selten findet man einen Pfad, der womöglich
In einem Leben zur Erleuchtung führt!
Doch so ist der Tantra-Weg beschaffen, der mit Geschick
Unsern weltlichen Blick richtet auf
Geburt, Tod und Bardo und diese
In die drei Kayas der Buddhaschaft wandelt.

Ist dir ein Haupt voller schneeweißer Haare bestimmt
Und ein Gesicht, von Falten durchfurcht –
Beginnst du gleich, was das Lied dir rät,
Auf jeden Aspekt deines Lebens anzuwenden,
Dann mag dir die ewige Geistesjugend gewährt sein.

Diese Kette aus leicht verständlichen Worten,
Aufgereiht zu einem Halsband geistiger Lehren,
Um jene zu schmücken, die die Praxis lieben,
Wird gesungen vom verrückten Bettelmönch Gendün Gyatso.
Mögen alle sie tragen, die den Wahrheitsweg suchen.

13
Geistiger Rat für einen Einsiedler

Der Zweite Dalai Lama erläutert das Zustandekommen dieses Gedichts in dessen letzter Strophe: Er hat es als eine spontane und möglichst verständliche Zusammenfassung der wesentlichen Lehraussagen Buddhas über den Pfad der Erleuchtung abgefasst. Das Wort «spontan» bedeutet im tibetischen Kontext gewöhnlich, dass der Entwurf in einem einzigen, ununterbrochenen kreativen Fluss erfolgte und später keine Bearbeitung mehr erlaubt war.

Wie im vorangegangenen Text verweist die Wortwahl des Zweiten Dalai Lama auch hier eher auf ein allgemein menschliches Register als auf ein philosophisches oder fachspezifisches Vokabular.

Verehrung den Buddhas und Bodhisattvas.
In dieser Zeit am Ende der Zeiten
Manifestierte sich das Wissen und Erbarmen aller Buddhas
In Form zweier buddhistischer Mönche,
Der großen Meister Atisha und Lama Tsongkhapa;
Ich verneige mich vor ihren Lotosfüßen.

Dies Lied widme ich einem Yogi-Schüler,
Der durch die reifenden Kräfte von Streben und Handeln
Dem Menschenleben sein Potenzial abrang
Und die weltlichen Wege verließ, um zu beschreiten
Den erhabenen Pfad, der zur Vollendung führt.

Güte, Glück und geistige Macht
Folgen der Praxis mit einem Mahayana-Meister.

Übe beständig unter einem fähigen Lehrer,
Und sieh in ihm stets den Buddha, der dir gesandt.

Seit anfanglosen Zeiten wanderst du in Samsara
Und wurdest immer aufs Neue in die Welt geboren,
Doch all diese Leben kamen und gingen wie Träume.
Wisse, dass du nun höchster Erleuchtung fähig bist,
Und lass dir die Gelegenheit nicht entgehn.

Ist das Leben nicht ungewiss in dieser Zeit der Gewalt?
Trägt nicht der Tod einen jeden hinweg ganz nach
Belieben,
Jung oder alt, ohne Ansehen von Reichtum und Macht?
Lass dich nicht vom Schein der Beständigkeit täuschen;
Lebe in ständigem Gewahrsein des Todes.

Der Kreis unserer Freude und Liebsten mag groß sein,
Doch bald werden wir von allen getrennt;
Besitzen wir auch Gut und Geld in Hülle und Fülle –
Alles müssen wir einmal zurücklassen;
Selbst Häuser, Land, Herden und Felder
Werden uns einmal verloren gehen.
Alles, was wir durch die Pforte des Todes tragen,
Sind die karmischen Samen unserer schwarzen und weißen
Taten,
Die Prägungen dessen, was wir getan und gewesen.

In diesen dunklen Zeiten schmähen Schüler ihre Lehrer;
Kinder, in Liebe erzogen, verlassen die Eltern;
Und treue Arbeiter betrügen ihre Gönner.
Kyema! Sieh nur, wie sich die Menschen verhalten!

Lebendig am Morgen, tot am Abend:
Heute noch reich und morgen schon arm;
Ein König im letzten, ein Bettler in diesem Jahr:
Was im Leben bleibt, wie es ist?

Die Narren, die das nicht begreifen,
Vergeuden die Tage auf unheilsame Weise
Und fallen im Tod in niedere Bereiche!
Heute halten sie sich gar für Helden,
Doch wer ist in Wahrheit eitler, sag?

Unser Vertrauen verdienen allein
Die Drei Kostbarkeiten der Zuflucht, verlass dich auf sie;
Da die Gesetze und Wirkungen des Karma stets gelten,
Strebe nach Güte und meide das Gift der Negativität,
Denn die Wurzel des geistigen Fortschritts und der Befreiung
Liegt in der Selbst-Disziplin. Hüte sie wie deine Augen.

Die bedingte Existenz ist wie ein Höllenpfuhl,
In dem nirgendwo Raum ist für Frieden.
Vertrau dem freien Geist der Mäßigung,
Und kultiviere die drei höheren Übungen:
Selbst-Disziplin, Meditation und Weisheit.

Unzählig sind, die in Samsara wandern,
Doch keiner von ihnen war noch nicht unser Verwandter.
Mit Hilfe des mitleidvollen Bodhi-Geistes,
Der Selbstliebe durch universelle Liebe ersetzt,
Schenk anderen Freude, und merze aus ihr Leid.

Das «Ich»-Gefühl, das im Herzen entsteht,
Ist der gebundene Geist, er führt uns im Kreis.
Wichtig ist, das innere «Ich» zu betrachten
Und zu sehen, wie sein Erscheinen erfolgt.

Oft scheint uns, als wohne das «Ich»
Im Körper oder im Geist, doch sieh genauer hin:
In Wahrheit hat es keine Existenz
Und ist nur ein Bild der Denkkonzepte.

Übe daher die Meditation, die beobachtet,
Dass alle Phänomene, innen wie außen,

Nur Bilder sind, geschaffen vom verblendeten Denken,
Auf der Basis der Benennung.
Nicht ein Atom existiert von Natur aus.

Erkenne darum, wie alle Dinge, gleich, ob
In Samsara oder Nirvana, nur Etiketten des Geistes sind;
Und wie sie dennoch ihre Funktion erfüllen
Durch die unabänderlichen Gesetze von Ursache und
Wirkung.

Ist der Geist so gereift durch die innere Erfahrung
Von Methode und Weisheit, wie die Sutras sie lehren,
Meditiere sodann über die beiden tantrischen Stufen,
Durch die man die drei Buddha-Körper rasch gewinnt,
Und mach guten Gebrauch von diesem kurzen Leben
als Mensch.

Dies ist mein Lied, spontan und schlicht, über die
Schlüssel zu diesem ausgedehnten und tiefgründigen Pfad.
Möge es jenen, die das Geistige suchen,
Bei der Erfüllung ihres Strebens helfen
In diesem Leben und dem, was dahinter liegt.

14
Auf der Suche nach dem Mittleren Weg

Es heißt im tibetischen Schrifttum oft, jede Unterweisung, die der Buddha gegeben habe, solle den Schüler letztendlich zur Erfahrung der Leerheitsnatur führen. Alle anderen Lehren seien «Methoden»; nur die Erkenntnis der Leerheit sei Weisheit. Die beiden – Methode und Erkenntnis – müssen zusammenwirken, wie ein Vogel ja auch zwei Flügel zum Fliegen braucht. Doch nur die Erkenntnis der Leerheit bewirkt im Gedankenstrom des Meditierenden die endgültige Befreiung von Karma und Verblendung.

Zahlreiche Meditationstechniken, die die Leerheitserkenntnis zum Ziel hatten, kamen aus Indien nach Tibet. Die Grundlage jedoch bildete die Überlieferungslinie von Acharya Nagarjuna, einem indischen Meister aus dem 2./3. Jahrhundert. Sie ist in seiner klassischen Abhandlung *Memorialverse über die Mittlere Lehre (Mula-madhyamaka-Karika)* dargelegt. Die Tibeter ergänzen sie mit verschiedenen Methoden aus der späteren Tantra-Tradition, aber alle Schüler halten Nagarjunas Leitlinien für eine unerlässliche Einführung in das Thema. Es war die Tradition Nagarjunas, die Atisha und Lama Tsongkhapa in Tibet am weitesten verbreiteten, und sein Vermächtnis erforscht der Zweite Dalai Lama in den folgenden Versen.

Verehrung dem Guru, der untrennbar eins ist
Mit Mañjushri, dem Bodhisattva der Weisheit.

Auf der Suche nach der Bedeutung des Mittleren Weges
Meditiere über den Guru, untrennbar von Mañjushri,
Wie er über deinem Scheitel thront.
Erzeuge verdienstvolle Energie, und läutere Hindernisse

Durch die einspitzige Darbringung des siebengliedrigen
Gebets,
Und werde so zum Gefäß, das bereit ist zu empfangen
Die tiefgründige Einsicht in die Leerheitsnatur.

Entdecken müssen wir zunächst die Art der
Erscheinungen
Dieses «Ich-Gefühls», das wir alle besitzen,
Und das nur eine Projektion von Körper und Geist
ist,
Doch gesondert zu existieren scheint, als sei es
Geknüpft an die Objekte selbst.

So wird ein Stück Holz, das dazu dient,
Einen Balken zu stützen, «Säule» genannt.
Diese Säule ist eine bloße Beifügung, doch
Dem verblendeten Geist erscheint sie anders, so,
Als sei sie von Anfang an schon im Holz enthalten.

Doch als die Säule noch im Wald stand,
Als Baum, mit Wurzeln, Ästen und Blättern,
Sahen wir sie noch nicht als Säule vor uns;
Auch nicht, als der Baum geschlagen
Und von dem tüchtigen Holzfäller behauen wurde.

Keines der Stadien bei der Geburt einer Säule
Ließ in uns den Gedanken «Dies ist eine Säule» entstehen.
Meditiere nun darüber, wie «Säulenhaftigkeit»
Seitens des Holzes nie existierte.

Ich bin nicht *mein Körper*, denn zum Zeitpunkt des Todes
Bleibt der Körper zurück, doch *ich* gehe weiter,
In ein nächstes Leben. Doch auch mein Geist bin *ich* nicht,
Denn dieser ist nur eine Basis der Benennung des *Ich;*
Und auch im instinktiven *Ich*-Gefühl
Findet der Geist nicht das *Ich*.

Manchmal glauben wir das *Ich* als Einheit zu fühlen,
Doch gewöhnlich erscheint es an verschiedenen
Orten
(Wie im Arm oder Bein, wenn's uns dort schmerzt).
Geschieht das, denken wir gerne: «*Ich* habe Schmerzen»,
Und würden dennoch nie sagen: *Ich bin mein Arm*
(Oder der Teil der Körpers, der uns geschmerzt
hat).
Denn dann erkennen wir dies als einen Effekt,
Den der Geist in sich selbst geschaffen hat.

Ganz so scheinen auch Berge, Zäune und Häuser zu
existieren
Aus ihren eigenen Konzepten heraus,
Doch analysieren wir diese Objekte genauer,
Um den Ort zu finden, an dem es sie gibt,
Entdecken wir weder *Berg* noch *Zaun* noch *Haus*.
Durch solche Meditationen werden wir inne,
Dass die Objekte als solche nicht sind.

Auch «da drüben» hängt ab von «hier bei mir»,
Kurz steht in Beziehung zu lang, Subjekt zu Objekt,
Wahrnehmung zu Wahrnehmendem und Beifügung zu ihrer
Basis.
Meditiere, wie alle existierenden Dinge
Keine wahre Eigennatur haben, sondern Etiketten sind,
Aus gegenseitiger Abhängigkeit entstanden.

Während der Zeit zwischen den Meditationen
Erinnere dich, wie die Menschen und Dinge,
Die dem Geist als solide erscheinen,
In Wahrheit nur Projektionen sind,
Ähnlich den Zaubertricks eines Magiers;
Und doch funktionieren sie üblicherweise
Gemäß den unfehlbaren Gesetzen von Ursache und
Wirkung.

So beschließe ich meinen Gesang mit verständlichen
    Worten,
Die die reine Sicht der Leerheit erläutern,
Spontan verfasst von Gendün Gyatso
Auf Bitten seines Schülers Gyältsen Pal,
beherbergt in Gyal, dem Wohnsitz des Sieges.

15
Lied über ein glückliches Geschick

Der Kolophon zum nächsten Eintrag lautet: «Auf Bitten von Drung Zangpa, einem Schüler von fester Geisteshaltung, schrieb dies der buddhistische Mönch Gendün Gyatso Pälzangpo, während er in der Einsiedelei zur Haubenlerche wohnte, in der Kammer des Klosters Tsetang, die als ‹Garten der Hingabe› bekannt ist.»

Das Kloster Tsetang, das am Ausgang des Yarlung-Tals, unweit des Flusses Tsangpo liegt, war 1351 von Pagmo Drukpa Tai Situ Jangchub Gyältsen gegründet worden. Unter dem Zweiten Dalai Lama wohnten in dieser Einrichtung Lamas verschiedener Schulrichtungen zusammen. Der Erste Dalai Lama hatte hier während seiner Jahre in Zentraltibet mehrmals gelehrt; als dann der junge Zweite Dalai Lama im Feuer-Drache-Jahr (1496) zum ersten Mal zu Besuch kam, wurde er von zahlreichen älteren Schülern seines Vorgängers freundlich aufgenommen. Von da an besuchte der Meister Tsetang mindestens einmal jährlich auf seinen Lehr- und Pilgerfahrten das Gebiet von Yarlung.

Das vorliegende Lied wurde auf Bitten eines der älteren Mönche verfasst, der ebenfalls ein Schüler des Vorgängers des Zweiten Dalai Lama gewesen war. Es ist ein Ausdruck der Freude, die der Zweite Dalai Lama im geistigen Erbe von Jowo Atisha fand, das er als junger Mönch und Linienhalter weitergeben konnte. Seine Reisen in die Yarlung-Region hatten ihn zu zahlreichen Orten geführt, an denen Atisha viereinhalb Jahrhunderte früher meditiert hatte, unter anderem nach Radeng und Yerpa, und hatten ihn zu mehreren visionären Erfahrungen inspiriert.

Obwohl das Gedicht nur fünf Strophen hat, berührt der Zweite Dalai Lama darin alle Hauptpunkte der Kadampa-Lehren, die Atisha 1042 aus Indien nach Tibet mitgebracht hatte und die in einer ungebrochenen Linie weitergegeben worden waren, bis sie der Zweite Dalai Lama von seinen eigenen Gurus erhalten hatte, zuerst als Teenager in Tashi Lhünpo und Nartang, später dann in Drepung von seinem Guru Jamyang Lekpai Chöjor.

Om! Mögen Friede und Freude herrschen!

Eine Linie zu finden, die bis zum Buddha zurückreicht
Und durch Atisha und seine geistigen Söhne führt;
Unter einem Meister zu üben, der das Vermächtnis kennt
Der geistigen Unterweisung und Verwirklichung durch
Praxis
Und der Sutra wie Tantra wahrhaft beherrscht:
Dem Leben so einen Sinn zu geben –
Ist das nicht ein glückliches Geschick?

So beschaffen ist Atishas herrliche Linie,
Dass alle Lehren aus persönlicher Unterweisung
erwachsen,
Auf dem Hintergrund der eigenen Schulung.
Und befähigt wird man, meditierend in einer einzigen
Sitzung
Alle Kernpunkte des Erleuchtungsweges zu praktizieren,
Ohne auch nur einen zu übersehen.
Ist das nicht ein glückliches Geschick?

Ein Blick auf die Leerheit, auslotend bis in die Tiefe
Die wahre Natur alles Existierenden;
Fehlerlose Meditation, die zum höchsten Samadhi führt;
Und die Balance von Handlung, Methode und Weisheit:
Die Buddhas und Bodhisattvas so zu erfreuen –
Ist das nicht ein glückliches Geschick?

Fähig zu sein, alle Sutras und Tantras zu lehren,
Auch die subtilste Beweisführung zu meistern
Und Poesie und Prosa aus sich herausströmen zu lassen:

Die Weisen der Erde so zu erfreuen –
Ist das nicht ein glückliches Geschick?

Alle tiefen Vajrayana-Methoden zu verstehen
Durch Meditation über die beiden yogischen Stufen
Des höchsten Yoga-Tantra, dieses tiefgründigen Weges,
Und so den erhabenen Zustand der Großen Einheit zu
erlangen
Und einen Strom von Erleuchtungsaktivität freizusetzen,
Um der Welt zu helfen und sie zu erhöhen –
Ist das nicht ein glückliches Geschick?

16
Lied an Lama Norzang Gyatso

Norzang Gyatso, ein großer Yogi, hatte vierzehn Jahre in Klausur in den Ölkha-Bergen verbracht und sich mit Tantra-Yoga, vor allem den Kalachakra-Lehren, beschäftigt, und als der Zweite Dalai Lama ihm begegnete, verstanden sie sich auf Anhieb. Danach waren sie wie Vater und Sohn, meditierten in Höhlen und Einsiedeleien in der Ölkha-Region und unternahmen gemeinsame Pilgerfahrten. Der Zweite erklärte immer wieder, seine Realisierung der Leerheit – seine Erleuchtung – verdanke er der Schulung, die er von Khedrub Norzang Gyatso erhalten hatte.

Das folgende Lied wurde im Eisen-Affe-Jahr (1500) geschrieben. Die beiden hatten den Sommer pilgernd und meditierend verbracht, und der Zweite Dalai Lama war von dem alten Yogi über alle Maßen beeindruckt. Der Text konzentriert sich auf zwei grundlegende Arten von Verwirklichung, die der Dalai Lama unter Norzang Gyatsos Anleitung erlangt hatte: Diejenige, die aus dem Studium und der Praxis des Kalachakra-Tantra-Yoga resultiert, und diejenige, die die Meditation über die Leerheit betrifft. Das zweite Thema scheint ihn besonders bewegt zu haben.

Ich werfe mich nieder zu den Füßen der heiligen Gurus.

Hier sitze ich in Rinchen Gan, einer Einsiedelei,
In der man durch Meditation spontan Resultate erzielt,
Einer Dharma-Stätte am Fuße von Ode Gunggyal,
Einem Berg, so wunderbar wie der Kailash.

Das Bild meines Guru Khedrub Norzang Gyatso ersteht vor mir,

Und ich entsinne mich seiner unermesslichen Güte.
Gefühle wallen auf in mir auf wie eine Woge,
Und jedes Haar meines Körpers erzittert vor Freude.

Ich rufe ihn an mit klagender Stimme:
Ich bitte dich, komm aus der Sphäre des Nichtmanifesten.
Zeige mir deine heilige Strahlengestalt,
Lass durch deine Rede Dharma strömen wie Regenschauer,
Und führe die Lebewesen in den Stand der Erleuchtung,
Der untrennbar ist von deinem unvergleichlichen Geist.

O heiligster Wurzel-Guru, durch deine gütige Führung
Meisterte ich die Yogas der beiden tantrischen Stufen
Des ruhmreichen Kalachakra, des Königs der Tantras,
Sowie seine Zweige, wie die Astrologie,
Die das höhere geistige Wissen erleichtern.

Dich nicht allein auf Worte verlassend,
Führtest du mich zum blanken Verstehen
Der Lehren von Nagarjuna, Aryadeva und Tsongkhapa
Über das wahre Wesen der Dinge –
Dass alle in der Natur der Leerheit verharren;
Dass nichts aus sich heraus existiert;
Dass die Objekte vom Geist hervorgebracht werden,
beigefügt den Grundlagen der Benennung.

Du halfst mir, den inneren Feind zu erkennen,
Das Sichklammern ans *Ich*, das die Dinge für wirklich hält,
Und zu sehen, welch grenzenlosen Schaden es zufügt.
Du zeigtest mir auch, wie man es zerstört;
So kann nun alles in der Wahrnehmung Manifestierte
Mühelos sich auf dem Pfad der Leerheit erheben.

Doch dem Nihilismus hast du mich nicht überlassen,
Sondern mir gezeigt, wie die Erscheinungen,
Auch wenn sie nur Etiketten sind,
Doch weiterhin konventionell existieren

Gemäß den Gesetzen von Ursache und Wirkung.
So befreitest du mich von den argen Gefahren der Extreme,
Von «ist» und «ist nicht» und dem Verlangen danach.

O gütigster Wurzel-Guru, der mich gelehrt hat,
Wie man aus all den tiefgründigen Sutras und Tantras
Die Quintessenz extrahiert,
Und der mir half, die innere Stärke zu finden
In einem Geist, der geschult ist in der Weisheits-Tradition.

In Erinnerung an deine große Freundlichkeit
Sehe ich dich nun leicht als verwirklichten Buddha,
Und hingebungsvoll rufe ich dir zu:
Bitte bewahre mich für immer in deinen Gedanken,
Und gewähre mir weltliche und höhere Kräfte.

Dieses Lied einer spontanen Erfahrung
Des tiefgründigen Yoga des Mittleren Wegs
Wurde verfasst vom buddhistischen Mönch Gendün Gyatso,
Als er innig an seinen heiligen Meister dachte
In der Meditationsklausur im Kloster Tosamling.
Möge es der Erde zum Nutzen gereichen
Und der Welt Frieden und freudige Kraft verleihen.

17
Lied von der spirituellen Freude

Der Kolophon zu diesem Stück lautet: «Verfasst von dem Meister, als er sich in Riwo Dechen aufhielt.» Riwo Dechen war ein kleines Kloster, das in Chongye unter dem Tigerberg-Fort lag, der Residenz des Königs von Chongye, der viele der früheren Lehrreisen des Zweiten Dalai Lama durchs Yarlung-Tal finanzierte.

Der Zweite Dalai Lama stattete Riwo Dechen zahlreiche Besuche ab, da es zu den Stationen gehörte, an denen er in jedem Frühjahr bei seiner Rundreise durch Tsetang und das Yarlung-Tal Unterweisungen gab. Sein «Lied von der spirituellen Freude», heißt es in der «Biographie», stammt aus dem Wasser-Hund-Jahr (1502). Es war Frühherbst, und er befand sich nach einem besonders anstrengenden Frühling und Sommer in Klausur. Während einer seiner Meditationssitzungen hatte er eine Vision von Lama Tsongkhapa und beschrieb sie in dem folgenden mystischen Gesang.

Aus den Tiefen meines Herzens wende ich mich an
Den unvergleichlichen Meister Lama Tsongkhapa,
Eine Verkörperung der Drei kostbaren Juwele.
Geleite mich freundlich auf dem geistigen Weg.

Der Gedanke, dass der Tod unangekündigt erscheint,
Ist ein großer Ansporn für unsere Übung;
Und die Kontemplation über Liebe und Erbarmen
Dient als Führer auf dem Weg.

Das Meditieren über die zwei Bodhichittas
Ist das eigentliche Kernstück der Schulung;
Wird dadurch kreative Energie erzeugt

Und diese dem Wohle der Welt gewidmet,
So ist dies das Siegel, das jedes Handeln krönt.

In der Sphäre des Manifesten und der Leerheit
Sammelt man verdienstvolle Energie und Weisheit;
So werden vollendet die beiden Kayas der Buddhaschaft,
Die spontan den wahren Segen
Für sie und für andere bewirken.

Schon der Gedanke an die Stufen des Weges
Erfüllt den Geist dieses Yogi mit Freude.
Schon beim Erinnern an die geistigen Methoden
Verliert er vor Entzücken fast die Besinnung.

Tief bewegt, leihe ich diesem Lied meine Stimme,
Einer Melodie der freudigen Erfahrung,
Und schiebe meine Füße vor und zurück
In einem Tanz großer innerer Seligkeit.

O Lama Tsongkhapa, Herr aller Buddhas,
Deine Güte zu beschreiben, fehlen die Worte.
Ich rufe dir zu vom Grund meines Herzens:
Blick herab auf uns mit erbarmungsvollen Augen.

18
Ah-oh-la: Die Weisen singen

Der folgende Gesang ist vermutlich das ungewöhnlichste Werk des Zweiten Dalai Lama, zumindest vom Aufbau her. Manche Zeilen haben neun Silben, andere acht, andere sieben und wieder andere vierzehn. Auch die Strophenlänge variiert zwischen drei und vier Zeilen. Wahrscheinlich entsprachen dieser außerordentlichen rhythmischen Vielfalt auch Variationen in der Melodieführung, denn das Stück war ursprünglich als Lied und nicht als Gedicht konzipiert.

Der spirituelle Gehalt des Liedes speist sich aus mehreren Quellen. Der Text beginnt mit einer Anspielung auf Erleuchtung als Erfahrung von strahlendem Licht und von Leerheit und benennt dann die Kernaussagen der drei spezifischen Übertragungslinien: Die Leerheits-Philosophie der indischen Meister Nagarjuna und Aryadeva; die Unterweisungen zu den Bodhisattva-Aktivitäten, die von Maitreya und Asanga weitergegeben wurden; und die tantrischen Linien, die die großen indischen Mahasiddhas übermittelten. In Tibet wurden diese drei Übertragungslinien gebündelt und von Lama Tsongkhapa überliefert; deshalb erwähnt der Zweite Dalai Lama auch ihn noch zum Schluss.

Die wahre Natur geistiger Verwirklichung
Ist die endgültige Vereinigung von Licht und Leerheit.
Ah-oh-la, die Weisen singen: ya-yi ya-yi,
Ist die Vereinigung von Licht und Leerheit.

Ah-oh-la, die Weisen singen:
Der absolute Geschmack von allem, was existiert,
Ist Leerheit, leer von Eigennatur.

Ah-oh-la, die Weisen singen: Ya-yi ya-yi,
Doch alles in der Welt und jenseits der Welt,
Vom Geist gemalte Skizze nur,
Behält doch seine konventionelle Wirkung.

Ah-oh-la, die Weisen singen: Ya-yi ya-yi,
Diese tiefgründige Natur, frei von Extremen,
Ist die Sichtweise, die zu erstreben ist.

Ah-oh-la, die Weisen singen: Ya-yi ya-yi,
Das sind die Linien von Nagarjuna und Aryadeva;
Und ich, ein Yogi, der in ihre Fußstapfen tritt,
Freue mich, dazuzugehören.

Ah-oh-la, die Weisen singen: Ya-yi ya-yi,
Dieser mystische Tanz der tiefgründigen Sicht
Durchzuckt die Sphäre, die frei von Extremen.

Ah-oh-la, die Weisen singen: Ya-yi, ya-yi,
Das sanfte Streben nach höchster Erleuchtung,
Das sich mehr um andere bemüht als um sich selbst,
Ist das Tor, das sich öffnet zum Großen Weg.

Ah-oh-la, die Weisen singen: Ya-yi ya-yi,
Erkenntnis der Leerheit, durch Erbarmen erlangt,
Ist die wahre Essenz des Großen Weges.

Ah-oh-la, die Weisen singen: Ya-yi ya-yi,
Dies, als sechs Paramitas praktiziert,
Ist der kraftvolle Boddhisattva-Pfad.

Ah-oh-la, die Weisen singen: Ya-yi ya-yi,
Dies sind die Linien Maitreyas und Asangas,
Und ich, ein Yogi, der in ihre Fußstapfen tritt,
Freue mich, dazuzugehören.

Ah-oh-la, die Weisen singen: Ya-yi ya-yi,
Dieser mystische Tanz von den ausgedehnten Wegen
Ist ein Tanz, der Methode und Weisheit vereint.

Ah-oh-la, die Weisen singen: Ya-yi ya-yi,
Die yogischen Methoden der beiden Tantra-Stufen
Sind die höchsten Wege zur Erlangung der Buddhaschaft.

Ah-oh-la, die Weisen singen: Ya-yi ya-yi,
Sie transformieren Tod, Bardo und Wiedergeburt
In die drei vollendeten Erleuchtungskörper.

Ah-oh-la, die Weisen singen: Ya-yi ya-yi,
Lama Tsongkhapas Linie ist es,
Und ich, ein Yogi, der in seine Fußstapfen tritt,
Freue mich, dazuzugehören.

Durch sie ist eine jede Erfahrung
Durchdrungen vom Tanz der Glückseligkeit und der Leerheit.
Ah-oh-la, die Weisen singen: Ya-yi ya-yi,
Durchdrungen ist bald jede Erfahrung.

19
Lieder vom türkisfarbenen Drachen

Im biographischen Teil dieses Buches habe ich den Eintritt des Zweiten Dalai Lama ins Kloster Tashi Lhünpo und seine offizielle Anerkennung als Wiedergeburt des Ersten geschildert sowie seinen Ausschluss aus dem Kloster als Teenager. Ich erwähnte auch den Brief des Abtes von Tashi Lhünpo, der ihn fast zwei Jahrzehnte später erreichte und in dem er gebeten wurde, zurückzukehren und seinen rechtmäßigen Platz im Kloster wieder einzunehmen. Zu jener Zeit war er bereits einer der angesehensten Lamas in Tibet und gerade dabei, das Kloster Chökhor Gyal erbauen zu lassen. Dennoch beschloss er, seine vielen Aktivitäten ruhen zu lassen und für ein Jahr nach Tashi Lhünpo zurückzukehren.

Diese Entscheidung kam bei seinen Schülern und Gönnern in der Region Dvakpo nicht gut an, denn sie hatten viel Zeit, Energie und Geld in den Bau des Klosters in Metoktang investiert. Einer von ihnen namens Nangso Chöje schrieb ihm ein Lied, in dem er ihn bat, seinen Beschluss rückgängig zu machen. Der Meister antwortete ihm ebenfalls in Versen. Der folgende Eintrag enthält diese beiden Texte.

Ich bin mir über die Identität von Nangso Chöje nicht im Klaren. Gewöhnlich ist *nangso* der Titel eines weniger bedeutenden Königs oder Häuptlings. Der wichtigste Gönner beim Bau des Klosters Chökhor Gyal war der *nangso* von Lhagyari, es könnte sich also um diesen handeln. Da jedoch noch ein halbes Dutzend anderer *nangsos* an dem Projekt beteiligt waren, könnte es auch jeder von diesen sein.

Wer immer diesen «Brief» an den Zweiten Dalai Lama schrieb, war in der poetischen Tradition Tibets sehr bewandert. In seiner Antwort greift der Zweite Dalai Lama den Stil seines Schülers auf. Somit bilden die beiden Texte zusammen gewissermaßen ein Lied in zwei Teilen.

Nangso Chöjes «Brief»

Verehrung den heiligen Meistern.
O Wiedergeburt des berühmten Je Lama,
Gewähre mir deinen inspirierenden Segen.

Sollte die Sonne, der große Himmelsparasol,
Uns verlassen und in andere Welten wandern,
Was wird dann die Dunkelheit hier aufhalten?
Wenn sie wirklich fort muss,
Sollte sie uns wenigstens den Mond zurücklassen.

Wenn der türkisfarbene Drache
Auf seinem Lager im freien Raum ruht,
Wie sollen die armen kleinen Regenvögel
Dann das Drachenlied vernehmen?
Wenn der Drache wirklich fort muss,
Sollte er den Vögeln wenigstens ein Windpferd*
lassen.

Eine Bootsladung wichtiger Kuriere reiste fort
Und nahm dich, teuerster Meister, mit.
Wer bleibt nun, für uns zu sorgen?
Ist kein Platz mehr für uns im Boot,
Solltest du uns wenigstens eine Rettungsleine zuwerfen.

Wenn der Meister der Meditation das Land verlässt,
Wer soll seine leere Höhle am Berg dann hüten?
Doch wenn du wirklich fort musst,
Solltest du uns wenigstens ein Murmeltier zeigen.

* Das Windpferd ist in der tibetischen Tradition ein Glückssymbol und wird mit der Verbreitung der Lehre in Zusammenhang gebracht.

Wenn auf Bitten der mächtigen Boten
Unser Lama westwärts nach Tsang reisen muss,
An wen sollen wir wenig Verdienstvolle uns
wenden?
Doch wenn du wirklich fort musst,
Bitte versieh uns mit deinen Anweisungen.

Wenn unser Lama uns zurücklassen muss,
Aus Sorge um das große Kloster in Tsang,
Wer wird auf unsere kleine Einsiedelei achten,
Hier in diesen entlegenen Bergen?
Wenn du sie wirklich uns vorziehen musst,
Bitte gib uns wenigstens einen Beschützer.

Wenn unser Lama westwärts nach Tsang muss,
Um den Lebewesen dort seinen Segen zu spenden,
Unter wem können wir im Osten praktizieren?
Doch wenn du wirklich fort musst,
O kostbarstes aller Juwelen,
Dann sei dir starke Lebenskraft vergönnt.

Die Antwort des Zweiten Dalai Lama

Ich werfe mich nieder zu Füßen meines Lehrers Norzang
Gyatso,
Allwissender unter den verwirklichten Yogis,
Der alle Lehren der Sutras und Tantras verstand
Und ihre Essenz durch innere Praxis erfuhr.

Die Sonne, der große Himmelsparasol,
Schwingt langsam durch das Himmelsrund,
Ein Land nach dem andern erleuchtend.
Doch lässt sie nie einen Ort ganz zurück.
So bleiben Tsongkhapas sonnenhelle Lehren
Bei euch als Führung und Inspiration.

Sind die warmen Jahreszeiten vorüber,
Legt sich der türkisfarbene Drache zur Ruhe.
Doch wenn die Wälder und Felder erblühen,
Wird der Drache wieder freudig singen.

Die Bootsladung wichtiger Leuten reist ab
Und nimmt in der Tat den kleinen Mönch mit.
Doch ihr Zurückbleibenden seid nicht verlassen.
Ihr habt die kostbarsten aller Juwelen,
Die Edelsteine des geistigen Strebens,
Und eure Rettungsleine ist die geistige Praxis.

Manche Einsiedler ziehen umher
Auf der Suche nach der Erkenntnis der Wahrheit;
Doch wäre es nicht klüger, zu meditieren
An einem heiligen Ort, der die Verwirklichung fördert?

Karmische Bande aus früheren Geburten
Machen's mir schwer, nicht dem Kurs zu folgen
Der für Lama Tsongkhapas Lehren segensreich ist.
Als darum die dringende Bitte kam,
Musste der kleine Mönch wohl einwilligen.

Doch ihr, die ihr mir wie Verwandte seid,
Euch würde ich doch niemals vergessen.
Denn wir teilen ein mächtiges Geschick,
Indem wir hier die Dharma-Leuchte entzünden.
So erbitte ich eure geduldige Nachsicht
Für meine Pflicht, die vor mir liegt.
Ihr, meine Schüler, fahrt fort in der Praxis,
Und bald werde ich wieder bei euch sein.

Möge der heilige Guru Norzang Gyatso
In der Welt bleiben bis ans Ende der Zeit,
Und mögen wir alle sein segensreiches Erbarmen erhalten,
Das uns auf dem Erleuchtungsweg inspiriert.

Möge, was Atisha und die Kadampa-Meister gelehrt,
In der wunderbaren Gyal-Region gedeihen,
In diesem Garten, wie geschaffen für die Dharma-Praxis,
Einem Ort, gesegnet mit den Kräften von Karma und Gebet,
Mit Dharma-Patronen wie den mächtigen *chakravartin*;
Und möge diese erhabene Linie sich ausbreiten
In alle zehn Richtungen.

20
Lied an einen weiblichen Bodhisattva

Der Kolophon des nächsten Eintrags lautet: «Dieser geistliche Rat in Versform wurde auf die wiederholte Bitte von Jangsem Gyalmo geschrieben, einer Schülerin von erhabenem Charakter, die mit dem Ornament des Glaubens geschmückt ist. Verfasst wurde er von Gendün Gyatso, einem buddhistischen Mönch, der zu Füßen zahlreicher erleuchteter Meister studiert hat und das weltliche Handeln aufgab, um sich ganz dem geistigen Leben zu widmen.»

Jangsem Gyalmo, die «Bodhisattva-Königin», war eine der vielen Schülerinnen des Zweiten Dalai Lama. Es handelt sich wohl eher um eine Dame aus der Aristokratie als um eine Nonne oder Einsiedlerin, denn der Text scheint auf eine Person zugeschnitten zu sein, die in einem Haushalt lebt und nicht weltabgewandt meditiert.

Das Lied beginnt mit drei Strophen, in denen Avalokiteshvara, dem Bodhisattva des Mitgefühls, Verehrung bezeugt wird, zuerst als Symbol der aktiv barmherzigen Weisheit aller erleuchteten Wesen der Vergangenheit, Gegenwart und Zukunft, dann als höchstem Arya, oder Buddha, der vor langer Zeit Erleuchtung erlangte und nun auf geheimnisvolle Weise weiter im Universum wirkt, um die Kräfte der Erleuchtung zu stärken, und schließlich als dem Bodhisattva mit den tausend Augen und tausend Händen, mit denen er über die Lebewesen wacht und jenen, die zur Schulung bereit sind, Erleuchtung und Führung bietet.

Danach folgt die spirituelle Botschaft des Zweiten Dalai Lama für Jangsem Gyalmo, und auch wir erfahren dadurch, welches seine Leitlinien für ein geistiges Leben waren. Sein Rat ist von praktischer Art und spiegelt in verschiedener Hinsicht die weltanschaulichen Vorstellungen der Tibeter wider.

Verehrungsvoll werfe ich mich nieder vor Lokeshvara,
Er, der aus mitleidvollen Augen blickt;
Seine Gestalt, von Vollkommenheit verschönt,
Seine Rede, ein melodischer Dharma-Strom,
Sein Geist, grenzenlos an Wissen und Mitgefühl.

Wieder verneige ich mich vor Lokeshvara, dem erhabenen Arya,
Der vor unendlich vielen Äonen bereits
Den Dharmakaya-Pfad ohne Mittelpunkt und Grenzen erlangte
Und nun unablässig die Welt erhöht.

O Lokeshvara, der aus tausend liebenden Augen
Über zahllose Lebewesen wacht,
Ich verneige mich aus der Tiefe des Herzens vor dir
Und bitte dich, gewähre Erfüllung für geistiges Streben.

Wir sollten den Belehrungen des Guru folgen,
Der Quelle allen Fortschritts im Jetzt und in Zukunft;
Und wir sollten unser kostbares Leben gut nutzen,
Denn es ist ein wunscherfüllendes Juwel und ein Gefäß,
Imstande, das höchste geistige Wissen zu fassen.

Erkenne, dass der Tod gewiss und sein Zeitpunkt ungewiss ist,
Und räume der geistiger Praxis stets Vorrang ein;
Sieh die Drei Kostbarkeiten als Quelle jeden geistigen Gewinns,
Und vertraue ihnen voll und ganz.

Die Ursache von Leiden und Verwirrung
Sind unheilsames Karma und getrübte Gefühle;
Sei immer bemüht, sie zu überwinden.
Die Ursache von Freude im Jetzt und in Zukunft
Sind schöpferisches Karma und ein positives Denken;
Sei stets bemüht, diese zu kultivieren.

Weltliche Arbeit ist nie zu Ende,
Selbst wenn wir Äonen auf sie verwenden.
Mach sie nicht zum Mittelpunkt deines Lebens.
Doch mit geistiger Praxis verhält es sich anders,
Und jedes Bemühen bringt entsprechenden Segen,
Der bis weit in die Zukunft hinein wirkt.

Großzügigkeit und geistige Empfindsamkeit
Sind der Schmuck eines kultivierten Menschen;
Wir sollten sie hüten wie die kostbarsten Juwelen.
Der Geist, der nicht über andere urteilt
Und Gedanken nur hegt, um zu helfen,
Ist die Grundlage eines guten Charakters;
Ihn sollten wir tief im Herzen bewahren.

Da Anhaftung, Hass und Heuchelei
Uns selbst und anderen nur schaden in allen Geburten,
Streben die Weisen danach, sie zu überwinden.
Und da der einzige sichere Besitz ein Geist ist,
Frei von allen Zuständen der Verblendung,
Lassen die Weisen nichts unversucht, ihn zu erlangen.

21
Gesang von der tantrischen Erfahrung

Der «Gesang von der tantrischen Erfahrung» ist eines der persönlichsten *nyamgur* in der Sammlung des Zweiten Dalai Lama; er beschreibt detailliert und lebendig die direkte Erfahrung der tantrischen Yogas. Die wahre Bedeutung ist natürlich in tantrische Terminologie gehüllt, und deshalb kann nur jemand, der in tantrischer Literatur sehr versiert ist, sämtliche Anspielungen verstehen.

Dieses Lied ist also eine spontane lyrische Beschreibung der Erfahrungen des Dalai Lama mit dem Tantra-Yoga. Folglich fehlt ihm die Förmlichkeit, die oft diejenigen Gedichte kennzeichnet, die auf Bitten bestimmter Schüler verfasst wurden. Letztere wurden meist geschrieben, um auf die Bedürfnisse der Schülers einzugehen und seiner Verständnisebene gerecht zu werden, wogegen spontan entstandene *nyamgur* stilistisch freier und offener sind und nur dem Autor selbst gefallen müssen.

Verehrung Vajrasattva, dem Diamant-Krieger.
Der unvergleichliche Vajra-Meister
Ist die Quelle allen geistigen Wissens.
Man stellt seine Füße auf den Scheitel des eigenen Kopfes
Und wird gesättigt vom ambrosischen Nektar
Seines Segens und seiner transformierenden Kraft.

Zu Beginn füllt man die Vase des eigenen Herzens
Mit dem Wasser der vier tantrischen Einweihungen,
Die den Geist in ein Gefäß umwandeln
Für die Übung des erhabenen Vajra-Pfades.

Wertschätzen sollte man von da an stets
Die Verpflichtungen des tantrischen Wegs
So sehr wie das eigene Leben,
Und niemals wie jene Yogis werden,
Die sich als große Tantriker ausgeben,
Tatsächlich aber kaum besser sind als Hunde und
Schweine.

Zuerst muss man eine fehlerlose Erfahrung gewinnen
In der Methode, Tod, Bardo und Wiedergeburt zu nehmen
Als Pfad der drei vollkommenen *kayas*,
Eine Übung, die die Herzessenz zieht aus den
Tiefgründigen Yogas der Erzeugungsstufe.
Denn so entsteht die Göttlichkeit großer Glückseligkeit
In der Sphäre der Leerheit.

Die fließenden Energien von Sonne und Mond
Versperren sodann der Dunkelheit den Weg,
Und man nimmt wahr die angeborene große Glückseligkeit,
Die zusammen mit der Erkenntnis der Leerheit entsteht.

Die subtilsten Aspekte von Energie und Geist
Steigen auf wie ein Fisch in einem klaren Teich.
Man wirft aus ein Netz mystischer Emanationen
Und entgeht für immer dem großen Abgrund
Von konventioneller Geburt und Tod.

Die höchste Glückseligkeit und Weisheit erstrahlen
Wie die Sonne inmitten des Herzens und verhindern
Alle Aktivität von Anhaftung, Abneigung und Unwissenheit:
Der fehlerlose Zustand von Mahamudra, dem Großen Siegel.

So entdeckt man die unmittelbare Erfahrung
Der Stufen des tantrischen Pfades;
Und jeden Schlüssel im höchsten Yoga-Tantra sieht man
Im Kontext der eigenen Übung.

Die Erfahrung des Yogi ist diese sodann:
Die Welt wird gewahrt als mystisches Mandala
Und alle Lebewesen als tantrische Götter;
Und alles, was man isst und trinkt,
Wird umgewandelt in glückselige Ambrosia.

Vergeistigt werden alle Handlungen,
Unbeschadet dessen, wie sie konventionell erscheinen;
Und jeder Klang, den man erzeugt,
Wird Teil eines großen Vajra-Liedes.

Ich, ein tantrischer Yogi, verweile im glückseligen Geist;
Ich, ein tantrischer Yogi, erzeuge spontan Güte
In allem, was ich tue.
Alle männlichen Gottheiten tanzen in mir,
Und alle weiblichen lassen durch mich
Ihre Vajra-Gesänge fließen.

Beim Gedanken an Lama Tsongkhapa, den Gütigen,
Den unvergleichlichen Vajra-Meister,
Konnte ich mich nicht enthalten zu singen
Dieses Lied von der tantrischen Erfahrung,
Eine Melodie, die ich darbringe
Als Opfergabe für jenen berühmten Weisen.

22

Gebet an den spirituellen Meister

Als Kolophon zu diesem Text lesen wir: «Dieses kurze Gebet an den spirituellen Meister wurde von dem buddhistischen Mönch Gendün Gyatso Pälzangpo auf Bitten seines Sekretärs Gyalwai Wangpo geschrieben.» Demnach entstand es auf die Bitte eines seiner Schüler, der in der unmittelbaren Umgebung des Zweiten Dalai Lama lebte.

Das Lied ist im Grunde kein *nyamgur*, sondern ein Gebet, das der Schüler in die Abfolge seiner täglichen Rezitationen aufnehmen sollte.

O heiliger Meister des Großen Weges,
Quelle aller weltlichen und erhabenen Siddhis,
Möge es mir vergönnt sein, lange mit Euch
  zu üben;
Und durch die verdienstvolle Energie meiner
  Andacht
In allen künftigen Leben nicht von Euch getrennt
  zu sein.

O Freund, der seit zahllosen Geburten
Dem Ethos des geistigen Weges folgt
Und die Wege zur spirituellen Freude lehrt,
Möge ich mich ganz Euren Belehrungen
  widmen
Und rasch die drei Buddha-Körper erlangen.

Mögen innere und äußere Hindernisse
Niemals meine Praxis behindern;

Und möge ich, da ich mich mit Worten und
Taten
Den Lehren der heiligen Meister widme,
Ihnen ähnlich werden in jeder Hinsicht.

23
Ein Lied über «Gar nicht schlecht»

Wie wir im biographischen Teil dieses Buches gesehen haben, zog sich der Zweite Dalai Lama zum Meditieren besonders gern in die Ölkha-Berge zurück. Ihre Höhlen und Einsiedeleien waren seit Jahrhunderten von Meditierenden aufgesucht worden und galten als kraftvollste Meditationsstätten in ganz Zentralasien. Hier hatte Lama Tsongkhapa fünf Jahre lang meditiert und die Erleuchtung erlangt, und hier hatte auch der Guru des Zweiten Dalai Lama, Khedrub Norzang Gyatso, vierzehn Jahre in Klausur verbracht, um die Erleuchtung zu erlangen.

So ist es nicht verwunderlich, dass der Zweite Dalai Lama selbst auch die Ölkha-Berge zu seinem Lieblingsort erkor und sie an künftige Dalai-Lama-Geburten knüpfte, indem er 1509/1510 auf dem Berg Jangsem nahe Dvakpo in der Ölkha-Region das Kloster Chökhor Gyal erbauen ließ. Von allen Dalai Lamas wird seither erwartet, dass sie die Gegend aufsuchen und dort Tantra-Meditationen abhalten.

In «Ein Lied über ‹Gar nicht schlecht›» spielt der Zweite Dalai Lama mit den zentralen Konzepten des Buddhismus im Allgemeinen und den Anschauungen der Gelugpa im Besonderen, die ihn selbst auf den Pfad des Mönchstums führten. Nach dem leicht ironischen Ton zu urteilen, entstand der Text zwischen 1499 und 1523, als die Gelugpa von den militanten Kräften unterdrückt wurden, die hinter dem Karma-Kagyü-Lama Sharmapa Chökyi Drakpa standen.

Der Zweite Dalai Lama scheint die Ereignisse nicht besonders tragisch genommen zu haben. Er ließ generell bei derartigen Konflikten eine recht nachsichtige Haltung erkennen und begegnete Intrigen eher mit Humor als mit Bitterkeit. Diese Einstellung kommt auch in dem folgenden Lied zum Ausdruck.

Verehrung den heiligen Gurus.
Unter einem Meister zu üben, der den Großen Weg kennt,
In die Bedeutung der Sutras und Tantras einzudringen,
Die Essenz dieses kostbaren Menschenlebens aufzunehmen
Und für sich selbst und andere segensreich zu wirken:
Das geschieht, wenn man der wundersamen Linie
Von Lama Tsongkhapa begegnet.
Das ist gar nicht schlecht, kein übler Weg.

Ständiges Gewahrsein von Tod und Vergänglichkeit,
Geschick im Leben nach Karma-Gesetzen,
Die Drei Kostbarkeiten als Krone zu tragen
Und die Tür zur niederen Geburt zu verschließen:
Den Geist allein auf den Pfad zu richten,
Das ist gar nicht schlecht, kein übler Weg.

Die drei Welten als Gebirge aus Leid betrachten,
Als Wurzel von Samsara die Ich-Anhaftung erkennen,
Das Tor zur wahren Befreiung erblicken
Und auf dem Weg zum Zustand der Freiheit
Die Praxis der drei höheren Übungen vertiefen,
Ethik, Meditation und Erkenntnis der Leerheit.
Diesen Pfad zu Befreiung und Wissen beschreiten:
Das ist gar nicht schlecht, kein übler Weg.

Alle Lebewesen als gütige Eltern betrachten,
Stets Liebe und Mitgefühl für alle empfinden,
Die beiden Bodhichittas entwickeln und zur Reife führen,
In Methode und Weisheit stets fortschreiten;
Damit die höchste Erleuchtung erlangen –
Das ist gar nicht schlecht, kein übler Weg.

Die Fehler erkennen, die im Haschen nach Extremen liegen,
Das Wesen der Relativität als Kausalität begreifen,
Die Leerheitsnatur allen Geschehens erblicken
Und die höchste Seinsweise erleben:
Das heißt es, dem Pfad zu folgen,

Den Nagarjuna für uns erhellte.
Das ist gar nicht schlecht, kein übler Weg.

Geläutert von den Wassern der vier Tantra-Einweihungen,
Folgend den tiefgründigen und ausgedehnten Lehren,
Geschult in den Yogas der beiden Tantra-Stufen,
Durch die die Erleuchtung leicht gelingt:
Die Buddhaschaft schon im Handteller halten,
Das ist gar nicht schlecht, kein übler Weg.

Aus dem reichen Angebot funkelnder Juwelen,
Die sich in der Buddha-Lehre finden,
Habe ich ein paar Edelsteine ausgewählt
Und sie wie Perlen aufgereiht –
Eine Kette aus Versen, die ich weiterreiche,
Betend, dass sie die Schüler inspiriere
Für das große Ziel der höchsten Erleuchtung.

24
Lied an die Drei Kostbarkeiten

Das folgende *nyamgur*, eher ein Gebet als ein «Gesang der Erfahrung», kreist ganz und gar um die Drei Kostbarkeiten der Zuflucht, den Buddha, den Dharma und den Sangha, die fundamentalen Themen der buddhistischen Lehre.

Die Interpretation der Drei Kostbarkeiten hat mehrere Dimensionen, die hier nicht alle zur Sprache kommen können. Auf der einfachsten Ebene repräsentieren die drei den historischen Buddha, der den Weg zur Erleuchtung wies, den Dharma, ebendiesen Pfad, und den Sangha, die Anhänger des Weges. Auf einer anderen Ebene stellt der Buddha (oder die Buddhas) das omnipräsente Potenzial der Erleuchtung dar, das wir alle besitzen; der Dharma repräsentiert die wahre Natur der Wirklichkeit, die in allen Phänomenen gegenwärtig ist, und der Sangha sind die Wesen, die uns auf diese wahre Natur hinweisen.

Als Atisha 1042 nach Tibet kam, stellte er einem der hoch angesehenen Mönchsgelehrten in Ngari mehrere Fragen. Die Antworten befriedigten ihn nicht. Er schalt den Mann, weil er in Mönchsroben umherging und vorgab, Buddhist zu sein. Ein wahrer Buddhist, so erklärte er, sei derjenige, der im Herzen verstehe, was es bedeutet, Zuflucht zu nehmen, und dessen Geist fest im Wissen und in der Praxis des Dharma verankert sei. Andere würden nur versuchen, es den Buddhisten gleichzutun.

Die Geschichte erinnert mich an meine erste Begegnung mit dem gegenwärtigen Dalai Lama im Jahre 1972. Ich hielt mich damals für einen Buddhisten. Der Dalai Lama lachte über meine Fragen und meinte: «Es gibt viele, die sehen wollen, was auf der anderen Seite des Berges der Erleuchtung ist. Aber es gibt nicht viele, die bereit sind, hinaufzusteigen, über den Gipfel zu blicken und selbst nachzuschauen.»

Verehrung den wunderbaren Drei Kostbarkeiten,
Dem Buddha, dem Dharma und dem Sangha.
O unfehlbarer Quell der geistigen Inspiration,
Bleibe für immer als Krone auf meinem Kopf.
Nimm dieses unbedeutende Wesen,
Und wende seinen Geist den spirituellen Wegen zu.

Kostbare Juwele der Zuflucht, Schatzkästlein des
 Mitgefühls,
Helft mir, die inneren Feinde zu überwinden:
Die Kräfte des Karma und der geplagten Gefühle,
Die alles Unglück schaffen in dieser Welt.

Obwohl wir so viele Menschen lieben,
Bleiben sie alle in der Todesstunde zurück.
Kostbare Juwele der Zuflucht, seid meine engsten
 Begleiter,
Denn ihr könnt immer bei mir bleiben.

Selten findet man heute einen guten Freund,
Auf den man sich täglich verlassen kann.
Seid ihr Drei Kostbarkeiten, meine besten Freunde,
Begleitet mich ausnahmslos, jetzt und für immer.

Gewöhnlicher Besitz, Wohlstand und Eigentum
Ketten uns enger nur an das Rad von Samsara.
Kommt, seid mein Schatz tief im Innern des Herzens,
Reichtum, der in jeder Lage Segen bringt.

Wir alle müssen sterben, das ist gewiss,
Ungewiss jedoch, wann dies geschieht.
Tränke meinen Geist nun mit äußerstem Widerwillen
Gegen das blinde Verfolgen müßiger Ziele.

Sollte ich über die schrecklichen Klippen fallen,
Zurück in eine Geburt im elenden Bereich,
Wäre das Leiden nicht leicht zu ertragen.

Ihr Drei Kostbarkeiten, geleitet mich sicher
Durch die gefahrvollen Engen zwischen Leben und
Tod.

Ständig werden wir hilflos gezogen
Vom Netz aus weißen und schwarzen karmischen Kräften,
Das wir unbewusst um uns selber webten.
O kostbare Drei Juwele, wenn mein Tod kommt,
Erwartet mich, und leitet mich ins Reine Land der Freude.

Der Ozean der endlosen Wiederkehr
Beherbergt zahllose Ungeheuer der Verwirrung und Pein.
O kostbare Drei Juwele, seid meine Lotsen;
Lenkt mich durch diese trügerischen Gewässer
Sicher zum anderen Ufer.

Die meisten, die den Buddhismus heut praktizieren,
Handeln wie von Dämonen besessen,
Und sagen sich los von den Drei Kostbarkeiten der Zuflucht,
Wenden sich unzuverlässigen Geistern zu.
Wie viel besser ist es, die Drei Juwele
Zu wählen als Führung und Inspiration.

Dann wird der Zustand der Erleuchtung
Zuletzt eine Frage der eigenen Entscheidung sein,
Und man selbst verkörpert schließlich
Buddha, Dharma und Sangha.
Mögen wir stets *danach* nur streben.

25
Verse für Lodrö Tsültrim

Der Kolophon zum letzten Eintrag der Sammlung von Gedichten und Gesängen des Zweiten Dalai Lama erklärt: «Das obige Gedicht wurde für meinen Schüler Lodrö Tsültrim geschrieben, einen buddhistischen Mönch, der das Interesse an den oberflächlichen Aktivitäten des konventionellen Lebens verloren und sich stattdessen der einsamen Meditation verschrieben hat, um sich intensiv dem Pfad der Erleuchtung zu widmen.»

Der Text ist nicht nur wegen seiner poetischen Qualitäten von Bedeutung, er belegt auch, dass der Zweite Dalai Lama ein bildender Künstler und Maler war. In einer der Strophen erwähnt er, dass unter den Geschenken für seinen Schüler Lodrö Tsültrim auch ein Bild von Dharmapala Pälden Lhamo war, das er selbst gemalt hatte.

Lodrö Tsültrim, «Weisheitsdisziplin» mit Namen,
Mit Augen der Weisheit siehst du voller Klarheit
Alle Punkte der geistigen Praxis,
Und du befleißigst dich der Übungen.
In der Tat, du bist ein hervorragender Yogi
Und widmest dich ganz dem Pfad der Erleuchtung.

Ein geistiges Leben ist selten auf Erden,
Hüte darum seine Kostbarkeit Tag und Nacht.
Mühe dich hundertfach beim Lernen, Denken und
Meditieren,
Und stärke die inneren Kräfte von Frieden und Freude.

Mit einem Geist, frei von weltlichen Anhaftungen,
Trachte mit erhabenem Streben

Nach Erleuchtung zum Wohle der Welt.
Und gewahrend die untrennbare Einheit
Der Erscheinungswelt und ihrer wahren Leerheit,
Widme dich ganz den Sutra- und Tantra-Methoden,
Den beiden Schwingen auf dem Großen Weg zur
Erleuchtung.

Um dies zu erreichen, wird oft geraten,
Die Meditation über Pälden Lhamo zu vertiefen.
Darum schicke ich mit dem Gedicht, als Gabe für dich,
Ein Gemälde von dieser tantrischen Gottheit,
Das ich mit eigenen Händen schuf.
Möge es dir beim Üben helfen.

Über mich sagt man, ich sei nach Tsetang gekommen,
Um im Kloster den heiligen Dharma zu lehren,
Doch ich bin nur ein eitler buddhistischer Mönch,
Den Freuden und Annehmlichkeiten der Welt zugetan,
Auf der Suche nach etwas, das ihm den Magen füllt.
Ich bitte dich dennoch, bete für mich,
Dass meine Visionen sich schließlich erfüllen.

Anmerkungen
Teil I: Einführung

1. Die verlässlichste westliche Studie über die Entwicklung des Buddhismus in Tibet ist David Snellgroves *Indo-Tibetan Buddhism* (Boston 1987).

Wie Snellgrove ausführt, hat Tibet wahrscheinlich vor Tönmi Sambhotas Zeit mit verschiedenen Formen der Schrift experimentiert, diese sind jedoch nicht erhalten. Zentraltibet hinkte dabei vermutlich dem westlichen Königreich Schang Schung hinterher, das nördlich des Kailash lag, unweit der heutigen tibetischen Grenze zu Ladakh. Schang Schung hat seitdem keine wichtige kulturelle Rolle mehr gespielt, in früherer Zeit jedoch war es das entscheidende Bindeglied zu hoch entwickelten Zivilisationen wie Kaschmir, Kotan, Gilgit und Persien.

Snellgrove weist auch darauf hin, dass spätere tibetische Historiker (die nach dem 13. Jahrhundert schrieben) wie auch moderne westliche Wissenschaftler die Religion Tibets, die vor Songtsen Gampo verbreitet war, Bön nennen und sie als vorbuddhistische, schamanische Religion beschreiben; tatsächlich war diese alte Tradition jedoch sehr stark inspiriert von den frühen Formen des Buddhismus, wie sie im Norden von Kuschana, vor allem in Gilgit und Kotan, verbreitet waren. Bön hat jedoch eine starke schamanische Färbung angenommen, um sich der nomadischen Geisteshaltung der Tibeter anzupassen, und wurde deshalb von den komplexeren Bewegungen des 7. und 8. Jahrhunderts als nichtbuddhistisch abgelehnt. Bönpos selbst führen ihre Tradition auf die westliche Region Tazig zurück, was oft Persien bedeutet, aber auch die buddhistischen Gegenden Tibets bezeichnen könnte, einschließlich Kuschana.

2. Anscheinend war es in der klassischen Periode Tibets (vom 11. bis 17. Jahrhundert) für einen jungen Mönch durchaus üblich, in zahlreichen Klöstern zu studieren und mit einer großen Bandbreite von Überlieferungslinien (und Schulrichtungen) Erfahrungen zu

sammeln. Die Hinwendung zu einer einzigen Schule hat sich später entwickelt und wurde erst im 18. Jahrhundert zur Norm.

Heute haben sehr wenige Lamas tiefer gehende Erfahrungen mit mehreren Schulrichtungen. Sie nehmen allenfalls an ein paar öffentlichen Initiationen oder Belehrungen durch berühmte Lamas anderer Schulen teil. Anders ausgedrückt – sie studieren zwischen zehn und zwanzig Jahren die Lehrmeinungen ihrer eigenen Schule, die anderer Schulen zwischen zehn und zwanzig Stunden.

3. In englischer Sprache ist bislang noch keine gründliche, kritische Untersuchung der Quellen der Gelug-Schule und der vielen Überlieferungslinien, die Tsongkhapa zusammenführte, erschienen. Eine solche zu liefern wäre eine Lebensaufgabe. Tsongkhapa hat in Dutzenden von Klöstern gelernt, von denen viele von westlichen Gelehrten noch nicht erforscht und deren Lehrinhalte weitgehend unbekannt sind. Die meisten von ihnen repräsentierten damals unabhängige Sekten. Er stützte sich nicht nur auf große Schulen, sondern darüber hinaus auch auf eine ganze Anzahl von Traditionen, die heute nicht mehr separat existieren.

Eine deutsche Tsongkhapa-Biographie von Rudolf Kaschewsky ist 1971 erschienen bei Harrassowitz, Wiesbaden.

4. Dass der Siebte Dalai Lama (1708–1757) in seinem spirituellen Leben die Nyingma- und die Gelugpa-Überlieferungslinien nicht mehr kombinierte, ist wohl auf die Kampfhandlungen in der Mongolei zurückzuführen, die sich unter seinem Vorgänger, dem Sechsten Dalai Lama, bis nach Tibet ausgedehnt hatten; die Dschungar-Mongolen hatten das Sektierertum der Nyingma-Klöster in Zentraltibet als Vorwand für drakonische «Strafmaßnahmen» benutzt, bei denen Einrichtungen, die nicht zur Gelugpa-Schule gehörten, ausgeplündert wurden. Der Sechste war nach Geburt und Neigung ein Nyingma gewesen, und es wurde deutlich, dass es Gefahren mit sich brachte, wenn ein Dalai Lama zu weit vom Gelugpa-Pfad abwich.

Der Achte verhielt sich zunächst im Sinne des Siebten Dalai Lama. Doch wie der gegenwärtige Dalai Lama mir gegenüber einmal erwähnte, änderte sich später seine Haltung, und er begann der

Tradition zu folgen, die von den früheren Dalai Lamas befürwortet worden war – einem Pfad, der Gelugpa und Nyingma kombinierte. Leider starb er schon bald, bevor sein Wirken in dieser Richtung Resultate zeitigen konnte.

5. Westliche Kritiker wiederholen beständig eine Irrmeinung, die von L. Austine Waddell, einem christlichen Missionar, an der Wende vom 19. zum 20. Jahrhundert verbreitet wurde, und der zufolge der Erste Dalai Lama ein Neffe Tsongkhapas, des Gründers der Gelug-Schule, war.

Das war er keineswegs. Der Onkel des Ersten Dalai Lama war ein Unbekannter, der nur postum in Erscheinung trat, und zwar als Vormund für die siebenjährige Halbwaise, ein Kind aus ärmlichen Verhältnissen, das einer der größten buddhistischen Heiligen Zentralasiens werden sollte.

Keiner der fünf Schüler Tsongkhapas war mit diesem verwandt. Obwohl er sowohl bei der Sakya-Schule als auch bei der Drigung-Kagyü-Schule studiert hatte, die beide das System der leiblichen Erbfolge praktizierten, folgte er diesem Beispiel nicht. Er lehnte auch das Verfahren der Karma Kagyü ab, wonach die Überlieferungslinie durch Tulkus, reinkarnierte Lamas, weitergegeben wurde. Stattdessen wählte er die Kadam-Tradition als Modell, in der die administrative und die geistliche Macht durch Mönche weitergegeben wird, die für ihre Gelehrsamkeit und ihre Praxis bekannt sind.

Allerdings änderte seine Gelug-Schule bald ihre Einstellung und stützte sich wie die Karma-Kagyü-Schule auf «reinkarnierte Lamas». Das Ergebnis waren die Dalai Lamas und die Pänchen Lamas, die Demo Tulkus und die Ling Tulkus. In den letzten drei Jahrhunderten haben sich die reinkarnierten Lamas, die eines der genannten vier Ämter innehatten, bei der Übertragung der höchsten Yoga-Tantra-Systeme abgewechselt.

6. Ich habe eine traditionelle Biographie des Ersten Dalai Lama *(The Twelve Great Deeds of Gyälwa Gendün Drup)* als Anhang meinem Buch über ihn und sein Werk angefügt (vgl. *Selected Works of the Dalai Lama I: Bridging the Sutras and Tantras*, Ithaca 1981).

7. Die tibetische Vorstellung von mehrfachen Reinkarnationen hochrangiger Lamas basiert auf der indischen Mahayana-Lehre, die besagt, dass ein Bodhisattva der ersten der zehn *bhumis* (Stufen auf dem Pfad zur Erleuchtung) hunderte von Ausstrahlungskörpern aussenden kann. Bei jeder der nachfolgenden *bhumis* erhöht sich diese Kraft um das Zehnfache.

Dieses Thema wird ausführlich in dem klassischen indischen Text «Eintritt in den Mittleren Weg» *(Madhyamaka-Avatara)* von Acharya Chandrakirti (ca. 6. Jahrhundert) behandelt. Der gegenwärtige Dalai Lama erwähnt in seinem Geleitwort, das Nechung-Orakel habe (1543 oder 1544) erklärt, dass sich der Zweite Dalai Lama in hundert Reinkarnationen manifestiert habe. Der Erste war offenbar bescheidener, denn er sandte nur drei aus.

8. Das Leben und Sterben des Sechsten Dalai Lama ist von Legenden umrankt. Viele Geschichten schildern ihn als wilden tantrischen Yogi und Poeten, der seine Sexualität zur Schau stellte, um auf die Tantra-Lehren aufmerksam zu machen und die Tibeter wegen ihrer Prüderie aufzuziehen.

Hinsichtlich seines Todes gibt es zwei ganz unterschiedliche Versionen. Die eine berichtet, dass nach seiner Entführung durch die mongolische Armee von Lhazang Khan beschlossen wurde, ihn zu deportieren. Doch als er und seine mongolischen Bewacher an der Grenze zwischen Tibet und der Mongolei anlangten und ihr Nachtlager aufschlugen, inszenierte er ein Drama, indem er die Tantra-Roben des Fünften Dalai Lama anlegte, einen mystischen Tanz vollführte, sich zum Meditieren niederließ und dann bewusst seinen Geist aus dem Körper sandte. Sein Tod wird auf das Jahr 1706 datiert.

Der zweite Bericht findet sich in seiner «Geheimen Biographie» *(Sangwai Namtar)*. Darin heißt es, er sei den Mongolen entkommen, die, um ihre Unachtsamkeit nicht zugeben zu müssen, behaupteten, er sei gestorben. Tatsächlich habe er von da an friedlich als Hirte im Nordosten Tibets gelebt.

Wie auch immer – 1708 wurde ein Kind geboren, das als Siebter Dalai Lama anerkannt und inthronisiert wurde.

9. Waddells Bücher sind Klassiker; sie zeigen Tibet aus der Perspektive eines Viktorianers und christlichen Fundamentalisten. Waddell mischt bei seiner Pionierarbeit Fakten und Fiktion recht ungeniert. Aufgrund seiner Vorbehalte gegen den tantrischen Buddhismus stellt er das spirituelle Leben Tibets aus einem sehr skeptischen Blickwinkel dar. Dennoch gelang es ihm, seine Werke mit vielen nützlichen kulturellen und historischen Informationen anzureichern, und seine Arbeit hat Generationen von Tibetologen beeinflusst.

Viele seiner peripheren Irrtümer – wie der bezüglich der Genealogie des Ersten Dalai Lama – finden sich auch heute noch, ein Jahrhundert später, in ernsthaften Werken.

Ungeachtet dessen hat Waddell mit seinen Büchern wesentlich zum Verständnis Tibets im Westen beigetragen. Vor allem *The Buddhism of Tibet, or Lamaism* (London 1895) ist ein Standardwerk.

10. Ein Aspekt der Avalokiteshvara-Legende ist, dass die Dalai Lamas mit einigen Inkarnationen von Avalokiteshvara in Verbindung gebracht werden, mit anderen aber nicht. Der *gyu*, der «Strom», verläuft angeblich unterschiedlich.

Außerdem sind einige der Gestalten, die «früheren Geburten» der Dalai Lamas zugeordnet werden, vorrangig Emanationen anderer Bodhisattvas. Die Könige Trisong Detsen und Tri Ralpachen zum Beispiel werden in der Regel für Emanationen von Mañjushri bzw. Vajrapani gehalten; dennoch sind auch sie «frühere Geburten» der Dalai Lamas, obwohl dieser mit Avalokiteshvara identifiziert wird.

Die buddhistischen Schriften drücken es so aus: Die Wege der Bodhisattvas sind unerforschlich und verlaufen jenseits der Grenzen des konventionellen Verstandes.

11. Eine englische Übersetzung von Garreth Sparham liegt vor unter dem Titel *The Tibetan Dharmapada* (Boston 1986).

12. Mein Lieblingstext in dieser Hinsicht stammt vom Dreizehnten Dalai Lama, der diese unter Umständen eher trockene Übung mit seinem unübertrefflichen Humor würzt. Zu seiner Zeit gab es eine

in Tibet heftige Debatte zwischen Philosophen der «Leerheit vom Selbst» *(rangtong)* und solchen der «Leerheit von anderem» *(shentong)*. Der Dreizehnte geht darauf in mehreren Abschnitten seiner Abhandlung über Dandins Metaphorik ein, um der Phantasie der eifrigen Philosophen auf die Sprünge zu helfen.

Berühmter bei den Tibetern ist der Kommentar des Fünften Dalai Lama. Doch angeblich versteht er Dandin in einigen Abschnitten falsch. Diese analysieren die Tibeter genauestens, um sozusagen aus den Fehlern des Fünften zu lernen. Sie nehmen ihm seine Irrtümer nicht übel oder respektieren ihn deshalb gar weniger. Die meisten nehmen an, dass er sie absichtlich eingefügt hat, um auf spezifische Punkte der indischen Tradition hinzuweisen.

13. Leider ist die spirituelle Verbindung zwischen Tibet und Indonesien kaum erforscht. Atisha war nur eine der vielen historischen Gestalten, die diese Verflechtung förderten.

Da der Buddhismus in Indonesien infolge der religiösen Intoleranz der muslimischen Kolonisatoren im 12. und 13. Jahrhundert verschwand und aufgrund der Zerstörung der Bibliotheken nur wenig aus einheimischen Quellen zu erschließen ist, könnte die tibetische Literatur unsere einzige Brücke zu dieser wichtigen Zivilisation sein. Das größte buddhistische Monument der Welt, der Borobudur auf Java, zeugt von dem hohen kulturellen und künstlerischen Niveau, das diese Tradition erreichte.

14. Einige sind in englischer Übersetzung erhältlich: *The Life and Liberation of Padmasambhava*, übersetzt von Tarthang Tulku und seinen Schülern (Berkeley 1980), und *Sky Dancer*, die Biographie der Schülerin und Geliebten Padmasambhavas, Yeshe Tsogyal, übersetzt von Keith Dowman (London 1984), demonstrieren, dass in jenen frühen Tagen die Tibeter ihre Erfahrung mit dem Buddhismus ebenso begeistert wie poetisch zum Ausdruck brachten.

15. Ich habe zusammen mit dem Ehrwürdigen Doboom Tulku einiges davon für die Feierlichkeiten in Indien aus Anlass des tausendjährigen Jubiläums von Atishas Geburt ins Englische übersetzt: *Atisha and Buddhism in Tibet* (New Delhi 1982).

16. Einige Übersetzungen der Gedichte und Lieder Milarepas sind auf Englisch erhältlich. Die umfangreichste ist Garma C.C. Changs *The Hundred Thousand Songs of Milarepa*, Oxford 1969.

Auf Deutsch ist erhältlich: *Milarepas gesammelte Vajra-Lieder*, 2 Bde., Berlin 1996/97, aus dem Tibetischen von Henrik Havlat.

17. Wer sich mit den Gesängen und Gedichten des Zweiten Dalai Lama gründlicher befassen will, sollte sich darauf einstellen, sie mehrfach zu lesen. Sie wirken zwar auf den ersten Blick leicht verständlich, viele aber haben mehrere Bedeutungsebenen.

Es könnte von Nutzen sein, dazu eine Einführung in die Gedankenwelt des tibetischen Buddhismus zu lesen. Dafür empfiehlt sich: John Powers, *Religion und Kultur Tibets. Das geistige Erbe eines buddhistischen Landes,* Bern/München/Wien 1998.

Teil II: Das Leben des Zweiten Dalai Lama

1. Die Autobiographie des Zweiten Dalai Lama ist nicht so vergnüglich zu lesen wie die «Biographie», die teils von Yangpa Chöje, teils von Könchog Kyab verfasst wurde. Ihr Stil ist viel schlichter, und man denkt eher an flüchtig hingeworfene Notizen als an einen gedankenvollen Lebensrückblick. Dies liegt an der tibetischen Tradition, die von persönlichen Texten Bescheidenheit und Zurückhaltung verlangt. Deshalb sind die meisten tibetischen Autobiographien ziemlich nichtssagend und voller Understatement, vor allem die der Kadampa- und der Gelugpa-Tradition. Biographien hingegen sind nicht an diese Konventionen gebunden; sie dürfen «blumiger» sein und mehr Worte machen. Deshalb ist ihre Lektüre wesentlich anregender.

2. Chöje Sönam Drakpa war berühmt wegen seiner philosophischen Schriften, und einige seiner «Lehrbücher für Mönche» (tib. *Yig-cha*) werden auch heute noch in den Klöstern Drepung Loseling und Ganden Shartse verwendet. Doch sein Stil war etwas eintönig und phantasielos, und sicher ist das der Grund dafür, dass sein Lebensbild des Zweiten im Treibsand der Geschichte unterging.

3. Vermutlich führte die Anwesenheit der Familie in Yaru Shang schließlich dazu, dass sie ihre spirituelle Heimat nicht mehr in der Nyingma-Schule, sondern in der Shangpa-Kagyü-Tradition suchten. Yaru Shang war eine der Hochburgen von Shangpa-Kagyü.

Man sollte jedoch Shangpa-Kagyü deutlich von Dvakpo-Kagyü unterscheiden. Es gab zwischen diesen beiden Schulen in der Frühzeit keine historischen oder spirituellen Verbindungen. Die Ähnlichkeit im Namen ist ein Zufall. *Kagyü* bedeutet schlicht «Unterweisungslinie». Dvakpo-Kagyü hat ihre Wurzeln in Marpa, Milarepa und Gampopa, auch bekannt als Dvakpo Lhaje oder «der Arzt aus Dvakpo» (Gampopas Kloster in der Gegend von Dvakpo, wovon sich der Name der Schule herleitet). Shangpa-Kagyü wurde von Khyungpo Näljor gegründet, dessen Lehraktivitäten in der Region Shang zu dem Namen der Schule führten, die auf ihn zurückgeht. Es gibt zudem eine Ganden-Kagyü-Tradition, eine Gelugpa-Linie völlig unabhängig sowohl von Dvakpo-Kagyü als auch von Shangpa-Kagyü.

4. Traum-Yoga wird in verschiedenen buddhistischen Tantra-Traditionen gelehrt. Eine der detailliertesten Darstellungen, die ich kenne, findet sich in den «Sechs Yogas von Niguma», einem Text der Shangpa-Kagyü-Schule. Ich habe einen Kommentar des Zweiten Dalai Lama zu diesem System in die *Selected Works of the Dalai Lama II: The Tantric Yogas of Sister Niguma* (Ithaca 1985) aufgenommen.

5. Die kurze Biographie des Zweiten Dalai Lama von Tsechok Ling Kachen Yeshe Gyältsen beschreibt die erste Begegnung der Delegation aus Tashi Lhünpo mit dem jungen Tulku etwas anders und bezieht sich dabei vermutlich auf Quellen, die heute nicht mehr verfügbar sind. Der Autor schildert mehrere Visionen des Zweiten Dalai Lama, die dieser im Alter von zwei und drei Jahren hatte, und erklärt dann: «Im dritten Lebensjahr hatte er eine Vision von Pälden Lhamo und verfasste für sie eine Hymne… Kurz darauf kam ein Brief aus Tashi Lhünpo, in dem um ein Treffen gebeten wurde. Dann erschien die Delegation, um ihn zu prüfen… Als das Kind Solpon Dölma aus Tashi Lhünpo zum ersten Mal sah, erkannte er

ihn sofort und sagte: ‹Du siehst nicht so gut aus wie beim letzten Mal.› Auf diese und andere Art überzeugte er die Delegation von seiner Authentizität, und alle waren von Glauben erfüllt.»

6. Leider verschwanden diese und andere Habseligkeiten des Zweiten Dalai Lama, die seit Jahrhunderten im Kloster Chökhor Gyal aufbewahrt worden waren, bei der Zerstörung der Kulturstätten Tibets durch die Chinesen in den 1960er Jahren.

7. Kutön, einer der größten frühen Kadampa-Lamas, war ein direkter Schüler von Atisha und demnach ein Zeitgenosse von Lama Drom Tönpa.

8. Das Problem hatte seinen Ursprung möglicherweise in den klösterlichen Sitten. Der Vater des Zweiten war ein verheirateter Lama der Nyingma- und Shangpa-Tradition, und da er nicht zölibatär lebte, wurde seine längere Anwesenheit vielleicht als unpassend erachtet. Die meisten reinkarnierten Lamas werden als Kinder in ein Kloster gebracht und unter die Aufsicht eines älteren Mönchs gestellt; in der Regel ist das ein Schüler des Vorgängers. Wenn die Eltern zu Besuch kommen, werden sie üblicherweise im Gästehaus untergebracht, nicht im Kloster selbst. Der Vater des Zweiten, der gleichzeitig einer seiner Gurus war, erwartete offensichtlich eine andere Behandlung und erhielt sie. Es könnte sein, dass er länger blieb als erwünscht oder dass die Klosterältesten argwöhnten, er wolle aus seinem hoch geachteten Sohn Kapital für seine eigene Karriere schlagen.

9. Glücklichweise gehört das Kloster Radeng zu den 13 (von 6 500) spirituellen Einrichtungen, die von den chinesischen Kommunisten in den 1960er Jahren nicht zerstört wurden.

10. Tsechok Ling erzählt diese Geschichte in seiner *Brief Biography of the Second Dalai Lama* etwas anders: «Der hochverwirklichte tantrische Yogi Kunga Gyältsen hielt sich in Radeng auf und träumte die Worte: ‹Morgen wird Lama Drom Tönpa selbst kommen.› Er war äußerst bewegt und beschloss, eine Probe durchzuführen. Er

nahm ein Bündel von dreißig Blumenstängeln, legte sie auf den Altar und sprach die Worte: ‹Wenn dieser Mönch wirklich die Reinkarnation von Lama Drom Tönpa ist, mögen sich diese Blumen auf magische Weise bis zur Zahl Hundert oder darüber hinaus vermehren. Wenn er es nicht ist, sollen es dreißig bleiben.› Als Zeugen dieses Schwurs rief er die Macht der Drei Kostbarkeiten der Zuflucht an, die von Lama Tsongkhapa und seiner beiden Meisterschüler sowie die verschiedener Dharmapalas. Als die Pilger später eintraten und in der Hauptversammlungshalle Tee opferten, vermehrten sich die dreißig Blumenstängel magisch zu mehr als zweihundertfünfzig und erblühten alle.»

11. Riwo Dechen gehört zu den berühmtesten geistlichen Institutionen der klassischen Periode.

12. Er lehrte dort auch.

13. Vgl. zu Kloster Tsetang und Dradruk die Gedichte 4 und 5.

14. Dort hatte Tsongkhapa viele Jahre in Klausur verbrachte.

15. Der König lud ihn zu Unterweisungen nach Eh ein.

16. Zwei interessante Briefe bezüglich der Rückkehr des Zweiten nach Tashi Lhünpo sind in dieser Sammlung enthalten. Einer stammt von einem Schüler aus Gyal, der andere ist seine Antwort darauf. Siehe «Lieder vom türkisfarbenen Drachen» in Teil III.

17. Dies sind die fünf wichtigsten indischen Kommentare, die an den Mönchsuniversitäten der Gelugpa gelehrt werden. Sie werden gewöhnlich auf Tibetisch, nicht in Sanskrit studiert und durch einen oder mehrere tibetische Kommentare ergänzt. Der Erste Dalai Lama hatte selbst Erklärungen zu vier von ihnen geschrieben, die als Lehrbücher für Tashi Lhünpo gedacht waren. Wahrscheinlich entschloss sich der Zweite bei seiner Rückkehr nach Tashi Lhünpo, sie als Basis für seine Unterweisungen zu nehmen, um sicherzustellen, dass man sich im Kloster auch weiterhin intensiv mit philoso-

phischen Fragen auseinander setzte, wie es sich der Erste bei der Klostergründung 1447 vorgestellt hatte, und das Kloster nicht zu einer Einrichtung verkam, die sich auf tantrische Rituale beschränkte wie so viele Klöster der älteren Schulen des tibetischen Buddhismus.

Doch auch die tantrische Tradition wurde nicht ignoriert. In der «Biographie» heißt es dazu: «Jene, die hohe tantrische Initiationen hatten, unterwies er in Chandrakirtis Kommentar zum Guhyasamaja-Tantra, ‹Hell leuchtende Lampe...›»

18. Wie wir der Biographie des Zweiten Dalai Lama entnehmen können, legte er Wert auf ein solides Studium der Lehren, verbunden mit täglicher Praxis und kurzen jährlichen Klausuren. Damit unterscheidet er sich deutlich von der Haltung früherer Schulen wie der Kagyü, in der ein solides Grundwissen nicht erforderlich war, dafür jedoch eine dreijährige Klausur.

Die meisten Gelugpa-Lamas setzen diese Tradition bis heute fort, indem sie täglich fünf bis sechs Stunden meditieren – gewöhnlich drei oder vier Stunden am Vormittag und zwei Stunden am Abend – und jedes Jahr zwei Wochen bis einen Monat in Klausur gehen.

Wegen dieser Differenz zwischen Gelugpa und Kagyü bezeichnen die Kagyüs sich selbst heute gern als «Praxis-Linie» (tib. *drub gyu*) und die Gelugpa als «Theorie-Linie» (tib. *she gyub*).

Beide Herangehensweisen haben ihre Vor- und Nachteile. Die Stärke der Gelugpa liegt darin, dass sie umfassend gebildete Lehrer hervorbringt; es besteht allerdings die Gefahr, dass manche Gelugpas sich zu sehr in die Feinheiten der Lehre vertiefen und darüber ihre Meditationspraxis vernachlässigen.

Die Kagyü-Schule dagegen bringt gelegentlich einen außergewöhnlichen Meditationslehrer hervor; andererseits besteht das Risiko, dass viele Mönche nie über religiöse Übungen wie Niederwerfungen, Mantra-Rezitationen und Atemübungen hinauskommen. Da viele junge Tibeter, die in ein Kloster eintraten, Analphabeten waren, führte die mangelhafte theoretische Ausbildung in der Kagyü-Schule auch dazu, dass in ihr eine große Zahl Mönche lebte, die gar nicht oder nur mangelhaft lesen und schreiben konnten und den gelegentlichen psychophysischen Ausnahmezustand durch Hyperventilieren für ein Erleuchtungserlebnis hielten.

Der Zweite Dalai Lama kannte offensichtlich die Stärken und Schwächen beider Anschauungen. In den Klöstern und Einsiedeleien, die er gründete, und in seinen Unterweisungen bemühte er sich, einen Ausgleich herzustellen, indem er das Beste beider Ansätze kombinierte.

19. Es ist schwer einzuschätzen, wie sehr die Gelugpa zu jener Zeit von der Kagyü-Schule unterdrückt wurden, denn die religiösen und historischen Schriften Tibets neigen dazu, solche Ereignisse zu beschönigen, da man sie nicht glorifizieren will, indem man sie mit Tinte auf Papier der Nachwelt überliefert. Deshalb zeichnen die meisten tibetischen Dokumente nur das Gute auf, die «Erleuchtungsaktivitäten», und lassen die meisten negativen Dinge aus. Die biographische Tradition, zum Beispiel, wird *namtar* genannt, was wörtlich «befreiende (oder befreite) Taten» bedeutet. Um das Ausmaß eines Konflikts oder einer Verfolgung beurteilen zu können, müssen wir deshalb zwischen den Zeilen lesen und uns mittels subtiler Hinweise ein Bild machen. Es ist jedoch unbestritten, wie H.E. Richardson in seinem Buch *Tibet and its History* (London 1962; dt: *Tibetische Geschichte und Schicksal*, Frankfurt a. M./Berlin 1964) darlegt, dass die Gelugpa und vor allem die Mönche von Ganden, Drepung und Sera von dem Fest ausgeschlossen wurden – von einem Fest, das sie selbst ins Leben gerufen hatten.

Der Sharmapa-Tulku steckte hinter vielen dieser Sektenkonflikte, wie auch hinter den internen Streitigkeiten mit anderen Karma-Kagyü-Lamas. Dies war sein erster Vorstoß dieser Art. Er schlug fehl, und seine Karriere litt entsprechend. Noch einmal während der Zeit des Achten Dalai Lama holte er eine Gurkhas-Armee aus Nepal, um mit ihr die Shigatse-Region zu erobern. Das Ergebnis war der Krieg zwischen Tibet und Nepal. Dessen negatives Resultat hatte einen Generationen währenden Niedergang zur Folge.

20. Weder aus der Autobiographie noch aus der «Biographie» geht eindeutig hervor, ob dieser Gebäudekomplex auf dem Gelände von Drepung bereits existierte und der Gongma ihn lediglich erweiterte

oder ob der Häuptling von Lhasa ihn um diese Zeit erbauen ließ.

21. Vermutlich bezieht sich dies auf den Kommentar des Achten Karmapa zu Maitreya/Asangas *Abhisamaya-Alamkara* («Schmuck der klaren Erkenntnisse»), einer indischen Abhandlung aus dem 4. Jahrhundert über das *Prajñaparamita-Sutra*.